华石斋

业哲学

书系题字 | 吴寿良
广东省书画家协会副主席
广东书画研究会副会长

> HUAWEI
>
> 以客户为中心,以奋斗者为本,长期坚持艰苦奋斗。这就是华为超越竞争对手的全部秘密,这就是华为由胜利走向更大胜利的"三个根本保障"。
>
> ——任正非

华为 商业哲学书系 ④

程东升 徐晓良 段传敏 | 联合主编

HUAWEI
BUSINESS PHILOSOPHY

程东升 ◎ 编著

底层逻辑

——任正非管理思维

中国经济出版社
CHINA ECONOMIC PUBLISHING HOUSE
北京

图书在版编目（CIP）数据

底层逻辑 / 程东升编著. —— 北京：中国经济出版社，2024.1

（商业哲学书系）

ISBN 978-7-5136-7517-8

Ⅰ. ①底… Ⅱ. ①程… Ⅲ. ①企业管理 - 经验 - 中国 Ⅳ. ① F279.23

中国国家版本馆 CIP 数据核字（2023）第 193998 号

策划编辑	崔姜薇
责任编辑	葛　晶　冀　意
责任印制	马小宾
封面设计	久品轩
本书插画	王晓晴　关振旋

出版发行	中国经济出版社
印 刷 者	北京富泰印刷有限责任公司
经 销 者	各地新华书店
开　　本	710mm×1000mm　1/16
插页印张	1.25
印　　张	17.25
字　　数	303 千字
版　　次	2024 年 1 月第 1 版
印　　次	2024 年 1 月第 1 次
定　　价	78.00 元
广告经营许可证	京西工商广字第 8179 号

中国经济出版社 网址 www.economyph.com 社址 北京市东城区安定门外大街 58 号 邮编 100011
本版图书如存在印装质量问题，请与本社销售中心联系调换（联系电话：010-57512564）

版权所有　盗版必究（举报电话：010-57512600）
国家版权局反盗版举报中心（举报电话：12390）　服务热线：010-57512564

华为"商业哲学书系"主编简介

程东升

知名财经作家，华为研究专家，广州市博研慈善促进会理事，法国克莱蒙商学院工商管理博士（在读），已出版《华为真相》《华为三十年》《任正非管理日志》等多部畅销书。多家大型企业战略与品牌顾问，曾协助多家企业打造"奋斗者团队"。

徐晓良

博研教育创始人、董事长，博研商学院院长，全球博研同学会理事长，广东省工商联执委，广东省山东青岛商会会长，中国科学院科创型企业家培育计划发起人，国家文化科技创新服务联盟主任。曾任中山大学 EMBA 中心主任。

段传敏

战略营销观察家，财经作家，高端中国营销创新联盟执行主席。CCTV《大国品牌》栏目顾问，喜临门、华耐家居等企业战略营销顾问。

各界知名人士盛赞推荐

知名学者

郑晓明
清华大学经济管理学院领导力与组织管理系长聘教授（终身正教授）、博士生导师，中国工商管理案例中心主任

祝贺东升及团队策划、编写的华为"商业哲学书系"出版！相信这套书对中国企业界意义重大。

理查德·索帕诺（Richard Soparnot）
法国克莱蒙商学院校长

作为一名战略管理学教授，我在遥远的法国早已听说来自中国的华为公司及其创始人任正非先生。以华为公司为代表的中国公司已经崛起，并正在影响着世界产业格局。
这套书将给我在法国乃至世界研究包括华为在内的企业的战略管理提供重要资料。

周建波
北京大学经济学院经济史系主任、教授

华为商业哲学及其成功实践是广大中国企业家学习的绝佳内容，相信本书系会对中国企业家具有一定的借鉴价值。

刘善仕
华南理工大学工商学院教授，广东省人才开发与管理研究会会长

商业哲学需要平衡商业组织的终极目标：商业利益与社会责任。"利"可以让企业走得快，"义"可以让企业走得远，华为在平衡"利"和"义"的过程中，走出了一条有中国特色的道路。

杨思卓
联合国可持续发展贡献奖获得者、中商国际管理研究院院长，博士生导师

商海航行，需要商业哲学的灯塔。
我与任正非先生只有一次当面谈话，一直对他钦佩有加。他的管理思想、领导艺术和商业哲学都是值得总结和提炼的金矿。华为"商业哲学书系"的出版，是做了一件有难度，更有价值的好事，可以说，弥补了中国当代商业哲学的空白。

邹广文
清华大学教授，中国辩证唯物主义研究会副会长

本书系系统梳理了中国优秀企业家任正非的商业管理思想，对于提升中国企业对世界的影响力、生动展示当代中国改革开放的巨大成就，必将起到积极的作用。

苏德超
武汉大学哲学系教授

华为是一家让人肃然起敬的企业，任正非是一位让人肃然起敬的企业家。华为哲学倡导的核心价值观——服务客户、相信奋斗、着眼长远、自我批判，不但是成功的企业经营之道，稍加变通，也是成熟的为人处世之道。学习华为是时代的期许，开卷有益是读者的期望。

晋琳琳
广东工业大学管理学院

相信本书系是打开任正非所领导的华为成功之道的一把金钥匙。

任巍
广东财经大学教授，工商管理学院前院长，人力资源学院前执行院长

华为"商业哲学书系"的出版，是一项具有创新性的工作。华为具有非常多值得学习和研究的地方，用几个词概括就是：自主创新、艰苦奋斗；责任担当，不惧挑战；不忘初心，雄才大略。

知名企业家

范厚华
深圳传世智慧科技有限公司创始人、总裁，华为前海外区域副总裁

我在华为任职17年，从一线销售人员到代表处代表，到海外区域副总裁，见证了华为的迅速崛起及其取得的辉煌成就。很多专业人士试图探究华为成功的原因，我认为本源就在于任正非先生的管理哲学思想。相信读者在华为"商业哲学书系"的加持下，一定能在企业治理之路上突破认知、扩大格局，带领企业走向巅峰。

田和喜
广州道成咨询集团创始人，阿米巴经营本土化奠基人、权威专家

华为"商业哲学书系"是东升兄及其团队研究华为20余年的心血之作，大家先读厚，再读薄，结合自身商业实战，回归原点，定能取到真经；相信华为商业哲学，定能助力更多优秀中国企业走向世界。

殷祖碧
铸源集团营销副总裁、有趣世界龙焱系统创始人、湖北军昊文旅发展集团董事长

程老师及其团队耗时四年多创作的这套书，系统总结了华为的底层逻辑、价值观和方法论。在我看来，这是学习华为的非常好、非常系统的工具。华为商业哲学具有一定的普适性，可以为很多中国企业学习。

盛华强
中国户外知名品牌探路者创始人

对于任正非的研究不应当停留在企业管理层面，而应当看到支撑他成就世界级卓越企业背后的宏阔世界观、基于人类整体的价值观，以及对人性深刻洞察的哲学。

今天，在全球经济放缓的背景之下，全方位挖掘、理解华为商业哲学，对个人和中国社会的发展都具有非常重要的现实意义。

吴振山
创信国际控股集团公司董事会主席

这套书不仅有助于读者解读华为的成功密码，而且可以帮助以华为为标杆的企业进行更精确的对标。

任旭阳
真知资本（Verity Ventures）创始人、董事长，百度公司首席顾问

长期成功的企业都有一套独特的商业哲学。作为具有全球影响力的中国公司，华为的成功源于创始人任正非卓尔不凡的商业思想和经营哲学，以及对其的长期实践、坚持和不断进化，这构成了独特的华为文化和管理模式。研究、总结和学习华为商业哲学对中国企业界和管理学界都具有非常重要的意义。

姚吉庆
慕思健康睡眠股份有限公司副董事长、总裁

本书系的研究方法很独特，用了时下流行的萃取技术；研究角度也很独特，回答了企业界比较关注的问题：学华为应该学什么？华为的成功能不能复制？如何复制？华为成功的本质是任正非的经营哲学及华为的组织能力建设。本书所萃取的哲学思想、观点和方法论对中国企业有重要的借鉴价值和指导意义。

许临峰
首任华为终端 2C 营销变革项目负责人、区域首席营销官，华珞咨询创始人 &CEO

2022 年 8 月 24 日，任正非在华为心声社区发布了一篇文章，强调活下来将作为公司的主要纲领，华为进入新一轮冬天。为什么会有这样的判断和思考？从东升及其同事策划、主编的这套书中可以学习任正非的世界观和方法论。

楼仲平
双童创业共享平台创始人，《鸡毛飞上天》原型人物之一，全球吸管行业冠军

在我 30 年制造业经营实践中，华为在管理上对我的影响几乎是天花板般的存在，任正非的胸怀与格局，以及华为哲学所倡导的奋斗者精神、认识自我的观念、向死而生的危机观、科学管理和绩效、用人哲学、分钱和分权的智慧等，都持续影响我将学习成果转化成行动力量，推动我经营的"双童"企业穿越一个个经济周期，从而保持快速成长。

赖建雄
流行美时尚商业机构创始人

华为"商业哲学书系"全面总结梳理了任正非在华为成长和发展过程中的思考、经验和智慧，内容涵盖任正非先生在华为企业管理、战略规划、团队建设等方面的底层逻辑。无论是想了解华为成功的秘诀，还是希望锤炼自己的商业领袖能力，都可以从这套书获益良多。

李志林
简一集团董事长

基业长青是每一位企业家的梦想，企业的长盛不衰源于企业家思想和企业文化。华为"商业哲学书系"全面系统地梳理了任正非的世界观、战略观、管理观、学习观，并从商业的底层逻辑详细解析了任正非的商业哲学、领导哲学，使读者从更高的层面理解商业的本质。

朱岩梅
华大基因集团执行副总裁

如任正非所言，"华为的核心优势，不是技术、资金和人才，而是对技术、资金和人才的管理。"学习华为是中国管理者的必修课。华为30多年的发展历程覆盖了MBA课程的所有模块，读者如能钻深学透、活学活用这套书的管理理念和经营哲学，就会是个货真价实、接地气的MBA。

王兵
索菲亚家居集团总裁

华为是一家了不起的企业，华为的任总更是当代杰出的企业家代表。

任总的商业哲学指引着华为披荆斩棘，一路生花。对于处于创业阶段、上升阶段的企业管理者，以及正在力挽狂澜的企业管理者、经营者来说，任总的商业哲学是弥足珍贵的财富，具有非常强的学习和借鉴意义。

吴铭斌
连续创业者、终身学习者，美誉集团联合创始人，广东满纷信息科技有限公司总经理

美誉集团距离华为松山湖基地不算很远，我们一直在学习华为。但我们对华为的了解非常有限，对任正非的经营管理智慧、商业哲学了解得更少。华为"商业哲学书系"对我们学习华为和任正非的商业哲学非常有意义，我们将向更多客户推荐这套书及相应课程。

秦烜
广州从都国际庄园高尔夫球汇总经理

华为"商业哲学书系"对提升企业家和管理者的认知，悟透商业逻辑和经营管理中的道，可以起到积极的引路和启明作用，极力推荐。

谢振东

广州市公共交通集团有限公司大数据总监，广州羊城通有限公司董事长

企业是一个活体，它有灵魂、有思想、有精神，需要激励、运营、创新、营销等机制持续激发活力，如何激发呢？这套书给了攻略，学习任正非，复刻华为，创立下一个领军企业。

周晓曦

北京今圣梅家具制造有限公司董事长，北京蜂虎文化艺术有限公司董事长，中国女企业家协会副会长

期待华为"商业哲学书系"尽快与创业者、企业家见面，传经送宝，点石成金。期盼有更多像华为一样优秀的企业如雨后春笋般傲然屹立在世界东方的沃土上，为中华民族的伟大复兴贡献更大的力量。

施少斌

贝英资本创始人，王老吉原掌门人，珠江钢琴集团原董事长

对当代中国企业界的人来说，华为公司和创始人任正非先生都是学习的标杆。

华为"商业哲学书系"是很好的学习华为的工具，建议企业家细读细品，学以致用，做大自己的事业，成就任正非式的人生篇章。

知名教育家

张益铭
胜者教育董事长，中国素质教育专家，"胜者163教育模型"创立者

中国企业家是一个比较喜欢学习的群体，这是中国经济在改革开放以来异军崛起、取得杰出成就的重要原因。作为当代中国最优秀的企业之一，华为的成功与任正非的商业哲学直接相关。我相信，华为"商业哲学书系"会成为中国企业家未来若干年非常喜欢学习的著作。

李发海
益策教育创始人

"训战"是华为大学的一个显著标签，像打仗一样训练、像训练一样打仗。实施教育不是目的，而是为经营服务的战略手段，是锻造组织能力的重要抓手，华为大学案例对企业界有较大的借鉴意义。

柯银斌
察哈尔学会学术委员会副主任、高级研究员

中国企业之前多学习美国、日本企业的管理模式和企业文化，华为崛起后，已成为中国企业学习的标杆。华为"商业哲学书系"对任正非的商业哲学进行了全面梳理、总结，是学习华为很好的工具。点赞东升兄及其优秀的团队！

知名媒体人

王牧笛

中国知名媒体人，广东卫视《财经郎眼》制片人、主持人，功夫财经创始人兼CEO

华为的价值观、方法论、战略、创新、股权、产品、管理、营销、数字化，成了一个又一个商业样板和示范，而这一切都归因于商业哲学。

本书系对中国企业的成长、转型和进化是镜鉴，亦是弥足珍贵的思想财富。

邱恒明

财经作家，财经书评人

程东升研究华为及华为创始人任正非二十余年，他带领的团队创造性地总结并提炼出任正非"商业哲学体系"，是中国商业创作领域的里程碑事件，为现代东方管理智慧划定了一条标尺，必将引起关注和讨论。

张凤安

艾利艾智库董事、总经理

程东升是华为研究知名专家，他与团队跟踪华为二十多年，此番特别推出华为"商业哲学书系"，给所有试图解读华为、学习华为的企业家、学者提供了迄今最完整、全面的"华为真相"。华为的精神谱系是一部中国企业史、中国企业家精神史和中国企业家心灵史。

姚军
中流会"向华为学习俱乐部"创始人

相信研究华为多年的东升兄主编的这套书会为人们认识华为提供一个全面且有独特价值的视角。

封底美术作品作者

王晓晴,中国美术家协会会员,中国工笔画协会会员,中国古琴协会会员,广东省美术家协会会员。

封面肖像画作者

关振旋,广东佛山人,生于1940年,毕业于佛山艺专油画专业,善画人物,曾创作多本连环画,晚年以肖像画及情景速写闻名,将几万张手稿捐赠给家乡美术馆收藏。

本书系编撰团队

首席顾问： 詹　敏　　**特约编辑：** 石北燕　　**资源整合：** 王海宁　　**主编助理：** 程美琳

特别鸣谢

企业界友人：

王纪伟	刘志清	殷祖碧	屈晓春	王群英	周素梅	李　根	王春燕	邓秀华	苏晓平
梅鹏飞	马　娅	严　勇	梅昌财	陈鑫磊	张正勤	余荣军	马　腾	王　静	张向东
陈玉劼	穆兆曦	黄家庆	曹书涵	邓智君	严佑春	黎邦其	汤敏超	万玉华	许开京
马本湘	马苏格	周巧璋	赖建雄	於凌燕	吴天真	周维升	孙大勇	孙鹏博	孟大伟
黄　刚	安　强	尹青胜	张　华	廖学锋	徐　恺	徐瑞明	戚伟川	晁莉红	旷晓玲
曾繁华	朱　明	李吉兴	李宗兴	李红伟	林翔辉	江明强	游　沙	潘少宝	刘冬梅
王东才	王耀民	程依春	郑孙满	肖万俊	肖金文	胡　勇	谢嘉生	贺　勤	刘继敏
毛志刚

博研教育领导团队：

欧阳清　博研教育总裁、广州市海珠区人大代表、民进广东省委会青工委秘书长
吴天昊　全球博研同学会秘书长，科创联盟发起人
顾国强　博研教育 CFO 兼首席法务官
雷　安　博研教育首席营销官
张川燕　博研教育商学院院长
毛望仁　博研教育金哲院联席院长
刘　画　博研教育金融学院院长
唐玉婵　博研教育金哲学院副院长
陈　洁　博研教育金融学院副院长
赖凤燕　博研教育历史学院执行院长
陈乐雄　博研教育国际学院副院长
冯平平　博研教育法国克莱蒙 MIB/DBA 项目主任
陈彦妤　全球博研同学会副秘书长
李　文　博研教育集团事业部主任
宋小英　博研教育产业创新项目主任
张荣兰　博研教育校友资源部总经理
田　磊　博研教育佛山分院执行院长

博研教育金哲 11 班同学：

陈建名	陈锦全	秦　炟	卢建彤	李庆嘉	陈宣儒	邓辉明	李连燕	郭恩凝	黄定文
刘隽瑜	刘鸿兴	刘　萍	罗　林	陶祺楠	温思婷	文美兰	徐怀石	燕　东	朱华英
陈伟添	许宏生	黄大成	卢海华	张青云	何　理	王牧笛	管晓蕾	刘　翔	廖　健
梁文蓓	张俊峰	何晓娟	张　梅	张春玲	晏　晨	谢振荣	詹惠红	周　斌	余少莱
赵天宇	黄惠敏	周立峰	王　方	夏艳娟	彭　琼	李东梅	冼丹丹

法国克莱蒙商学院博士班同学：

张　健	宣典祥	毛小毛	朱红兰	廖春樱	陈　耕	李家丽	彭　琼	李卓洁	王　伟
周立峰	廖成伟	陈锐涛	左光申	陈锦全	李东梅	李小华	凌晓萍	卢建彤	冯华山
张　玫	金代荣	张金海	李东坤	王　玲	何晓娟	杨莉丽	刘汝华	张俊峰

华为 商业哲学书系

推荐序一 ▶ FOREWORD I

读懂任总才能读懂华为
学习领先者成为领先者

范厚华 / 文

歌德曾说过："同时代的伟大人物可比于空中的巨星。当他们在地平线上出现的时候，我们的眼便不禁向他们瞻望。如果我们有幸能分享这种完美的品质，我们便感到鼓舞和受到陶冶。"

当今企业界，人们为什么学华为？

在世人眼里，华为曾经和它的创始人任正非先生一样，充满神秘感，很少有人能说清楚它是如何在短短30多年，从一家立足深圳经济特区、创业资本只有21000元人民币的民营企业，稳健成长为年销售额近万亿元人民币的卓越的民族企业的。华为的迅速崛起及其取得的辉煌成就为业界瞩目，它在很多方面，尤其是企业管理方面，对整个产业及至中国企业产生了深远影响。很多专业人士都试图从企业管理的各个层面探究华为成功的原因，那么，华为是如何对近20万人的庞大组织进行科学的管理，并卓有成效呢？

本源就在于任正非先生的商业哲学思想。

任正非先生说过："一个管理者到底以什么样的思想来治理企业，我认为这是一个企业首要且最大的管理命题！"

我在华为任职17年，从一名一线销售人员到代表处代表，再到海外区域副总裁，见证了华为从国内市场到全球领先的不断壮大的历程。要说我体会最深的一点，是我刚进入华为的时候，第一次有幸读到任总的讲话纪要，任总看似平易近人、通俗易懂的话语，却深入浅出地表达出深奥的管理理念，给当时的我留下了深刻的印象，并对我后来的成长起到了指路明灯的作用。我相信任总的管理理念在每位华为人心中都刻下了深刻的烙印，甚至可以说，华为最后的胜出，就是任总管理理念普遍灌溉的结果！

任总先进的管理理念，以及对外部智慧的开放吸纳，对世界观、价值观、商业观的坚守，是华为能够专注于本业的核心，更是华为能团结全球最优秀的人才、不断壮大成长的秘诀。

企业家都需要面对一个问题：企业存在的意义和本质是什么？我们究竟帮助客户创造哪些价值？为社会解决什么问题？套路、章法、打法再熟练，也只是价值传递的管道；若顶层思想偏离了企业存在的本质，就直接导致行为偏差，最终使结果产生巨大偏差。

我作为"以客户为中心"的企业管理实践者，6年来指导多家上市企业学习任正非先生的管理理念，解读华为的先进管理体系。企业家们在深入理解的基础上，结合企业自身实际，建立和践行了自己的"以客户为中心"的管理体系。我们先后服务了歌尔股份、汇川技术、西子洁能、顺络电子、中控技术等企业。企业家们以他们强大的领导力，锐意变革，坚守长期主义，几年下来，这些企业都取得了非常优异的经营成绩，走上了高质量可持续发展之路。

这套书对任正非的商业哲学进行了全面系统的梳理，从管理思想到业务策略，从管理哲学到规则体系，从世界观、方法论、领导力哲学等方面，深度解读任正非先生的商业思想内核，揭开华为30多年来持续壮大、不断腾飞的本源动力。这套书凝聚了东升兄及其团队研究华为20余年的心血，极具思想性、先进性和启迪性，我相信会给企业家及广大读者带来独特价值。

读懂任总，才能读懂华为；学习领先者，才能成为领先者！

相信读者在东升兄及其团队的心血之作的加持下，勤加实践和体悟，一定能在企业治理之路上突破认知、扩大格局，带领企业走向巅峰！

范厚华

2023年9月

（范厚华　深圳传世智慧科技有限公司创始人、总裁，华为前海外区域副总裁）

华为 商业哲学书系

推荐序二 ▶ FOREWORD II

利他和长期主义的力量
弘扬家国情怀

殷祖碧/文

任正非是我最敬佩的中国企业家之一。这不仅仅是源于我有过从军经历，任正非早年也在部队，且一度成为了技术能手、学习标兵。部队的历练为任正非后来创建华为打下了坚实的基础。可以说，华为能有今天的成就，与任总早年在部队的历练密不可分。我后来也脱下军装开始做生意。很多人都知道，刚开始我创建的公司规模虽小，但也是在服务我们的国家基层民众，从这一点来说，我们与华为的初衷是一致的。

我敬佩任总的另一个重要原因是，42岁开始创业的任总打造了让全世界瞩目的伟大的企业。华为的成功，其核心就是任总在华为实施的完整的闭环商业逻辑，沉淀的深刻的商业哲学，无论从自主研发到市场营销，还是内部全员持股分红，都是让常人难以想象的管理智慧与最早的内部均富思想的落地。

通过子旭科技总裁、香港大国医道智慧国医董事长，也是我们的会员企业主詹敏的介绍，我认识了我国知名财经作家程东升老师。程老师持续研究华为，从2003年出版第一本有关华为的畅销书《华为真相》，到2023年刚好20年。20年来，程东升及其团队策划了系列有关华为的图书及课程，为总结中国企业的管理经验做出了一定的贡献。程东升老师的专注力、专业度同样让我们敬佩。

程老师及其团队耗时四年多创作的华为"商业哲学书系"，系统总结了华为取得巨大成功的底层逻辑、价值观、方法论。在我看来，这是学习华为的非常好的系统工具。

我认为，华为商业哲学具有一定的普适性，可以为很多中国企业学习。创建公司以来，我们一直在学习华为的管理模式，引入了华为的利他主义、长期主义、诚信为王等思想。

华为有一个理念是"以客户为中心"，长期坚持艰苦奋斗。华为从之前的交换机产品到现在的手机，到各种智能产品，秉承的都是这样的理念。世界公认的国际质量管理体系ISO八大原则之首就是"以顾客为关注焦点"，处处落实到细节中，这是一个伟大的理念。

我们从永倍达到2023年下半年推出的全新的互联网平台"有趣世界"，定位始终如一——做中国领先的民族电商平台。我们充分分析了国家当前的市场需求和社会环境，致力于通过打造自主品牌，利用自主知识产权，实实在在地帮助企业，更好地满足"人民群众对美好生活的向往"。

我们认识到，消费者既是消费者，同时也应该是企业的投资人，在享有产品的使用权之外，还应该拥有企业的分红权。但是，在传统商业理念的零售模式中，消费者仅仅是产品的消费者，企业的发展壮大、取得的利润，基本与消费者无关，尤其是在还没有上市的时候，企业内部存在一个封闭的利润分配机制，消费者只是利润贡献者，难以分享企业的利润。即使上市了，企业也只是开放了一部分利润分配权给社会上的投资人，而非全体消费者。正是从消费者（客户）的这个需求出发，我们创建了"永倍达·有趣世界"，我们的目标是让越来越多的消费者成为企业利润共享者。在这一点上，我们本质上是在学习华为"以客户为中心"的服务意识。

在运营中，我们学习了华为人艰苦奋斗、不畏艰险、迎难而上的精神。我在创业过程中，也遇到了几乎是同样不可想象的各种困难，甚至面对过巨大的质疑，但我们从没有退却过，从没有停步过，从没动摇过我们的信念，从没辜负过对千千万万会员的承诺，我们坚信我们从事的是如华为一样伟大的事业。

尽管我们过去取得了一定的成绩，在2023年8月15日推出全新的互联网平台——"有趣世界"之后，我还是要求团队成员具备"归零心态"，忘记过去的所有成绩，一切从头开始。我们一直牢记华为倡导的"过去的辉煌不是未来成功的可靠保障"。

华为还有一点非常值得学习的，是强烈的家国情怀。孟晚舟女士被滞留在加拿大长达数年，有着强烈使命感的华为人的家国情怀日月可鉴！

在千千万万的事业伙伴的共同努力下，我们也像华为一样，以强烈的家国情怀，与全国近400个县市成功合作惠美乡村项目，帮助亿万村民直接销售农产品；我们还积极参与乡村振兴基金的建设，为惠美乡村的永续发展做出重要贡献。我们会继续不忘初心助力中国乡村经济的振兴事业，还会通过各种方式服务社会、回馈大众，永怀家国情怀。

华为商业哲学的内涵非常丰富，我们只领会了其中一部分内容，还没有学到家。这套书是非常好的学习工具，我们愿意与更多企业家、伙伴们一起持续学习、共同进步，创造属于我们的美好未来。

2023 年 9 月

（殷祖碧　铸源集团营销副总裁，有趣世界龙焱系统创始人，湖北军昊文旅发展集团董事长）

华为商业哲学书系

推荐序三 ▶ FOREWORD Ⅲ

企业家要学点哲学

徐晓良 / 文

博研教育起源于2009年创办的中山大学管理哲学博士课程研修班，与很多以实用为导向的企业家培训班不同，博研教育一开始就走的是"无用之用"的道路，以"哲学"为基础课程，以"哲学"为思考的出发点和归宿。因此，博研教育的很多课程，尤其是面向企业家、企业高层的金融哲学产业创新班课程（简称金哲班），商业哲学是必修课。

博研之所以采用这样的课程设置，是因为我们觉得企业家到了一定的阶段，必然需要进行哲学思考，必然会从哲学的高度考虑问题，具备哲学思维的企业家，才容易在纷繁复杂的商业市场中，看清商业的本质，掌握企业的核心。事实也正是这样，比如华为创始人任正非先生，其经营管理理念就充满了哲学思考，有大量的思辨话题。

比如任正非提出"华为没有成功，只有成长"，按照我的粗浅理解，这句话充满了哲学意味，至少有两层含义。

第一，"成功"没有什么统一的标准。或许在很多人眼里，华为已经非常"成功"，比如 2019 年的营收一度达到了将近 9000 亿元、利润达到了 600 多亿元；华为多年前就超越了曾经的行业第一思科、第二美电贝尔等众多巨头，成为全球 ICT 领域的领军企业；华为在 ICT 领域的多项技术跃居世界第一……从市场表现来看，华为的确算是非常"成功"，这是普遍意义上、普通人眼里的成功。但在任正非看来，这都不算什么，或许他心里有更高更远大的目标，华为还远远没有达到他的期望。

第二，华为的成功永远只是暂时的、阶段性的，华为根本没有"成功"的概念。这当然是任正非对于华为取得成就的一种自谦，但如果从哲学的角度分析，任正非说的也确为事实。天下没有任何一家企业能够一直成功，甚至都没有永远存在的企业。任何企业都是有一定的生命周期的，华为也一样，最终会有消亡的一天。所以，任正非说，华为人的任务之一就是推迟华为死亡的时间。

因此，任正非从来不说要做百年企业，而是经常提醒华为人"华为距离破产只有 21 天"。

这套书从哲学的高度对任正非先生的经营管理理念进行了相对全面的梳理、剖析，大家可以通过这套书系统地学习任正非先生的商业哲学。

任正非先生非但在华为的经营管理实践中不自觉地进行哲学思辨，还非常明确地要求华为的高层要学点哲学、懂点哲学。

显然，任正非先生就是一位商业哲学的思考者、践行者。

任正非先生给中国企业家树立了一个很好的标杆。

亚里士多德曾说过："哲学智慧产生于人类的实践活动。科学需要哲学，商业也需要哲学。"在当下这个关键节点，企业家需要重新对世界发起追问和思考。

博研的课程设置以哲学为基础，在一开始的时候，我的很多朋友都担心这样的"务虚"课程，很难得到企业家，尤其是华南企业家的认可。在很多人的印象里，华南地区的企业家是低调务实、讲究实战，甚至是奉行实用主义的。但博研这么多年的经验证明，华南的企业家非常喜欢哲学，博研的"金哲班"课程受到了广大企业家的喜爱。目前，金哲班课程已经开设到了第12个班，有数千名企业家学习了这一课程。

经过多年的发展，博研同学会已形成拥有2万企业家学员、20万企业家会员，影响力覆盖超过100万华南高端人群，并具有全国影响力的学习型社群。

这充分证明，华南企业家不但非常务实地低头拉车，还时常抬头仰望星空、进行深度思考。这是一群非常好学、思辨性很强、实践能力很强的可爱的企业家。

近年，博研开始尝试走出华南，去全国更多城市服务当地的企业家。我们希望全国各地的企业家都能参与商业哲学的课程学习。

我们将持续开设商业哲学课程

叔本华说："哲学就像艺术和诗，必须在对世界的知觉把握中去寻找自身的源泉。"

黑格尔说："哲学应当从困惑中开始。"

这是博研创立的初衷，也是程东升先生研究华为商业哲学的初衷。

程东升先生及其团队一直研究华为和任正非先生的经营管理理念，先后策划、创作、出版有《华为真相》《华为经营管理智慧》《任正非管理日志》《华为三十年》等众多华为题材的畅销书，在市场上产生了相当大的影响。其中，《华为真相》第一版出版于2003年左右，是国内最早出版的关于华为的专著之一,可见程东升先生及其团队对华为关注之早、研究持续时间之长、专业程度之高。

我在与程东升先生交流的时候,他经常自谦地说,上述图书的畅销,并非他们团队努力的结果,而是华为的成功实践产生的联动效应,是任正非先生系统而完整的经营管理理念在中外企业界的重大影响带来的。

几年前,程东升先生及其团队开始策划、创作华为"商业哲学书系",从哲学视角梳理任正非先生的经营管理理念。其团队中有前世界500强企业的CEO,有中国企业界的资深企业教练,也有国内外著名商学院的知名学者。这是一个实力雄厚、理论与实践经验都非常丰富的团队。

基于大家对商业哲学,尤其是华为商业哲学的高度认同,博研教育与程东升先生的团队共同策划、出版了这套书。我们将会把这套书作为博研教育的教材,供广大企业家学习。

弗兰西斯·培根说:"读书不是为了雄辩和驳斥,也不是为了轻信和盲从,而是为了思考和权衡。"

企业家来博研学习,除了知识的更新外,还可以提升思辨能力,学会思考和权衡。

这套书的出版只是工作的开始,未来,我们每年都会推出类似的出版物。我们还与程东升先生及其团队开发了针对企业家的商业哲学课程体系,内容包括中西方哲学流派的演变、任正非商业哲学认知以及他在华为的实践;这门课程既包含哲学素养的普及知识,又有哲学在商业中的实践经验,企业家在学习过程中既动脑又动手,既务虚又务实,非常适合提升企业家的认知能力和实践能力。

我一直认为,做企业需要使命引领、哲学护航、战略创新、机制保障。在这一框架下,企业成员可以逐步实现"同类相依",朝着同一个目标前行。

我相信华为"商业哲学书系"的内容会不断完善、课程体系会不断优化，不但为博研教育的企业家学员赋能，还可以给全国乃至世界更多国家和地区的企业家赋能。

2023 年 9 月

（徐晓良　博研教育创始人、董事长，博研商学院院长，全球博研同学会理事长，广东省工商联执委、广东省山东青岛商会会长、中国科学院科创型企业家培育计划发起人，国家文化科技创新服务联盟主任。曾任中山大学 EMBA 中心主任）

华为 商业哲学书系

推荐序四 ▶ FOREWORD IV

回归原点读任正非的商业哲学

田和喜 / 文

我们所处的世界,既简单,又复杂。看华为,想必也适用。"一听就懂、一做就蒙"已然成为中国企业学习华为的窘境所在。

因为咨询服务的需要,我开始研究华为。

任正非曾说:"华为生存下来的唯一措施,是要向最优秀的人学习。"2012年,我有幸成为国内唯一受邀到华为分享阿米巴经营原理与实战的咨询顾问,从此我与华为结缘,进而了解任正非先生和华为的成长历程,并开始探寻华为的成功之源。

一、华为的"真经"源于任正非的商业哲学

企业经营是一门科学,也是一门艺术。华为是任正非遵循科学规律带

领全员创作出的"艺术品"。因此,企业家个人的商业哲学,是一家企业持续成功的根基。世界上没有两位相同的企业家,自然也不存在两家相同的企业。

华为成功源于任正非的商业思想。

第一,一把手胸怀天下与战略定力。

优秀是一种思维习惯,志存高远才会有超前的战略眼光。任正非在1994年就洞察到通信行业未来的市场竞争格局,想要生存就必须"三分天下有其一",从而保持高度聚焦的战略定力,提前布局未来,华为才有了今天的底气。

2019年5月5日,美国政府宣布制裁华为。随后华为公开发文称:"我们早已做好准备!"华为十多年前在"云淡风轻的季节"已经作出过"极限生存的假设",随着何庭波的一份声明让世界震惊——所有我们曾经打造的"备胎",一夜之间全部转"正"。

想要活下去,必须未雨绸缪。最具风险的事情,就是对未来不采取任何行动。

第二,以客户为中心与有效的市场策略。

企业想要持续发展,"以客户为中心"只是基本条件,还必须采取精准的市场策略。做通信业务时,任正非向毛主席学习"农村包围城市"的打法,选择差异化的产品定位和高性价比路线,从中低端市场入手,在夹缝中生存,奔赴海外做跨国巨头们看不上的边缘市场。

华为2003年就成立了终端公司,为运营商定制开发了100多款手机,由于只关注了运营商需求,没有把目标瞄准最终购买和使用手机的消费者,这100多款手机未受到消费者喜爱,业务发展缓慢。直到2011年,华为终于明确"终端竞争力的起点和终点,都源自消费者"后,终端业务才走上了快速发展的道路。

想要活下去，必须先瞄准客户，想要发展，必须走与众不同的路。

第三，以奋斗者为本与倒逼经营体制。

成功是奋斗出来的，成长是倒逼出来的；没有持续的成长，哪来持续的成功。任正非从自己的人生经历中深刻体会到，个人成长是因原生家庭境况所逼，企业成长源于市场竞争的生死压迫。华为设置的事业部、责任中心制与当年松下事业部制如出一辙，培养了大量管理人才。

2009年1月，任正非在华为销服体系奋斗颁奖大会上，发表演讲《让听得见炮声的人来决策》，结合华为当时组织变革背景，"让听得见炮声的人来决策"从此开始流行。我后来看到这篇文章，才注意到华为向日本企业学习已久，这也是为什么华为邀请我分享"阿米巴经营模式"原理、原则与实践的原因。

活下去，必须把寒气传递给每一个人，要发展必须全员奋斗，这就是全员经营的倒逼体制。

第四，长期艰苦奋斗与价值分配体系。

价值分配体系要向奋斗者、贡献者倾斜。任正非围绕"创造价值、评估价值、分配价值"设计出一套科学的激励体系，吸引着全世界的人才。从"高层要有使命感，中层要有责任感，基层要有饥饿感"的激励方针来看，任正非早把人心的需求看穿，把人性的弱点看透，讲着鼓舞士气的话，公平公正地分钱，牵引着人心向前。

学习任正非，经常会遇到一个偏执的问题："老板，您学习华为管理之前，能先做到像任总那样把99%的股份分给大家吗？"激励的学问，不只在于分钱，也不是一定要把绝大部分股份分出去，而是学会在公司不同的发展阶段，根据战略需要，不断实现新的利益再平衡，让蛋糕越做越大，能力越分越强，钱越分越多，也越分越长久。

活下去，除了会分钱，同时还要会分责、分权、分名、分利，更要会分享经营的痛苦与胜利的喜悦。

第五，永远冲锋在前与不断突破自我。

"我若贪生怕死，何以让你们去英勇奋斗，华为强大的核心在于其干部管理体系。技术骨干出身的任正非，深知技术对于企业的重要性；但他更加明白，企业要实现技术上的持续领先，必须在经营管理能力上持续领先。任正非提出："所有企业都是管理第一，技术第二。没有一流管理，领先的技术就会退化；有一流的管理，即使技术二流，企业也会进步。"

任正非要求自己放下技术走向管理，并带领干部团队一起从技术走向管理；华为要用优秀的人培养更优秀的人。

活下去，革自己的命最难，但任正非义无反顾地做了。

第六，回归原点思维与战略集成经营。

回归原点，是松下幸之助和稻盛和夫的观点，也是我在日本住友学习"《论语》加算盘"经营实学之战略集成经营的第一课。

华为很复杂，华为一年几千亿元的营业额，业务遍及全球170多个国家和地区；近20万员工，组织十分庞大，经营管理体系、工具十分复杂。如照搬其方法论，大部分企业难以驾驭。

华为也很简单，华为和世界其他优秀企业一样，都始终坚守经营的原点，遵循朴素的经营原理和原则，所有业务管理的工具、方法、机制系统都是在此基础上生发出来的产物。华为将朴素的商业哲学与经营管理的各机能体系融会贯通，形成了高度的战略集成经营，这是华为庞大组织能够实现上下对齐、左右协同的根本原因。如果华为在经营原理和原则上是复杂的，那必然无法高效组织千军万马南征北战，展现出世界一流的竞争力。

任正非曾十分很谦虚地说:"我什么都不懂,只懂把华为的人'粘'起来,朝一个方向努力。"然而,他何止是把华为人"粘"在一起,也把外部的客户、科研机构、供应商、战略集成经营顾问、模块管理顾问等利益相关者全都紧紧地"粘"在一起,为了华为"把数字世界带入每个家庭、每个组织,构建万物互联的智能世界"的使命而奋斗。

活下去,任正非不断回归原点,不忘初心,牢记使命,永葆创业状态。

二、做不了任正非,但必须学任正非

经营管理本身也是一门支撑企业成功的核心技术,任正非作为商业智慧的集大成者,他为中国企业家提供了一个学习和对标世界一流经营水平的窗口,在世界范围内,我们能够找到的公开且信息丰富的商业案例屈指可数。而今,本套书就在我们面前。它讲述的不是成功学,而是每位企业家都可以学到的商业真经。

2023 年 9 月

(田和喜 广州道成咨询集团创始人,曾任世界 500 强住友化学经营部长,中国"理念+算盘"自主经营开创者,阿米巴经营本土化奠基人、权威专家,中国 500 强战略集成经营顾问)

华为 商业哲学书系

书系总序 ▶ FOREWORD V

探究任正非的商业哲学

程东升 / 文

没有正确的假设,就没有正确的方向;

没有正确的方向,就没有正确的思想;

没有正确的思想,就没有正确的理论;

没有正确的理论,就不会有正确的战略。

——《任总在 Fellow 座谈会上的讲话》(2016)

任正非的这段话充满了哲学思考的味道——方向大致正确,来自企业家的思想正确;企业家的思想正确,来自对企业的正确认知;思想正确、正确认知来自企业家对事物本质的认识,企业家需要掌握哲学这个工具。

任正非认为,领导干部要学习哲学,提高认知水平,提升分析事物的能力，学好哲学才能做好工作。在华为的管理问题上，任正非多次提到"华为的管理哲学"。

华为所有的哲学就是以客户为中心，就是为客户创造价值。

任正非的这句话强调了以客户为中心在华为的重要性，这也是华为所有动作的出发点和归宿。

华为没有管理哲学，华为管理的核心就是四个字：实事求是。

任正非说华为没有管理哲学，或许也是一种事实——华为包括任正非自己并没有提出明确而系统的管理哲学体系，任正非只是在日常讲话中提及众多管理原则、思维模式，涉及大量认识论、方法论等。任正非更没有创立新的哲学理念，从学术的角度看，华为和任正非的确"没有哲学"。

但是，从实用主义、商业的角度看，任正非执掌华为30多年，带领20万人，将华为从一个小公司发展成为营收最高达8000多亿元、在行业内排名第一、众多技术领先世界的公司，没有一定的哲学认知、哲学高度，这样的成就是不可能实现的。因此，任正非说华为没有管理哲学，显然是他的一贯风格——自谦，但并非否认华为有独到的管理哲学。

实事求是本身就是一种哲学，实事求是才能自我批判。从西方哲学的角度看，实事求是的假设前提是承认一切商业原理、商业成功都只是暂时的，都可能是错误的。这种假设的本质就是哲学上的怀疑论。

在任正非看来，规律是可以被认识和尊重的，但是，并不意味着所有结果都符合规律。也就是说，即使你掌握了公司成功的规律，也并不意味着你总是可以成功；何况，你认识和掌握的不一定是真正的规律。

很多企业家在取得了初步成功之后，就忘乎所以，以为自己掌握了企业的规律、行业的规律，甚至掌握了成功的规律，企业还没有做多大，就开始多元化,看到一个项目挣钱就想介入。这其实是一种投机心态。

这样的企业家,往往将运气等同自己的能力,以为时代给他的机遇、好运,是他凭自己的能力得到的。他以为自己的成功是一种必然,其实不过是一种偶然。

我辞职创业以后,收入比之前在政府机构、公司都高。一些朋友说,看来你在原来的单位受限制了,能力没有发挥出来。我告诉他们,我自己的市场价格也就是每月四五万、每年几十万的收入。现在我的收入多了一些,并不代表我的能力强,只是我的运气稍微好一些,而且是当下的运气好了一些,也许过几年运气不好了,能力再强,也只能获得市场给的价码。当然,通过持续不断地学习,我们可以提升自己的能力,进而让市场给我们更高的定价;规避风险,进而少犯错误;积累更多人脉,进而让运气更好。

学习还有一个更重要的功能——让我们对自己的判断和能力保持怀疑,明白外界的不可知性,清楚学习的重要性——通过学习,可以逐步接近事物的真相、理解真相、掌握真相。

学习华为就是学习任正非的商业哲学

从1999年起,我们开始关注、研究华为,2003年出版《华为真相》。之后,我们一直在跟踪研究华为,到2023年,已经有24年的时间了。这24年中,华为从一家电信行业的小企业,成长为国际一流的IT与信息技术供应商、世界最大的电信设备制造商,在全球范围拥有很高的品牌知名度和影响力。

尽管任正非不承认华为已经取得了成功,在他看来,"华为没有成功,只有成长",但从行业地位、销售规模、市场占有率等指标来看,华为的确已经取得了阶段性成功,甚至可以说是取得了巨大成就。

华为的成功，与任正非的经营管理密不可分。从我们这24年对华为的观察来看，华为的成功就是任正非商业哲学实践的成功。任正非从华为具体的经营管理中，总结、提炼了一套独特的华为经营管理哲学，已经从一个企业家成长为一位商业哲学家。这也是很多著名企业家的成长路径——从企业家到教育家，再到商业思想家、商业哲学家。

早在2005年，我就在《华为经营管理智慧》一书中提出了"商业思想家"的概念，并提出，任正非算是中国少有的一位"商业思想家"。今天，我觉得用"商业哲学家"更为恰当。因为企业家到了一定的高度，必然会从哲学层面思考问题，探究问题的本质。企业家到了一定的高度，必然成为教育家、商业哲学家。

我们之所以将任正非定义为商业哲学家，是为了限定任正非哲学理念的范畴。任正非显然很难算是一个普遍意义上的哲学家，更非一位学术界的哲学家，但他的确有深厚的哲学修养、深刻的哲学认知及成功的商业实践。我们将任正非定义为"商业哲学家"，就是强调他在商业领域应用哲学、提炼哲学。

这些年来，研究华为与任正非管理理念的书越来越多，但从商业哲学的角度进行观察、分析的还比较少。我们策划这套书的初衷就是从更深层乃至商业哲学的视角解构任正非的管理理念。

这些年，尤其是近年来，很多企业，包括很多国有企业都在学习华为。我们认为，华为当然值得学习，华为也应该去学习。不过，学习华为有不同的层次，在企业家层面，尤其是有一定规模的企业，企业家学习华为其实就是学习任正非的商业哲学，就是学习任正非的底层逻辑、学习任正非的思考方法、学习任正非分析问题的路径……

其实，不仅国内的企业，国际上也有很多企业在研究华为。从一定意义上说，华为的管理理念已经成为中国企业影响世界企业界的重要因素。

华为和任正非正在重塑中国企业和中国企业家在世界的地位和影响力。

我们希望这套书能够为各界学习、研究华为和任正非的管理理念提供一个新的视角。

企业界学习商业哲学的样本

读者们可能注意到了，本套书的联合主编有一位非常引人关注的人士——徐晓良先生，徐先生是博研教育（博研商学院）创始人、董事长，博研商学院院长。徐晓良先生及博研教育深度参与了本套书的内容策划、创作和运营。

我们之所以选择与徐晓良先生及博研教育合作，是因为博研教育一直在引导和鼓励企业家们学习哲学。在中国企业家培训市场，这是一个独特的存在。

博研教育起源于2009年创办的中山大学管理哲学博士课程研修班（简称"博研班"），在发展过程中融合了中山大学CEO总裁班、北京大学BMP商业模式班、明伦堂国学班、广州美术学院艺术研修班的课程内容，并与清华大学合作进一步完善了教学体系。

经过10年的砥砺前行，博研教育以其富有哲学智慧的人文课程、科学赋能的管理课程、与时俱进的金融投资及商业模式创新课程，跨行业的、创新性的教育实践，在华南地区的企业家学习园地独树一帜。博研教育坚持"培养商业思想者"的发展使命，"学习成就人生"的教育理念，"以文会友，以友辅仁"的教学方针，致力发展成为"中国高端人文教育第一品牌"。

博研同学会已形成拥有两万名企业家学员、二十万名企业家会员、影响力覆盖百万华南高端人群并具有全国影响力的学习型社群。

毫不夸张地说，在对中国企业家进行哲学启蒙、从哲学高度提升中国企业界整体认知水平方面,博研教育功不可没!

正是由于对博研教育的高度认可,我们邀请徐晓良先生和博研教育共同参与了本套书相关的工作。当然,按照我们与徐晓良先生和博研教育的共同规划,本套书的出版只是工作的开始,未来,我们每年都将推出类似的出版物。我们还与徐晓良先生和博研教育开发了针对企业家的商业哲学课程体系。徐晓良先生主要讲授"商业哲学"和"哲学漫谈",我和我的团队主要讲授"任正非商业哲学"。这些课程内容包括中西方哲学流派的演变、任正非商业哲学认知及在华为的实践,既有哲学素养的普及,又有哲学在商业中的实践,企业家在学习过程中既要动脑又要动手,既务虚又务实,有助于提升认知能力和实践能力。

基于对博研教育的认可,我本人也报名参与了博研教育的金融哲学班,以及博研教育与法国克莱蒙商学院合作的工商管理博士学位班的学习,当时这两门课程的学费是49.8万元。与华南其他民办企业家教育机构的课程相比,这个费用不算低,但与很多高校EMBA课程的收费相比,这个学费可谓非常实惠、性价比很高了。

在博研教育学习的过程中,我接触到了大量优质的企业家同学,既有创一代,也有大量创二代、创三代,这是一个充满活力、富有创造力的群体,大家的互动交流,尤其是线下交流非常多,我收获了很多友情,这是在其他很多教育机构无法实现的。就我本人而言,在博研教育学习非常超值。

我们在博研教育学习还有一点非常值得推崇——大家互为老师,相互赋能,比如,我在这里学习,同时讲授"任正非商业哲学";著名企业家、博研金融哲学班校友、芬尼科技联合创始人宗毅讲授"裂变式创业"的课程,等等。

基于上述学习模式,我相信这套华为"商业哲学"的内容会不断完善、课程体系也会不断优化，不但赋能给博研教育的企业家同学，还可以赋能给全国乃至世界更多国家和地区的企业家。

我们希望各位读者朋友也参与到这个项目中来，您的任何建议、意见，可以随时反馈给我们（助理联系方式：15013869070），在此表示诚挚感谢！

程东升

2023 年 9 月

目录 ▶ CONTENTS

第一章　如何看待行业　　　　　　| 001
第二章　向领先者学习　　　　　　| 015
第三章　全球化是大趋势　　　　　| 037
第四章　对外部资源的投资与利用　| 059
第五章　如何看待竞争　　　　　　| 071
第六章　如何看待合作　　　　　　| 081
第七章　技术积累改变世界　　　　| 093
第八章　创新与持续发展　　　　　| 113
第九章　投资"明天"　　　　　　| 137
第十章　蓝队与备胎　　　　　　　| 159
第十一章　掌控自己的命运　　　　| 171
第十二章　如何应对制裁　　　　　| 187
第十三章　未来路线展望　　　　　| 209

1

第一章

如何看待行业

HUAWEI

01 要做好工业互联网中的云底座

工业互联网是系统工程，要做好工业互联网中的云底座。每个行业都有自己的应用平台，比如煤矿、公路、铁路、机场……它们都具有很强的个性和行业特征，这些都是系统工程，需要大家一起来做，一起做贡献。这些努力将帮助各行各业逐步走向工业互联网。

工业首先要走向机械化，机械化走向电气化，电气化走向信息化，信息化走向智能化，这时候才有机会把中国的制造业转变成工业互联网，德国目前走在了我们的前面。在这个过程中，重要的是华为要作出自己的贡献，例如光传感、光传输、5G 连接以及云底座等。

——2022 年 5 月 29 日 任正非与系统工程领域科学家、专家会谈纪要

02 总结西方公司的缺点和问题，加强队伍建设

我们要加强队伍建设，就要总结西方公司存在的缺点和问题。我们看一下西方公司的现状。LUCENT 裁了一半以上的员工，北电裁了三分之二的员工。市场下滑不完全是裁员引起的，也是市场空间引起的，但裁员对市场产生了极大的影响，所以可以看出这些西方大公司受到的极大打击。

大家问："小公司是否会比大公司好一些？"看看美国的现状：美国 IT 风暴损失了 9 万亿美金。现在整个网络投资极度过剩，就是没有空间去销售，不是说仅大公司没有地方销售，小公司也没有地方销售。这种市场情况下生存没有可能。大公司都没有生存空间了，小公司更加困难。大公司为什么死不了？是银行不让它们死，不是它们自己不想死。小公司风险投资失败，导

致美国的基金破产，接着还会有连环性的破产。比如环球经济破产了，又会带动设备制造商的破产，使经济进一步恶化。

——2002 年初　任正非内部讲话《迎接挑战，苦练内功，迎接春天的到来》

03　信息和沟通是人类的基本需求

信息和沟通是人类的基本需求，5000 年后，这个世界仍然需要信息服务；当然，也需要相应的设备制造商，只要我们能活过来，就是有希望的。我们在泡沫经济中犯过许多错误，今天仍然有许多错误在发生，如果我们不讳疾忌医，就有希望活下来，就会更加有效地发展。

——2004 年　任正非在干部工作会议上的讲话《持续提高人均效益　建设高绩效企业文化》

04　华为不可能回避全球化

由于制造可以被剥离出来，销售与服务可以贴近市场，它们之间的关联可以通过网络实现，所以经济的全球化不可避免。华为的愿景就是通过自己的存在，不断丰富人们的沟通、生活与经济发展，这也是华为作为一个企业存在的社会价值。我们可以丰富人们的沟通和生活，也能够不断促进经济的全球化。华为不可能回避全球化，也不可能有寻求保护的狭隘的民族主义心态。

——2004 年　任正非在干部工作会议上的讲话《持续提高人均效益　建设高绩效企业文化》

05　电子行业，竞争极其残酷

经济全球化使得竞争越来越残酷了，特别是我们电子行业，竞争极其残酷。举个例子来看，电子产品的性能、质量越来越高，越来越需要高素质人才，而且是成千上万的需求，这些人必须有较高的报酬才合理。但电子产品却越来越便宜。这就成了一对矛盾，如何解决，我们期待某个经济学家能获得电子经济诺贝尔奖。

——2008 年 7 月　任正非在华为优秀党员座谈会上的讲话《理解国家，做好自己》

06　电子产业将永远供过于求

过去的一百多年，经济是以火车、轮船、电报、传真等手段来实现竞争的，竞争强度不大，从而促进了资本主义在前一百多年有序地、很好地获得了发展。而现在，由于光纤与计算机的发展，形成了网络经济，形成了资源的全球化配置，使交付、服务更加贴近客户，而且是快速而优质的服务；使制造更加贴近低成本；使研发更加贴近人才集中的低成本地区……这使得竞争的强度大大增加，优势企业会越来越强，没有优势的企业会越来越困难，特别是电子产业将永远供过于求，困难程度是可以想象的。

——2008 年 7 月　任正非在华为优秀党员座谈会上的讲话《理解国家，做好自己》

07　支撑信息产业发展的两个要素

支撑信息产业发展的两个要素：一是数码，取之不尽，用之不竭，还不用缴任何专利费；二是二氧化硅，做硅片的，这两种东西导致了电子产品过剩。过剩的结果就是大家都拧毛巾，绞杀战。西方公司过去日子太好了，拧的水太多了，所以拧着拧着就把自己拧死了。我们也不是最佳状态，我们公司的铺张浪费还很多。在这种情况下，怎么办？

——2008 年 7 月　任正非在华为优秀党员座谈会上的讲话《理解国家，做好自己》

08　电子供给大于需求，稍一休息就被抛弃

我们处在一个电子产品过剩的时代，而且会持续过剩，过剩的商品决不会再卖高价。而制造这些复杂产品却需要更多的优秀人才，需要更多的人力成本。一边是更少的收益，一边是更大的付出，这是摆在所有电子厂家面前

的难题。我希望有一个经济学家，能解决这个问题，获得诺贝尔奖，让我们也像资源行业一样，能靠着墙喘一口气。现在还无人能解决电子供给远远大于电子需求的问题，我们稍一休息，就可能被历史抛弃，从而破产、衰败、颗粒无收。

——2008年5月31日　任正非在无线产品线奋斗大会上的讲话纪要《让青春的火花，点燃无愧无悔的人生》

09　只有规模大，才能摊薄成本

我们宁可辛苦一些，也要活下去，谁叫我们走入了电子行业。只有规模大，才能摊薄成本；只有服务内容有吸引力，有竞争力，才能多一些生存机会。所有一切都必须努力，我们没有一个懂电子的上帝，他也不会干活，帮不了你。我们已经用十几年时间走了一条成功的路，为什么不继续走这条路？让我们一起努力，让我们的生命放射光芒，让我们的青春永远无愧无悔。

——2008年5月31日　任正非在无线产品线奋斗大会上的讲话纪要《让青春的火花，点燃无愧无悔的人生》

10　控制网络破坏，不靠技术，靠法律和自律

网络也会对国家产生负面影响，主要是意识形态方面。这些破坏与影响不可能通过技术手段来控制，主要靠法律和自律。例如，互联网促进了技术的交流与进步，但也可能摧毁一个国家的正确价值观。罗马俱乐部的一份报告指出，未来能够颠覆这个世界秩序的只有互联网。美国的一份报告指出，未来20年有可能摧毁美国价值观的只有互联网。

——2004年4月28日　任正非在"广东学习论坛"第十六期报告会上的讲话《华为公司的核心价值观》

11　高利润才是高科技、高水平

你们说要做世界第二，我很高兴。为什么呢？苹果公司的年利润是500亿美金，三星公司的年利润是400亿美金，你们每年若能交给我300亿美金

利润，我就承认你们是世界第三。你们又说电商要卖 2000 万部手机，纯利润是 1 亿美金，一个手机赚 30，这算什么高科技、高水平？如果以己之长比人之短，我们中任何人都可能是奥运会所有项目的世界冠军，只需要限定别的运动员只能是 1 周岁以下。

——2014 年 3 月 11 日　任正非在消费者 BG 管理团队午餐会上的讲话《在大机会时代，千万不要机会主义》

12　别让互联网引起你们"发烧"

现在你们赚个几亿美金就开始牛起来了，拿自己的长板去比别人的短板，还沾沾自喜。坚持走一条正确的路是非常困难的，我希望消费者 BG 不要在胜利之后就把自己泡沫化，不要走偏了。所以电商也不要说销售额，以后汇报就说能做到多少利润。销售额是为实现利润服务的，不是奋斗的目标。终端没有黏性，量大而质不优，口口相传反而会跌下来。不要着急，慢慢来，别让互联网引起你们"发烧"。

——2014 年 3 月 11 日　任正非在消费者 BG 管理团队午餐会上的讲话《在大机会时代，千万不要机会主义》

13　将着力点放在简化管理和提升产品竞争力上

我们大公司比较笨，但是也要淡定对待变化，出现新的颠覆，要及时扑上去，超过它。举个例子，当年核心网这个产品我们走错了路，而且还很固执，抵制了很长时间，错过时机，被中国市场排斥。但我们及时醒悟了，争得了我们坂田基地这一小块试验田，试一试我们的核心网产品，这个试验证明了我们改正、追赶的水平。现在世界上绝大多数人都使用了我们的核心网。

另一个例子是，2002 年公司濒于崩溃，在 400 人的干部大会上，公司明确从鸡肋战略抓起，当时 IT 泡沫破灭，北电把光传输带到了谷底。公司那时明确，将光传输作为鸡肋，全力扑上去抓住这根鸡肋。现在，我们的光传输已领先全世界，成为第一。这就是在茫茫黑夜中，领袖举着用自己的心点燃的火炬，照亮了前进的方向。人工智能我们同样也晚了，我们现在将着力点放在简化管理和提升产品竞争力上，这样可以让工程部汇聚起几千人马，奋起追赶。

——2017年10月4日—6日　任正非在加拿大四所高校校长座谈会以及公司员工座谈会上的讲话（在滑铁卢大学）《一杯咖啡吸收宇宙能量，一桶浆糊粘接世界智慧》

14　没有信息网络的低成本人工智能不会出现

我相信任何东西都会不断地推动人类进步。古代人对我们今天也是不理解的。古时候的货币是石头做的，而且很大，就怕被搬走了。我们现在用的信用卡、微信支付、支付宝……是古代人不可想象的，我们也不可能想象未来人类的生活方式。但是人类不可能停下脚步，总是要不断地前进。如果这个世界没有大型、超大型计算机的产生，没有无线和光纤网络的产生，没有大量数据存储设备的产生，没有整个信息网络的低成本，人工智能也是不会出现的。

——2017年10月4日—6日　任正非在加拿大四所高校校长座谈会以及公司员工座谈会上的讲话（在蒙特利尔大学）《一杯咖啡吸收宇宙能量，一桶浆糊粘接世界智慧》

15　工业中最难管理的是电子工业

世间管理比较复杂困难的是工业，而工业中最难管理的是电子工业。电子工业有别于传统产业的发展规律，它的技术更替、产业变化迅速，同时，没有太多可以制约它的自然因素。例如，汽车产业的发展受钢铁、石油资源以及道路建设的制约。

——2005年　任正非《天道酬勤》

16　电子工业生产原料是取之不尽的河沙、软件代码、数学逻辑

用于电子工业的生产原料是取之不尽的河沙、软件代码、数学逻辑。正是这一规律，使得信息产业的竞争要比传统产业更激烈，淘汰更无情，后退

就意味着消亡。要在这个产业中生存，只有不断创新和艰苦奋斗。创新也需要奋斗，是思想上的艰苦奋斗。创业者和继承者都在销蚀自己，为企业生存与发展顽强奋斗，丝毫不敢懈怠！一天不进步，就可能出局；三天不学习，就赶不上业界巨头，这是严酷的事实。

——2005 年　任正非《天道酬勤》

17　电子工业革命无法想象

随着生物技术的突破，人工智能的使用……为满足信息流量的传送与处理，石墨烯替代了硅，引发了电子工业革命，其浪潮汹涌澎湃，巨浪滔天，我们无法想象。

——2016 年 5 月 28 日　任正非在《科技日报》头版发表署名文章《为祖国百年科技振兴而努力奋斗》

18　进入电子产业不意味着高工资

你们选择进入华为，这并不意味着拥有高工资，在华为付出的劳动比任何一个公司都多，按付出与获得的收益比来说，可能并不一定好过国有企业。华为起步晚，没有什么资源，也没有什么背景，必须比别人辛苦一点，比别人付出更多才能活下来，才能赶超别人。在座各位觉得辛苦，我是完全可以理解的，如果你们要转行，我不会阻拦，也是鼓励的。华为不怕人员流动，正常的流动是好的，你们可以去友商，也可以去运营商，去政府部门……他们的情况或许比我们好一些。我们是不能自由选择了，我们是法人，走不了，走了银行要把我们抓回来还债的。上了战场，枪一响，我们除了胜利，还能有什么呢？

——2006 年　任正非在苏丹、刚果（金）、贝宁代表处员工座谈会上的讲话《上甘岭是不会自然产生将军的，但将军都曾经是英雄》

19　没有什么可以依赖，只有比别人更多一点奋斗

十八年来，我们公司高层管理团队夜以继日地工作，许多高级干部几乎

没有节假日，所有的主管 24 小时不能关手机，随时随地都在处理问题。现在，更因为全球化后的时差问题，连轴转地处理事务和开会。我们没有国际大公司积累了几十年的市场地位、人脉和品牌，没有什么可以依赖，我们只有比别人更多一点奋斗，只有在别人喝咖啡、休闲、健身的时间里忘我努力地工作。否则，我们根本无法追赶上竞争对手的步伐，根本无法缩小与他们的差距。

——2006 年 12 月 18 日　任正非在国家某大型项目论证会上的发言《实事求是的科研方向与二十年的艰苦努力》

20　创业是漫长的艰苦跋涉

自公司创立那一天起，我们历经千辛万苦，一点一点地争取到订单和农村市场；与此同时，我们把收入都拿出来投入研究开发。当时，我们与世界电信巨头爱立信、阿尔卡特等的规模相差 200 倍之多。通过一点一滴、锲而不舍的努力，用了十余年时间，我们终于在 2005 年销售收入首次突破 50 亿美元，但与通信巨头的差距仍有好几倍。最近不到一年时间里，业界几次大兼并，使已缩小的差距陡然被拉大了。我们刚指望获得一些喘息，直一直腰板，拍打拍打身上的泥土，没想到又要开始更加漫长的艰苦跋涉⋯⋯

——2006 年 12 月 18 日　任正非在国家某大型项目论证会上的发言《实事求是的科研方向与二十年的艰苦努力》

21　电信消费是小额消费，经济危机和小额消费没关系

华为公司也曾多次动摇过。人生还是要咬定自己的优势特长持续去做。刚才那个同事说我们做芯片不挣钱，人家做半导体的挣大钱，但是挣大钱的死得快，因为大家眼红，拼命进入。我们挣小钱怎么死呢？我们这么努力，比不上一个房地产公司，如果上帝让我们先死，就有点不公平。我和欧盟副主席聊天，他问我："全世界的经济都这么困难，你怎么敢大发展？"我说："第一点，我们的消费是小额消费，经济危机和小额消费没关系，比如你欠我的钱，我还是要打电话找你要，打电话就是小额消费。第二点，我们的盈利能力还不如餐馆高，也不如房地产公司高，还能让我们垮到哪儿去，我们垮不了。"所以，当全世界都在摇摆的时候，华为公司除下面的员工人心惶惶以

外，我们没有慌，我们还在改革。至少这些年你们还在涨工资，而且有的人可能涨得很厉害。我们为什么能稳定，就是我们长期挣小钱。

——2012年7月12日 任正非在华为"2012诺亚方舟实验室"专家座谈会上的讲话《中国没有创新土壤 不开放就是死亡》

22 政府、企业上云已成为一种趋势

政府、企业上云已成为一种趋势，特别是中小企业应用、大企业的非敏感数据应用、政企的新型创新应用场景，会越来越多地承载在公有云上；同时，很多政府企业的核心数据、核心业务仍需承载在自建数据中心或专属云上。自建数据中心也会从简单的虚拟化走向云架构，一般由客户自己进行维护，这些客户同时要求享受公有云的高阶服务，这就需要我们的华为云混合云解决方案。专属云本质上依然是公有云，是针对特定客户而建设的公有云，亚马逊建设了GovCloud政府云，只服务于美国政府，由亚马逊进行维护。因此，公有云、专属云和混合云，甚至包括非华为私有云将长期共存，以解决客户的不同需求。

华为云解决方案的最终结构是一套技术架构，支持公有云、专属云、混合云等商业形态。两种交易模式，一是卖给客户，产权属于客户，是客户自己维护的混合云；二是产权属于华为，由华为维护，是客户订阅云服务的公有云（含专属云）。三种部署方式，一是部署在客户数据中心里面，与公有云分开运维的私有部署；二是部署在华为建设的数据中心里面，由华为运维；三是部署在客户数据中心里面，作为公有云的延伸，由华为运维。

——2020年11月4日 任正非在企业业务及云业务汇报会上的发言

23 由卖产品变成卖云服务

华为云不是我们传统硬件设备的领先优势，而是华为面向客户商业模式的改变，即由卖产品变成卖云服务。必须提高卖云服务的能力及支持面向客户提供云服务的运维能力。我们向亚马逊、微软学习的同时，也要将本身30年的网络积累做成云服务市场独有的优势，开创更大的空间，构建差异化特色。

——2020年11月4日 任正非在企业业务及云业务汇报会上的发言

24　华为的优势在硬件

阿里云、腾讯云、AWS 推出越来越多的软硬融合的设备，华为的优势在硬件，我们要加强软件、应用生态建设，不应放弃硬件给华为云带来的优势。保持底层架构的稳定性与高效率，发挥连接+计算的综合优势，持续迭代优化Ⅰ（IAAS）层架构，并牵引计算、存储、网络等Ⅰ层面向云场景的进一步创新。

——2020 年 11 月 4 日　任正非在企业业务及云业务汇报会上的发言

25　信息产业新技术需要 10 年才成熟

任何一个新技术的成长都需要一个漫长的过程，5G 也不是万能的，发展也需要一个过程。从信息产业来看，每一个新技术的出现大概需要 10 年才能发育成熟，这已经比工业革命时期的速度快很多了。比如，火车从发明到火车的规模化使用经历了几十年的时间。工业革命 60 年一个台阶，信息革命基本是 10 年一个台阶，我们现在刚刚进入这个市场，它的应用价值还有待未来实现，短时间还不能体现出它的价值。

——2021 年 5 月 8 日　任正非在 2020 年金牌员工代表座谈会上的讲话

26　虽然收益不高，但人类是永远需要土地的

虚拟繁荣的梯次性爆破与我们没有太大关系，我们坚持在 ICT 这个行业的土地上耕耘，不断增加土地肥力，虽然收益不高，但人类是永远需要土地的。

——2017 年 10 月 4 日—6 日　任正非在加拿大四所高校校长座谈会以及公司员工座谈会上的讲话（在蒙特利尔、渥太华、多伦多与员工座谈）《一杯咖啡吸收宇宙能量，一桶浆糊粘接世界智慧》

27　人类社会组织形式的发展，从来都是问题驱动的

人类社会发展越来越快，科技的进步作为助推器，加速了这种变化。我

们要追赶上这种变化，已经越来越吃力。由于外部客观环境的变化，我们越来越难获得发展的要素，越来越难催生这种先进要素的产生，为此要增加我们努力的动力。

人类社会组织形式的发展，从来都是问题驱动的。当前的困难处境催生我们变革，我们要进行相应的组织结构变革与调整。我们要在开放的心态下，被迫自力更生。时代已经赋予我们重任，我们将义不容辞地担负起我们的责任。

——2019年2月16日　任正非在无线大会上的讲话《我们要和时间赛跑》

28 控制了战略高地，就控制了"黑土地"

对于核心网战略高地而言，控制了战略高地，就控制了"黑土地"。我们需要战略高地，"珠峰"顶上不一定能容纳很多产值，但有利润，人少也是进步。连接产业的组织已经梳理清楚，明年继续调整云产业的组织。平安城市、终端、GTS允许留一小块"自留地"，但必须长在云这块"黑土地"上。

——2019年4月17日　任正非在ICT产业投资组合管理工作汇报时的讲话《不懂战略退却的人，就不会战略进攻》

29 如果我们不改变自己，我们的命运就会被改变

大家应该向小鸟学习，鸟妈妈含着虫子飞回鸟窝，这么多小鸟嘴张开着，嗷嗷待哺，它怎么知道哪一只喂过，哪一只没有喂过呢？这就需要调度好。你们的数据调度软件，就像鸟妈妈一样。我们协调的中间件做好了，每个CPU就会得到均衡的数据，而且效率提高35%。这样不需要增加投资，就能解决问题，客户怎么还会不满意呢？但事实上，目前我们还做不到。

华为公司有一个最大的缺点，就是用最好的东西，做最好的事情。比如，买菜大妈使用的存储系统需要最好的吗？需要用石英玻璃来制作吗？不需要。可能买完菜，收完钱，数据就不要了。那我们的存储有没有分类，对不同的客户采用不同的方式，来降低客户的负担？在我的云讲话纪要上，徐直军加了一句话："极简的架构，极低的成本。"我加几句话："极简的组织架构，极简可靠合理的流程，干部、专家的考核极简化。"否则，我们不能生存。在社

会竞争中，我们不能自己改变自己，我们的命运就会被改变。

——2021年5月8日　任正非在2020年金牌员工代表座谈会上的讲话

30　学术思想不要泡沫化

为什么不洗一个"冷水澡"呢？我认为，最重要的是冷静、沉着。热血沸腾、口号满天飞，打仗时不行也没用，打胜仗才是真的。我们首先要肯定美国在科学技术上的深度、广度，都是值得我们学习的，我们还有很多欠缺的地方，特别是美国一些小公司的产品是超级尖端的。我们仅仅聚焦在自己的行业上，做到了现在的领先，而不是看齐美国的国家水平。就我们公司和个别的企业比，我认为已经没有多少差距了；但就我们国家整体和美国比，在某些领域上的差距还比较大。这与我们这些年经济上的泡沫化有很大关系，人们的学术思想也泡沫化了。一个基础理论形成需要几十年时间，如果大家都不认真去做理论，都去喊口号，几十年以后我们不会更加强大。所以，我们还是要踏踏实实地做学问。

——2019年5月21日　任正非在华为总部接受中国媒体采访纪要

第二章

向领先者学习

HUAWEI

01　人生的成功，80% 在机会

我们路过费城，看了一个年收入约 4 万美元的中国留学生（已工作）家庭。冬天十分冷，他们舍不得开暖气。太太跟我说这样一年才能节约 100 美元，国内亲戚一开口就要他们寄 1 万美元，他们也不敢回国。吃的、用的都十分简单。中国人是省吃俭用，留给后代；美国人狂花乱花，广交朋友。人生的成功，80% 在机会。

——1994 年 1 月 18 日　任正非在《华为人》上发表的文章《赴美考察散记》

02　任何一个领导，眼光都要放长远一些

任何一个领导，眼光都要放长远一些。我们专程赴拉斯维加斯，参加国际电脑展，大约有 50 万人参加，华人较少。中国人不出去看一看，闭门造车，不仅不可能赶上别人，而且可能会从时代的列车上摔下来。我们已处在入关的微妙时期，应保持良好的市场与技术信息获取量。公司将会一批一批地安排同志们出去看一看。

——1994 年 1 月 18 日　任正非在《华为人》上发表的文章《赴美考察散记》

03　努力学习营销和管理

商务部与销售部要联合组织若干工作小组，到各办事处协助工作。这点

是从惠普学到的很好的经验。惠普到全世界很多地方开辟办事处时，都是由总公司的高层管理人员带着企业文化，带着所有管理文件，带着所有操作方法和惯例去的，经过两三年，在当地培训一批干部，然后把这些干部提起来，他们能继承惠普的企业精髓。

——1995年11月18日　任正非在办事处工作会议上的讲话

04　管理其实就是管死

管理其实就是管死，管理的定义就证明不可能管活。在管死的过程中，我们要努力创造，这就是科学。管理的进步就是不断分权分责，不断地把责任与权力传递下去，让更多的人为一个大目标，从事许多具体的工作。

——任正非谈秘书体系建设问题

05　以色列靠精神和文化的力量创造了世界奇迹

以色列这个国家是我们学习的榜样，他们自认为什么都没有，只有一个脑袋。一个离散了廿个世纪的犹太民族重返家园后，在资源严重匮乏、严重缺水的荒漠上创造了令人难以置信的奇迹。他们的资源就是聪明的脑袋，他们是靠精神和文化的力量创造了世界奇迹。

——1997年3月20日　任正非在春节慰问团及用服中心工作汇报会上的讲话

06　学习西方一切有益的东西

我们年轻的研究队伍正在成熟，中试队伍正在向着工程专家的方向前进，他们是我们队伍中最青春、最热情奔放、最敢于战斗的力量。在东方文化的基础上，学习西方一切有益的东西，一群土博士（泛指，含"博士前"）将成为世界英才。他们是我们事业的希望，我们要营造一种氛围，即土博士不比洋博士差，中国人在中国的土地上也能有所作为，为国家争光。这样，我们的海外学子也会感到自豪。

——1997年4月10日　任正非在机关干部下基层，走与生产实践相结合道路欢送会上的讲话《自强不息，荣辱与共，促进管理的进步》

07　学习国外秘书体系

希望能把国外现代秘书体系中，对信息管理和企业管理有作用且重要的资料收集起来，日常性、非决策性的事务，正常的往来，程序化的事情，为什么一定要主管来执行呢？领导的管理是不系统的管理，是突破性思维的管理，秘书是系统性思维的管理。秘书做的是系统性强的事情，他的思维没有突破性的东西。

——任正非谈秘书体系建设问题

08　向大公司学习，才会使自己少走弯路

我们在IBM整整听了一天的管理介绍，对它的管理模型十分欣赏，对项目从预研到寿命终结的投资评审、综合管理、结构性项目开发、决策模型、筛选管道、异步开发、部门交叉职能分组、经理角色、资源流程管理、评分模型各个环节都进行了学习。从早上一直听到傍晚，我身体不好，但不觉累，听得津津有味。后来，我发现朗讯也是这么管理的，都源自美国哈佛大学等著名大学的一些管理著述。我们只有认真向这些大公司学习，才会使自己少走弯路，少交学费。IBM的管理模型是付出数十亿美元的直接代价总结出来的，他们经历的痛苦是人类的宝贵财富。

——1998年初　任正非发表的署名文章《我们向美国人民学习什么》

09　学习ＩＢＭ的管理主张

当郭士纳（Louis Gerstner）以首位非IBM内部人士出任IBM总裁时，提出了四项主张：一是保持技术领先；二是以客户的价值观为导向，按对象组建营销部门，针对不同行业提供全套解决方案；三是强化服务，追求客户满意度；四是集中精力在网络类电子商务产品上发挥IBM的规模优势。

——1998年初　任正非发表的署名文章《我们向美国人民学习什么》

10　走到世界前面的著名公司都十分重视研发

我们访问的所有公司都十分重视研发，而且研发要对行销、技术支援、

成本与质量负责任，与我国的研发人员仅注意研发有较大的区别。

　　IBM 每年约投入 60 亿美元的研发经费。各个大公司的研发经费都在销售额的 10% 左右，以此创造机会。我国在这方面比较落后，对机会的认识往往在机会已经出现以后，才作出正确判断，抓住机会，实现成功，华为就是这样的。已经走到世界前面的著名公司，他们是靠研发创造出机会，引导消费。他们在短时间内席卷了"机会窗"的利润，又投入创造更大的机会，这是他们比我们发展快的根本原因。

　　——1998 年初　任正非发表的署名文章《我们向美国人民学习什么》

11　要秉持批判继承的态度

　　纵观美国信息产业的兴亡史，令人胆战心惊；五百年春秋战国历史如果压缩到一天内，谁是英雄？巨大的信息潮，潮起潮落，随着网络技术与处理技术的进步，新陈代谢的速度会越来越快。因此，很难再有盖棺论定的英雄，任何过路的豪杰都会对信息业的发展给以推动。我们应该尊重他们，学习他们，批判地继承他们。

　　——1998 年初　任正非发表的署名文章《我们向美国人民学习什么》

12　产品只有长久地得到承认才算真正的商品

　　西方的管理哲学其内涵有很多值得我们学习，比如西门子，它的机器虽然比我们落后，但比我们稳定，所以很好卖。我们一定要努力地去认识一点——什么叫伟大的科研成果？一定要认识到！产品只有长久地得到承认，才算真正的商品，否则不是。

　　——1998 年　任正非在中研部"品格的成熟铸就产品的成熟"交流会上的讲话《希望寄托在你们身上》

13　只有瞄准业界最佳才有生存的余地

　　现在业界最佳是西门子、阿尔卡特、爱立信、诺基亚、朗讯、贝尔实验室……我们制定的产品和管理规划都要向他们靠拢，而且要跟随他们并超越他们。如在智能网业务和一些新业务、新功能拓展上，我们的交换机已领先于西门子了，但在产品的稳定性、可靠性上我们和西门子还有差距。我们只有瞄准业界最佳才有生存的余地。

——1998年　任正非向中国电信调研团的汇报以及在联通总部处级以上干部座谈会上的发言《华为的红旗到底能打多久》

14　向员工的太平意识宣战

公司采取自动降薪制度，这是我在德国考察时受到的启发。二战结束后，德国一瓦砾，很困难，德国工会起到很大作用，工会联合起来要求降薪，从而增强企业的活力。这使我很感动，德国工人把企业的生死存亡看得很重。我们也不能把员工培养成贪得无厌的群众。我们要向员工的太平意识宣战。

——1998年　任正非向中国电信调研团的汇报以及在联通总部处级以上干部座谈会上的发言《华为的红旗到底能打多久》

15　学习IBM产品经理负责制

我们到IBM等公司去考察，发现西方公司的产品经理也是深入到每个环节中，也是对产品负责。现在在座的所有人都必须对产品负责，产品犹如你的儿子，你会不会只关心你儿子的某一方面？你不会吧。一个产品能生存下来，最关键的可能不是它的功能，而只是一个螺丝钉，一根线条，甚至一个电阻。因此，只要你对待产品也像对待你的儿子一样，我想没有什么产品是做不好的。以前我们走了不少弯路，我们现在已采取了对产品负责的方针。

——1998年，任正非在公司品管圈（QCC）活动成果汇报暨颁奖会上的讲话《小改进，大奖励》

16　自我批判，吸收业界最佳的工作方法

软件的高水平和低水平之间其实并没有严格意义上的差距，只是工作方法和工作习惯的差别。到底软件是边做、边想、边优化呢？还是先把软件研究好了，系统规划好了，文档做出来了，再去写软件呢？这是两个根本问题。中国人的

特点是先上路,边做边想,外国人的特点是先坐下来搞文档和做系统分析,然后再去做软件。我们不习惯该怎么办?只有自我批判,吸收业界最佳的工作方法。

——1999年2月8日　任正非在"创业与创新"反思总结交流会上的讲话《创业创新必须以提升企业核心竞争力为中心》

17　衰落的原因在于没有创新

我们公司推行任职资格,我们的任职资格是从英国捡来的。劳动部有个项目是推行秘书任职资格体系,华为公司就把它接过来了,并组织人员去英国参加培训和学习。我今天讲英国,是要讲英国的规范化管理,英国的管理条例十分清晰。英国现在为何渐渐衰落了?原因在于没有创新。我们在引进英国的任职资格体系时,同时选用了"美国 Hay 公司的薪酬价值评价体系"。所以我们的价值评价体系里面既有英国的规范化管理,又有美国的创新精神,我们公司最后不会像英国一样做得很死板。

——1999年2月8日　任正非在"创业与创新"反思总结交流会上的讲话《创业创新必须以提升企业核心竞争力为中心》

18　学习 IBM 的 IPD 管理方法

我们有幸找到一个很好的老师,这就是 IBM。华为公司的最低纲领应该是要活下去,最高纲领是超过 IBM。我们如果不向 IBM 学习,但眼前你又没有这个能力,你也没有做到,然后你也觉得自己学习不够认真。

——1999年4月17日　在 IPD 动员大会上的讲话

19　先学会走路再学跑

小孩要先学会走路再学跑,现在我们还是幼稚的,多向人家学一学,等你真正学透了以后,就有思维了。先形式后实质,也是我们公司向外面学习的一个重要原则。我们在向 IBM 学习 IPD 的过程中,从各部门调来一些人,但这些人一直在批判 IBM,我就将他们全部都赶走了。我们就是要好好向人家学,IBM 就是老师,学明白了再提意见。一知半解就提意见,那是浮躁的。

你提意见要提得很准确、很细致，除非你很有经验。向人家学习也确实是痛苦的，华为公司就是在"左"和"右"的过程中走出来的。

——2000年1月14日　任正非与身处逆境员工的对话录

20　穿新鞋不能走老路

在管理上，我不是一个激进主义者，而是一个改良主义者，主张不断地进步。我们引入Hay的薪酬和绩效管理的目的，就是因为我们看到沿用过去的办法尽管眼前我们还活着，但不能保证我们今后继续活下去。现在我们需要脱下草鞋，换上一双美国的鞋，但穿新鞋走老路照样不行。换鞋以后，我们要走的是世界上领先企业走过的路。这些企业已经活了很长时间，他们走过的路被证明是一条企业生存之路，这就是我们先僵化和机械引入Hay系统的唯一理由，换句话讲，因为我们要活下去。

——2000年　任正非与Hay公司高级顾问Vicky Wright的谈话摘选

21　"削足适履"，先僵化，后优化，再固化

华为公司从一个小公司发展过来，它是在中国发展起来的，外部资源不像美国那样丰富，发展是凭着感觉走，缺乏理性、科学性和规律性。因此，要借助美国的经验和方法，借用外脑。我们现在向Hay公司买一双"美国鞋"（西方鞋），中国人可能穿不进去，在管理改进和学习西方先进管理方面，我们的方针是"削足适履"，对系统先僵化，后优化，再固化。

——2000年　任正非与Hay公司高级顾问Vicky Wright的谈话摘选

22　丢弃幻想

在华为公司，很多方面不是在创新，而是在规范，这就是我们向西方学习的一个很痛苦的过程。正像一个小孩，在小的时候为生存而劳碌，腰都压弯了，长大后骨骼定形了改起来很困难。因此，我们在向西方学习的过程中，要丢弃幻想，否则不可能真正学习到管理的真谛。

——2000年　任正非与Hay公司高级顾问Vicky Wright的谈话摘选

23 持续的人力资源管理变革

我们从 1997 年开始与 Hay Group 合作进行人力资源管理变革。在 Hay 的帮助下，我们建立了职位体系、薪酬体系、任职资格体系、绩效管理体系及员工素质模型。在此基础上，形成了华为公司对员工的选、育、用、留原则和对干部的选拔、培养、任用、考核原则。自 1998 年开始，Hay 每年对华为公司人力资源管理的改进进行审计，找出存在的问题，然后交给华为公司解决。正是由于这么多年来，我们在人力资源管理上不断地改进，才造就了一支真诚为客户服务的员工和干部队伍。从 2005 年开始，华为公司又与 Hay 合作，进行领导力培养、开发和领导力素质模型的建立，为华为公司面向全球发展培养领导者。

——2004 年 4 月 28 日 任正非在"广东学习论坛"第十六期报告会上的讲话《华为公司的核心价值观》

24 高薪使用外国顾问

以前我们的生产体系是由从青山上走出来的农民干出来的，没有经过工业化，什么都不明白，只是默默地干。如果我们不摆脱这种状况，我们公司就不可能升级到国际水平，所以我们请德国的应用技术研究院的专家做我们的顾问，这些顾问是德国的一批退休专家。应该说，德国人、日本人在制造技术上是优秀的。德国人把生产进行了优化，包括质量体系优化，我们现在能达到 20 个 PPM。20 个 PPM 是什么意思呢？就是每一百万个点当中有二十个点有质量问题。飞利浦公司也具有世界先进的制造体系，他们现在能达到 16 个 PPM，就是每一百万个点当中比我们少四个点的质量问题。在采购方面，我们请了一个德国的高级主管，相当于我们的高级管理层，年薪 60 万美元，聘他当采购部总裁，当了两年，我们的采购体系变成了现代采购体系。在 IT 泡沫最大的时候，我们能降低 20 多个亿的成本。

——2004 年 4 月 28 日 任正非在"广东学习论坛"第十六期报告会上的讲话《华为公司的核心价值观》

25 西方高级主管把中国的事业带入国际化

在采购体系上我们已经达到了国际水平，绝大多数国家的大公司已经实现了电子商务，中间没有采购人员，直接是电子对接，我们国家还做不到这个，这是我们努力的方向。我认为可以运用全球化的思维方式，借鉴外国的专家系统，请西方那些很优秀的高级主管把中国的事业带入国际化，促进我们广东地区工业化的进步。IBM 在我们公司推进管理变革的时候，每小时的专家费用是 300 美金到 680 美金，70 位专家在我们楼上办公七年，你算算我们付了多少钱啊！但是今天我们知道，付出的几十个亿推动了我们管理的进步，是值得的。

——2004 年 4 月 28 日　任正非在"广东学习论坛"第十六期报告会上的讲话《华为公司的核心价值观》

26 通过与 PWC、IBM 的合作推动财务变革

这些年，华为通过与 PWC、IBM 的合作，不断推进核算体系、预算体系、监控体系和审计体系的变革，以完成端到端流程的打通，构建高效、全球一体化的财经服务、管理、监控平台，更有效地支持公司业务的发展。

通过落实财务制度流程、组织机构、人力资源和 IT 平台的"四统一"，以支撑不同国家、不同法律业务发展的需要；通过审计、内控、投资监管体系的建设，降低和防范公司的经营风险；通过"计划—预算—核算—分析—监控—责任考核"的弹性预算体系，利用高层绩效考核的宏观牵引，促进公司经营目标的实现。

到目前为止，华为公司在国内账务上已经实行了共享，并且实现了统一的全球会计科目的编码，实现了网上报销，海外机构已经建立财务服务和监控机构。同时，建立了弹性计划预算体系和全流程成本管理的理念，建立了独立的审计体系，并构建了外部审计、内部控制、业务稽核的三级监控，以降低公司的财务风险和金融风险。

——2004 年 4 月 28 日　任正非在"广东学习论坛"第十六期报告会上的讲话《华为公司的核心价值观》

27 与德国国家应用技术研究院合作推动质量控制和生产管理

在质量控制和生产管理方面，我们与德国国家应用技术研究院（FhG）合作，在他们的帮助下，对整个生产工艺体系进行了设计，包括立体仓库、自动仓库和整个生产线的布局，从而减少了物料移动，缩短了生产周期，提高了生产效率和生产质量。同时，我们还建立了严格的质量管理和控制体系。我们的很多合作伙伴对华为生产线进行认证的时候，都认为华为的整个生产线是亚太地区最好的生产线之一。我们还建立了一个自动物流系统，使原来需要几百个人来做的库存管理，降到几十个人，并且确保了先入先出。

——2004年4月28日 任正非在"广东学习论坛"第十六期报告会上的讲话《华为公司的核心价值观》

28 互联网思维不等于浮躁

互联网思维不等于浮躁。对我们公司而言，要通过互联网思维把自己内部的电子平台结构调整好。与爱立信对比，爱立信管理一万人，我们管理三万人，多出两万人，就多了三十亿美金的消耗。如果我们进行管理改进，就可以让这两万人上战场去改善客户服务。我们改革就是坚持端到端。互联网时代被简单地认为就是成立网络公司，这可能是一种误解，因为真正的互联网时代是用网络支持和工具改变实业。我们并没有批判社会上的互联网，只是应对我们内部的浮躁情绪，仅此而已。

——2014年6月16日 任正非在"蓝血十杰"表彰会上的讲话《为什么我们今天还要向"蓝血十杰"学习》

29 向西方学习弥补了我们的笨拙

华为早期留下的员工都是"傻瓜"，不"傻"怎么会留下来，慢慢爬到这么高位置？为什么我们是"傻瓜"也成功了？因为我们向西方学习，形成了一个大平台，大平台弥补了我们的笨拙。一两个人在前面作战，但后方有几百人、几千人在提供支持，让前面的"傻瓜"看起来不傻了。

——2014年6月16日 任正非在"蓝血十杰"表彰会上的讲话《为什么我们今天还要向"蓝血十杰"学习》

30 解决复杂管理问题要靠现代管理体系

解决复杂管理问题要靠现代管理体系的建设，管理体系建设的最终目标和衡量标准是提升一线组织的作战能力。公司在向爱立信学习的过程中发现，同样的管理，我们的用人用工比爱立信多。

——2014年6月16日 任正非在"蓝血十杰"表彰会上的讲话《为什么我们今天还要向"蓝血十杰"学习》

31 用世界著名顾问公司开展变革

从1998年起，我们邀请IBM等多家世界著名顾问公司先后开展了IT S&P、IPD、ISC、IFS和CRM等管理变革项目，先僵化，再固化，后优化。僵化是让流程先跑起来，固化是在跑的过程中理解和学习流程，优化则是在理解的基础上持续优化。我们要防止在没有对流程深刻理解时的"优化"。经过十几年的持续努力，我们取得了显著的成效，基本上建立起了一个集中统一的管理平台和较完整的流程体系，支撑了公司进入了ICT领域的领先行列。

——2014年6月16日 任正非在"蓝血十杰"表彰会上的讲话《为什么我们今天还要向"蓝血十杰"学习》

32 避免事实上的管理过度的弊端

我们也要清醒地认识到，虽然"蓝血十杰"以其强大的理性主义精神奠定了战后美国企业和国家的强大，但任何事情都不可走极端，20世纪70年代，由"蓝血十杰"倡导的现代企业管理模式也开始暴露出弊端。对数字的过度崇拜，对成本的过度控制，对企业集团规模的过度追求，对创造力的遏制，事实上的管理过度，使得福特等一批美国大企业遭遇困境。

——2014年6月16日 任正非在"蓝血十杰"表彰会上的讲话《为什么我们今天还要向"蓝血十杰"学习》

33 对数据和事实要有科学精神

我们要学习"蓝血十杰"对数据和事实的科学精神，学习他们从点滴做起建立现代企业管理体系大厦的职业精神，学习他们敬重市场法则，在缜密的调查研究基础上进行决策的理性主义。使各部门、各岗位就其所承担的主要职责（业务管理、财务管理、人员管理）获得集成化的、高效的流程支持，而不是各类流程看似实现了端到端打通，但到了真正使用的部门和岗位那里却是"九龙戏水"，无法配合，效率低下。

——2014年6月16日 任正非在"蓝血十杰"表彰会上的讲话《为什么我们今天还要向"蓝血十杰"学习》

34 建立现代企业管理体系，一切努力才能有好的结果

西方公司自科学管理运动以来，历经百年锤炼出的现代企业管理体系，凝聚了无数企业盛衰的经验教训，是人类智慧的结晶，是人类的宝贵财富。我们应当用谦虚的态度下大力气把它系统地学过来。只有建立现代企业管理体系，我们的一切努力才能有好的结果，我们的大规模产品创新才能带来商业成功，我们的经验和知识才能得以积累和传承，我们才能真正实现站在巨人肩膀上的进步。

——2014年6月16日 任正非在"蓝血十杰"表彰会上的讲话《为什么我们今天还要向"蓝血十杰"学习》

35 要真正认识西方工业革命的真谛

当然，今天的主题是创新，但创新的基础是科学合理的管理。创新的目的是为客户创造价值。近二十年来，我们花费十数亿美金从西方引进了管理。回顾我们走过的历程，我们虽然在管理上已取得了巨大的进步，创造了较高的企业效率，但还没有真正认识到这两百多年来西方工业革命的真谛。郭平、黄卫伟提出了"云、雨、沟"的概念，就是所有的水都要汇到沟里才能发电。这条沟在ITS&P、IPD、IFS、ISC、LTC、CRM……的序言中已描述，但我们还没有深刻理解。没有挖出这么一条能汇合各种水流的沟，还没有实现流程

的混流。我们现在就是要推动按西方的管理方法回溯我们的变革，并使流程端到端贯通。

——2014年6月16日 任正非在"蓝血十杰"表彰会上的讲话《为什么我们今天还要向"蓝血十杰"学习》

36 不是勇于改变，就没有这么好的效益

我们要有学习爱立信管理的决心，五年后才有可能赶上爱立信今天的水平。我们以前成天喊"管理要进步，管理要进步"，现在我们要实现"五个一"，实现"账实相符"，这些年的"管理要进步"已经逐渐开始清晰，这个是向爱立信学习得来的。如果不是前几年我们勇于改变，今天公司不会有这么好的效益。所以大家一定要逐步提高效益，"管理好"的目的是要多产粮食！

——2014年7月7日 任正非在全球仓库大会上的讲话《第一次就把事情做对》

37 我不相信我们的基站比诺曼底登陆还复杂

可能有人会说我们的管理太难了，那我就讲讲美国的航天飞机。美国发明航天飞机的时候，立项涉及4万多个工厂、42万多名研究人员，按程序表来做那些部件，有些还没有发明……最初说80亿美金就够了，投入80亿美金后，连个影都没有，又追加了70亿美金，还是不够，最后又追加了100亿美金，250亿美金终于把航天飞机做出来了。我不相信我们的基站比航天飞机还复杂。又如，诺曼底登陆是一个系统工程，德国的防守也是一个系统工程。德国这么小一个国家，当时把欧洲所有港口都封死了，盟军只能自己造一个码头。300万人渡过英吉利海峡，从这个简易码头登上欧洲大陆，有20万人死亡，300万人如何上厕所的，多么强大的系统工程呵！我不相信我们的基站比诺曼底登陆还复杂。

——2014年7月7日 任正非在全球仓库大会上的讲话《第一次就把事情做对》

38　要把满腔热血转化成科学的方法和能量

大家要慢慢在这些问题上进行思考，不要仅仅拥有满腔热血，要把它转化成科学的方法和能量。如果两三年后，我们的消费品能实现产品标准化、简单化、免维护化，在销售上学习西方公司的方法，我们的销售市场很快就会放得很大。这次公司内部有很多优秀人才奔向消费者 BG，你们对市场做好规划，采用科学的销售模式和工具，三年后怎么不能做成小苹果呢？应该没有太大问题。但在继续前进的过程中，不能沿着过去成功的老路走下去，首先要自我批判，想到自己与别人相比还有哪些不足，一定要好好向别人学习，然后改进。自我批判就是纠偏。

——2015 年 8 月 27 日　任正非在消费者 BG2015 年中沟通大会上的讲话《脚踏实地，做挑战自我的长跑者》

39　学习互联网公司优点

西方公司有非常多值得学习的地方，中国公司也有值得学的地方，比如互联网公司最大的优点是亲近了用户，那我们能不能像互联网公司一样亲近用户呢？消费者 BG 进来了一些新鲜血液，我们的工作方法也要相应改变，比如诺基亚的"血"、摩托罗拉的"血"、苹果的"血"，我们奔腾的热血，组成混合血多强壮，可以增强抵抗力。

我们从青纱帐里来，也从运营商业务中来，要摆脱运营商业务的一些不适用的方法阴影、旧习惯影响其实很难。所以我们在过去很长时间里都是在用运营商业务的思维方式卖终端，前几年走了很多弯路，现在已经慢慢上道了。上道以后，我们还要走得更好、更快，认真学习消费品的科学销售方法。

——2015 年 8 月 27 日　任正非在消费者 BG2015 年中沟通大会上的讲话《脚踏实地，做挑战自我的长跑者》

40　坚持做一个开放的群体

华为这 28 年来，坚持做一个开放的群体，始终没有停止过开放。我们以开放为中心，和世界进行能量交换。只有开放，才有今天的华为。

——2015 年 9 月 6 日　任正非接受福布斯中文网采访

41 强大的历史就是开放的历史

现在中国深化改革开放，不要回到自给自足的状态。其实这些思想意识与体制的创新并不单单是技术问题，未来100年释放的能量是不可估量的。中国今天还不算十分强大，即使非常强大了，也要向世界开放。其实美国200多年的发展历史，就是开放的历史。

——2015年9月6日　任正非接受福布斯中文网采访

42 保证身体健康，保证头脑清晰

你们还要加强体育锻炼，只有身体最健康，工作才会最有效率。大家看到，美国是世界上胖子最多的国家，但是美国军官中基本看不到胖子，因为美国军官升职有体重限制，为了保持体重，西点军校的很多美国兵只要下午一下课，就背着枪围绕着花园跑步。所以你们要加强健身，保证身体健康，保证头脑清醒，可以为公司多工作几十年。华大的校训可不可以是这样的：健壮的体魄，坚强的意志，不折的毅力，乐观的精神，顽强地学习，团结与协作，积极地奉献。

——2015年10月23日　任正非在2015年项目管理论坛上的讲话

43 上战场要喝咖啡，为什么不可以呢

有的文学作品把美国兵描写成少爷兵、草包兵，上战场要喝咖啡，为什么不可以呢？我去非洲的代表处转了一圈，有些艰苦地区的食堂、咖啡厅做得比坂田基地还好。我们的后勤保障跟上来，你们的成绩也要跟上来。

——2015年10月23日　任正非在2015年项目管理论坛上的讲话

44 不考核学历，不考核能力，只考核结果

美军选干部的标准是"上没上过战场，开没开过枪，受没受过伤"，这些就是责任结果导向，不考核学历，不考核能力，只考核结果。华为也一样，按结果选人才。因此，小国的干部就是通过锻炼意志力和毅力，获得自己综

合成长的可能性，这个可能性就是上一个台阶到大作战体系里去。

——2015 年 10 月 27 日　任正非在片联区域管理部小国工作思路汇报会上的讲话《小国要率先实现精兵战略，让听得见炮声的人呼唤炮火》

45　Android 是我们学习的榜样

我觉得 Android 是我们学习的榜样，300 多人能开发出一个操作系统，还能做得这么好。我们也要向苹果学习，开发的产品一定要是客户喜欢的。我们外部合作的第三方也应该优胜劣汰，让用户自主选择。

——2015 年 10 月 31 日　任正非在产品投资策略审视汇报会上的讲话《聚焦主航道，在战略机会点上抢占机会》

46　借助更专业和更有能力的人进步

我个人谈不上伟大，我是个普通人，我自己什么都不懂，也什么都不会。只能借助比我更专业和更有能力的人进步。我们不懂管理，就花钱请 IBM 来帮我们做流程和供应链管理，请 Hay 来做职位评价体系与任职资格体系。我个人能力不够，只能靠团队智慧来决策，靠机制和制度来管人，所以我们推行轮值 CEO，形成适度民主加适度集权的组织决策体制；我对具体业务不清楚，日益远离经营，甚至远离管理，变成一个头脑越来越发达，四肢越来越萎缩的人；华为发生的很多事我都不知道，我是看了田涛和吴春波写的《下一个倒下的会不会是华为》这本书才知道华为曾经发生了那么多事。我什么都不懂，我就懂一桶浆糊，将这种浆糊倒在华为人身上，将十几万人粘在一起，朝着一个大的方向拼死命努力。

——2015 年 12 月 18 日　彭剑锋专访任正非记要

47　要向 ITU/3GPP/IETF 学习

当我们逐步走到领先位置上，承担起引领发展的责任时，就不可以自己为中心，不能以保护自己为中心建立规则。我们要向 ITU/3GPP/IETF 学习，建立开放的架构，促使数万公司一同服务信息社会，以公正的秩序引领世界前进。没有开放合作，我们担负不起为人类信息社会服务的责任，所以，我们要向 3GPP 一样开放，向苹果、Google 一样连接数十万合作伙伴，持续建设和谐的商业生态环境。以自己为中心迟早是要灭亡的。

——2016 年 1 月 13 日　任正非在市场工作大会上的讲话《决胜取决于坚如磐石的信念，信念来自专注》

48　向苹果学习，质量、服务要跟上来

普通人听不懂。技术上满足目前可见的大众需求就是这三年。三年以后，正态分布中间的需求全都满足了，正态分布下沿这个地方是小众，小众需求不是大众需求。差异化是小众需求，要投入很大，但不可能有很大的受众。这时候我们要换思路，向苹果学习，就是质量、服务要跟上来。

——2016 年 2 月 27 日　任正非在巴展和乌克兰的谈话要点《多路径　多梯次　跨越"上甘岭"　攻进无人区》

49　让德、日高管助力

丰田的董事退休后带着一个高级团队在我们公司工作了 10 年，德国的工程研究院团队在我们公司也待了十几年，才使我们的生产过程走向了科学化、正常化。从生产几万块钱的产品开始，到现在几百亿美元、上千亿美元的生产，华为才越搞越好。我们每年投入好多亿美元的顾问费。

我们走出国门、走向全世界的时候，什么都不会，不知道什么叫交付，全是请世界各国的工程顾问公司帮助我们。第一步就是认真学习，使公司逐步走向管理规范化。现在我们正在自己往前一步，就想做得简单一些、好一些。

——2016 年 3 月 5 日　任正非接受新华社专访《二十八年只对准一个城墙口冲锋》

50　华为坚定不移地持续变革

华为坚定不移地持续变革，全面学习西方公司管理经验。我们花了 28 年

时间向西方学习，至今还没有打通全流程，虽然我们和其他一些公司比管理已经很好了，但和爱立信这样的国际公司相比，多了2万管理人员，每年多花40亿美元管理费用。所以我们还在不断优化组织和流程，提升内部效率。

——2016年3月5日　任正非接受新华社专访《二十八年只对准一个城墙口冲锋》

51　美国的运营商正在改变全世界

无线要站在未来的高度，要让高端人员去仰望星空，牛角尖要让新生力量去钻。为什么？高端人员不要太务实，只做太具体的技术突破就浪费了。我们要看到美国正在进行架构型的改革，美国的运营商正在改变全世界。我们的专家要提升自己的眼界和见识，眼界、见识和方法比技术能力更重要。

——2015年10月31日　任正非在产品投资策略审视汇报会上的讲话《聚焦主航道，在战略机会点上抢占机会》

52　高级专家要转变思想

我们需要对全流程架构理解很深的人才，高端人员要仰望星空，提升自己的眼界和见识，要建立对全球架构的理解。高级专家要转变思想，要更加开放。

——2015年10月31日　任正非在产品投资策略审视汇报会上的讲话《聚焦主航道，在战略机会点上抢占机会》

53　向亚马逊和微软学习

硬件资源的池化、软件分布化、运维敏捷的自动化与智能化、服务的多样性……我们是向亚马逊学习，还是向微软学习？我认为我们都应该学习。

面向行业客户提供云服务应该走微软的道路，优先走为大行业、大企业服务的道路，聚焦深耕几个关键行业，打造"黑土地"。我们耕耘企业业务多年，有一个庞大的企业销售服务队伍，有一定的基础，联合客户、行业领先的应用开发商和系统集成商等生态伙伴，开展联合创新，积累和沉淀行业的关键知识资产，这样好的经验不要丢掉，每年做好两三个行业，几年后能达到几个、十几个行业，就不得了！微软就是通过与客户的联合创新，持续构筑了竞争优势。我们要与关键客户建立联合创新实验室，把一些有前途、有大需求的颗粒抽出来，组成以全要素、全业务、全编成，拥有独立作战能力与权力的"军团"。

我们也要学习亚马逊，把 IAAS、PAAS 做好，我们是有基础的。我们这么多年积累的知识、能力、经验，是有可能把云基础平台即"黑土地"做好的，发挥连接+计算的优势到极致。我们要聚焦一两个行业，搞清它的经验模型与算法，切实具有行业领先的能力，让客户接受我们。例如 Oracle 以一个数据库就占领了全球大部分市场。

有所为、有所不为，聚焦客户成功，不要内战内行、外战外行。

——2020 年 11 月 4 日　任正非在企业业务及云业务汇报会上的讲话

54　国际会议中间休息十来分钟很重要

在座的这些人将来要拿出时间参加国际会议，不管听得懂听不懂，都要去听和讲，一定要敢。要拿出时间来喝咖啡，国际会议中间休息十来分钟，你就拽两个人喝咖啡，这时候是有可能敞开心扉说心里话的。

——2011 年 10 月 31 日　任正非在无线业务汇报会上的讲话纪要《利出一孔，要集中优势资源投入在主航道上，敢于去争取更大的机会与差距》

55　思想的碰撞是全球化的

我讲的是 60 年代，那个时代缺少技术性书籍，不像今天有这么多书，还有互联网，青年人应珍惜这个机会。多好的一个时代呀！在网络上，思想的碰撞是全球化的，碰撞的火花也是走在时代前沿的。它推动着一个庞大的群体创造世界，世界的进步速度由此加快，应该是万众力拔山兮。

——2023 年 2 月 24 日　任正非在"难题揭榜"火花奖公司内外的获奖者及出题专家座谈会上的讲话《擦亮火花　共创未来》

56　数学可以被用在各种地方解决问题

拿破仑数学立国的做法，推动了法国数学的进步；叶卡捷琳娜引进西方的哲学、绘画……实际上也促进了俄罗斯的进步。物理是数学，土木建筑是数学，力学也是数学……数学可以被用在各种地方解决问题，涵盖范围很广。

——2023 年 2 月 24 日　任正非在"难题揭榜"火花奖公司内外的获奖者及出题专家座谈会上的讲话《擦亮火花　共创未来》

57　将外部经验带入华为，教老虎上树

你们最主要的是将外部经验带入华为，对"游击队"进行整改，让我们逐步转为"正规军"。华为公司这 30 多年是在摸着石头过河，建立了自己的体系。虽然我们在向"猫"学习，但其实学得还不像，至少我们还不会"上树"。现在你们带来了职业经验，就要教我们"老虎"怎么上树。这样三五年以后，我们才能度过困难时期，才有更强大的战略地位。华为像蛭形轮虫一样是单基因公司，需要多基因冲突、多基因融合产生突变。

——2021 年 5 月 8 日　任正非在 2020 年金牌员工代表座谈会上的讲话

第三章

全球化是大趋势

HUAWEI

01　硅谷在信息产业中实现新的起飞

硅谷无论什么东西都是全美最贵的，所以才导致各公司仅把研究、销售机构留在硅谷，工业移入美国或世界其他地方，有些报道如"硅谷在衰落""硅谷夕阳"是错误的。硅谷在信息产业上还在进行一场新的起飞，绝不是衰退。因此，公司决定在硅谷中心区购买房屋，建立开发中心，把科研成果与半成品放在那儿优化设计，搞完了再移回深圳生产，并在那儿申请注册一个华为全资的兰博技术有限公司。兰博是译音，含义是海上女神的头子。

——1994年1月18日　任正非在《华为人》上发表的文章《赴美考察散记》

02　关山重重，任重道远

去年，我们的08机进入了中国香港的市话网，而且开通了许多国内未开的业务，取得了一定的成绩。今年，我们向俄罗斯发起了冲击，使得在俄罗斯积蓄的三年的市场力量得到了初步的释放，冲出了亚洲，不过才几百公里。要冲进西欧还得付出更大的努力。关山重重，任重道远，前面的困难还不知道会有多少。

——1997年　任正非内部会议纪要《走过亚欧分界线》

03　国际化是我们公司的必然选择

国际化是我们的发展趋势。大家想一想，我们为什么那么穷，原因就是软件拷贝太少了，要快速、多拷贝软件，利润就多。而中国的市场就这么大，因此，我们要把08机拷贝到俄罗斯、中国香港、欧洲、美洲去，这样拷贝得多了，成本就下降了，差额就是我们的利润。因此，国际化是我们公司的必然选择。

——1997年　任正非在用服工程师培训动员大会上的讲话

04　IIT大学建立联合实验室，吸纳人才来华工作

华为公司也决定从印度吸纳一些人才来华工作。我国电子信息人才教育的发展速度相对落后于产业发展速度。在中国市场全面过剩的情况下，唯有电子信息人才不足，这是一个人才培养的机会点，希望我国的教育要赶上。为了弥补人才不足，做到人才的优势互补，我们决定也在IIT大学建立联合实验室，给科研项目以资助，实行奖学金、奖教金制度，帮助他们培养人才，也吸纳一部分人才到中国来工作，将来可在印度建立分支机构。

——1998年　任正非在公司品管圈（QCC）活动成果汇报暨颁奖会上的讲话《小改进，大奖励》

05　主动迈出向世界主流融合的一步

随着中国即将加入WTO，中国经济融入全球化的进程将加快，我们不仅允许外国投资者进入中国，中国企业也要走向世界，肩负起民族振兴的希望。在这样的时代，一个企业需要有全球性的战略眼光才能发愤图强；一个民族需要汲取全球性的精髓才能繁荣昌盛；一个公司需要建立全球性的商业生态系统才能生生不息；一个员工需要具备四海为家的胸怀和本领才能收获出类拔萃的职业生涯。所以，我们选择在这样一个世纪交替的历史时刻，主动地迈出向世界主流融合的一步。

——2001年　任正非在欢送海外将士出征大会上的讲话

06　华为的国际化是多么的困难

华为的国际化步伐走得更难，仅仅是大量外籍员工读不懂中文文档，大

量国内员工英文也没过关，就足以看到华为的国际化是多么的困难。如果不克服这些困难，华为也可能是昙花一现。

——2001 年 3 月　任正非所写的散文《北国之春》

07　乘胜追击，争取更多的市场

巨大的财务泡沫对西方公司已经产生了打击性的影响，他们已经乱了阵脚。我们此时做什么呢？乘胜追击，争取更多的市场，更多的机会，我们就能活到春天。活到春天，我们存的粮食都吃光了，就再种。

——2002 年初　任正非内部讲话《迎接挑战，苦练内功，迎接春天的到来》

08　我们所有的优势都是我们市场上未来的希望

国际市场上，在整个北美、拉美地区，还有西欧地区，我们的数据通信产品前景非常好，是我们进入这个市场非常好的契机。传输设备也非常好，就是没有备用电源。整个世界回归平静。运营商已转变思路，基本上以电路交换为主建立通信系统，NGN 的问题在南美已开始降温，这样一来，我们所有的优势都是我们市场上未来的希望。

——2002 年初　任正非内部讲话《迎接挑战，苦练内功，迎接春天的到来》

09　要求全球员工每人每天记工作日记

华为的设备用到哪里，就把服务机构建到哪里，贴近客户提供优质服务。在中国三十多个省市和三百多个地级市都建有我们的服务机构，我们可以了解客户的需求，可以作出快速的反应，同时也可以听到客户对设备运用和使用等各个方面的具体意见。现在，全球九十多个国家分别建有这种机构，整天与客户在一起，能够知道客户需要什么，以及在设备使用过程中有什么问题，需要什么新的改进，可以及时反馈到公司。

我们有三万多员工分布在全世界，其中外籍员工有五千人，中国员工有两万五千人，分布在各个国家，就像游离的电子一样，我们怎样管理他们呢？我们要求每人每天记工作日记，主管领导审批，之后拿到数据库，我们定期抽查，他们不敢作假，因为他们不知道三个月后市场是什么状况，他们必须和客户沟通，否则就毫无价值。财务每天要写自查报告，三个月后，每个主管经理都要向公司保证，公司报告的数据都是真实的。我们还会不定期地在网上查，所以每个海外员工都不敢怠慢。

——2004年4月28日 任正非在"广东学习论坛"第十六期报告会上的讲话《华为公司的核心价值观》

10 时间也是磨难，磨难也是财富

员工（CVG客户经理张恒）问："我来委内瑞拉两年多了，有非常深切的感受，在这个国家，因为文化、习惯等方面的不同，政府类项目运作难度较大，周期都很长，这样就把个人拖得非常疲劳，在这种情况下，我们怎么舒缓这种疲劳？"

任总："我生活的那个时代其实跟委内瑞拉这个时代差不多，甚至比委内瑞拉还差一些。什么都是计划，慢吞吞的国营运作效率。年轻的时候我没有理想，有理想也没有用，谁也不听我的，听了也没办法，实现不了的。来委内瑞拉一看，这里就是中国的昨天了。我就是从那个时候过来的，我也成了将军啦！不要认为这段时间耽误了你前进的步伐，耽误了你的前途，时间也是磨难，磨难也是财富。"

——2007年7月3日 任正非在委内瑞拉与员工座谈纪要《上甘岭在你心中，无论何时何地都可以产生英雄》

11 不能全球化，怎么能成为将军

上甘岭一定会出很多英雄，但是不一定会自然产生将军，英雄不一定将来会是将军啊！将军一定曾经是英雄。在苏丹成功的案例，到英国打开看看，完全不是一个样子；不能全球化，怎么能成为将军，将军会随时被空投到任何作战的地方去。如果你不能适应，那你只是英雄，当然，当英雄也不会背一条空麻袋回家的，这就是我们的政策。所以，上甘岭不能自然产生将

军，将军要通过自己努力学习，全面提高自己的素质，以适应公司全球化的需要。

——2006年　任正非在苏丹、刚果（金）、贝宁代表处员工座谈会上的讲话《上甘岭是不会自然产生将军的，但将军都曾经是英雄》

12　整个西方都从非洲退出去了，但是我们没有撤

七八年前，我到非洲来的时候，就敏锐地感觉到非洲这个市场是个潜在的通信市场，尽管我们当时也做不成什么，局面好多年都没有打开，但是我们坚持没有动摇，特别是经济危机、IT泡沫破灭的时候，整个西方都退缩了，都从非洲退出去了，但是我们没有撤。毛泽东的游击战不是讲究"敌退我进"吗？我们在非洲坚持下来了，才有了今天。现在全球都在重新定位，信息产业增长点在哪里呢？主要在非洲和拉丁美洲，所以西方公司又回来了，在这两块区域我们走对了，我们抓住了未来3—5年有利的时机，我们要趁着这个有利的时机，尽快提升在这两个地区的地位。在欧洲，我们能排到第三、第四就不错了，在非洲我们要有信心排到第一。

——2006年　任正非在苏丹、刚果（金）、贝宁代表处员工座谈会上的讲话《上甘岭是不会自然产生将军的，但将军都曾经是英雄》

13　学习非洲传教士精神

就是要通过艰苦的环境修炼自己！大家看到，非洲非常偏僻的小镇的教堂里那些来自欧洲的传教士，300年前来非洲传教，他们这一离开家，也许永远都回不去了。那时还没有电灯、马路，甚至没有邮递员来传信，比我们现在差多了，他们为了一个信仰，抛弃了一切，来到这些不毛之地，想想他们有多难。为什么我们说市场人员要有教徒般的虔诚，因为我们现在不也像当年的传教士一样，在推广我们的服务吗？

——2006年　任正非在苏丹、刚果（金）、贝宁代表处员工座谈会上的讲话《上甘岭是不会自然产生将军的，但将军都曾经是英雄》

14 在艰苦地区的工作中加快成长步伐

大家看到，甘地这样伟大的政治家是坐了二十多年监狱的。监牢里面除了一个小窗子，什么都没有，好在窗子上长了一棵小草，他就对着这棵小草讲了二十多年的话，就把治理这个国家的哲学悟明白了，所以他出来以后并不是一个落后的人。像甘地这样的人很多，他们不是在枯坐，他们为什么能悟出这么多道理，难道我们的员工在苏丹就悟不出来做将军的方法吗？我们今天的奋斗已经比以前好得多了，互联网已经填平了数字鸿沟。我们只是要求你们在艰苦地区的工作中加快成长步伐，将军必然是产生在战火最激烈的前线，绝不可能产生在一个非常舒服的环境中，没有经过前线历练的机关干部不一定能够较快地成长起来。

公司决定艰苦地区的管理和业务职位高配半至一级；两三年内不能晋升到管理和业务骨干队伍的员工，可以输送到条件较好一些的国家去；特别要重视在艰苦地区做出成绩的女干部，她们要比男员工晋升更快，我们太缺乏优秀的女干部了。

——2006年　任正非在苏丹、刚果（金）、贝宁代表处员工座谈会上的讲话《上甘岭是不会自然产生将军的，但将军都曾经是英雄》

15 生活是自己去开创的，幸福是自己去创造的

生活是自己去开创的，幸福是自己去创造的，不要等天上掉馅饼。将来租楼，租个大一点的花园，每个人种一棵果树。前人种树，后人吃果嘛，坐在这个院子里面，晒着太阳吃着甜美的水果，这就是享受生活，也许很多人会文思大发，一时间出来很多"海明威"。我住过海明威的房间，100年前他的生活也是这样的。我们要在生活中学会调整，学会自己关怀自己，自己爱护自己。工作好每一天，活好每一天！塞内加尔的负责人就很好，把整个比利时旧的大使馆租下来了，那使馆多么漂亮啊！

生活要靠自己调整，组织是很重要的。以后我们要有监督，监督这个组织者为什么不把大家的生活调整好。我们让生活丰富多彩起来，就不会感觉这里生活苦了，就不想离开这个群体了。这个责任在你们这些代表身上。我们的态度讲清楚了，食堂搞不好，餐厅搞不好，鲜花没有了，洗衣没有人管

了,咱们就给代表降级降薪。

——2006 年 任正非在苏丹、刚果(金)、贝宁代表处员工座谈会上的讲话《上甘岭是不会自然产生将军的,但将军都曾经是英雄》

16 要让华为管理英国化

现在,海外市场取得了很大进展,但管理还像以前一样上不去,这对公司是最大的风险。英国是现代管理与工业革命的发源地,标准化管理都是从英国发起的,来英国就要虚心学习英国的管理。我们到英国来,管理上不要试图将英国中国化、华为总部化,而是要让华为的管理英国化、精细化、标准化。

——2006 年 12 月 14 日 任正非在 BT 系统部、英国代表处汇报会上的讲话

17 英国精细化、标准化管理的样板

新加坡和中国香港就是英国管理的样板。李光耀带给新加坡的,除了争取到国家与民族的独立,最重要的贡献就是保留了英国的管理。新加坡的管理就是英国精细化、标准化管理的一个样板。精细化管理就是要有计划、有预算、有核算,各个指标数据都有据可依。代表处围绕计划进行经营管理,就是要围绕这些财务数据进行。只有财务数据清楚了,财务分析才能清楚,管理指标才能清楚,才能明白需要改进的地方,从而指导业务发展并制定合理可行的业务策略与行动措施。

英国代表处要率先进行全面利润考核与精细化管理,每个主管都要会讲、会做,系统部、代表处各业务部门主管都要能讲清自己的财务与业务经营管理。相关述职报告要模板化、标准化,这样可以节约大量的合并报告的时间,减少大量的不增值的重复劳动。

——2006 年 12 月 14 日 任正非在 BT 系统部、英国代表处汇报会上的讲话

18 在欧洲更要艰苦奋斗

要保持艰苦奋斗的作风,提升管理能力,培养输出干部;以开放心态吸

收先进文化，平等对待本地员工，改进对本地员工的考核和管理。欧洲的环境比较好，没有战争、疾病的严重威胁。员工来到英国是难得的学习英国管理的机会，要将食堂尽快建立起来，将做饭的时间节约下来，用在学习提高上。美国市场我们还没有实现真正突破，英美的文化与管理基本是相通的，我们就是要将英国作为培养管理干部的基地，将英国的管理输出到全球重点市场。

——2006年12月14日　任正非在BT系统部、英国代表处汇报会上的讲话

19　应该敢于在日本建立图像的研究队伍

未来的信息化实际上主要是视频，但视频不仅仅是视频会议，我认为我们要加强对视频的研发，日本的图形、图像基因很好，应该敢于在日本建立图像的研究队伍，加大对图像的投入。在传统计算机的研发上我们是不可能胜利了，老牌计算机厂家是很厉害的，我们没这个积累；在通信上我们肯定会胜利；在图像方面，现在大家都不行，我们就有机会胜利。

——2015年10月31日　任正非在产品投资策略审视汇报会上的讲话《聚焦主航道，在战略机会点上抢占机会》

20　要平衡这个世界的关系

关于公共关系我们做了一个决议，估计你们很快就能看到了，主要是讲我们应该如何平衡这个世界的关系。我这次去圣彼得堡，普京当选总统当天我就发了贺电，通过友人转给他。我们想平衡俄罗斯的关系，也要平衡日本的关系，包括加拿大的关系。我们要在加拿大建个大的研究所，加拿大政府知道这个消息肯定很高兴。当然，我们还要号召我们的员工到新西兰去旅游，10月份以后慧通公司会推出新西兰旅游计划，希望你们去旅游，你帮我，我帮你，这是利用公共关系进行战略性平衡。实在不行，我们就要多从新西兰买点奶粉，你既然给了我们国家宽带网，我总要给你们新西兰作点贡献，我也要为公司的生存和平衡发展作贡献。

——2012年7月12日　任正非在华为"2012诺亚方舟实验室"专家座谈会上的讲话《中国没有创新土壤　不开放就是死亡》

21 不要用中国的思维对待当地员工

不要强制当地员工中国化。华为文化是什么，我自己都搞不清楚。华为文化就像洋葱头，都是外来文化，这层是中国文化，那层是英国文化、美国文化。我觉得华为文化就是一种开放的、兼收并蓄的文化。因此，对待当地员工不要用中国的思维，要以开放的心态吸收他们的精华，充实我们的文化。

英国对本地员工的双轨制考核的建议很好，将短期奖金激励与PBC的晋升考核很好地管理起来，有章可循。实现了本地员工奖金透明化，员工自己可计算、管理，避免了传统的奖金大排队的做法。可以将英国考核办法整理出来在公司人力资源部备案，在英国先推行。

英国率先采取本地发薪，我是赞同的。英国、日本物价高，日常差旅补助不够吃饭，是否实行据实报销，可以探讨一下。

——2006年12月14日　任正非在BT系统部、英国代表处汇报会上的讲话

22 在海外忍辱负重、默默耕耘

中国是世界上最大的新兴市场，因此，世界巨头都云集中国。公司创立之初，我们就在自己家门口碰到了全球最激烈的竞争，不得不在市场的狭缝中求生存。当我们走出国门，拓展国际市场时，放眼一望，所能看得到的良田沃土早已被西方公司抢占一空，只有在那些偏远、动荡，自然环境恶劣的地区，由于动作稍慢、投入稍小，我们才有一线机会。为了抓住这最后的机会，从1996年开始，众多华为员工离别故土，远离亲人，奔赴海外。无论是在疾病肆虐的非洲，还是在硝烟未散的伊拉克，抑或海啸灾后的印尼，地震后的阿尔及利亚，到处都可以看到华为人奋斗的身影。我们有员工在高原缺氧地带开局，爬雪山、越丛林，徒步行走8天，为服务客户无怨无悔；有员工在国外遭歹徒袭击，头上缝了30多针，康复后又投入工作；有员工在宿舍睡觉，半夜歹徒破门而入，拿枪顶着员工进行抢劫；我们在拉美某地的班车遭遇持枪抢劫，全车人被抢；即使是货物运送，也经常需要雇佣特殊人员护卫；有员工在飞机失事中幸存，惊魂未定又救助他人，赢得了当地政府和人民的尊敬；也有员工在恐怖爆炸中受伤，或几度患疟疾，康复后继续坚守岗位；在一些国家，我们有70%的中国籍员工得过疟疾；我们还有三名年轻的

非洲籍优秀员工在出差途中遭遇飞机失事，不幸罹难。

在资金缺乏、竞争激烈的苏联市场，华为人忍辱负重，默默耕耘了10年，从获得第一单38美金的合同起，集腋成裘，到2005年销售额6亿美元，成为公司重要的市场。在要求严格的欧洲市场，经历三年的认证，我们终于通过了英国电信的考试，成为其重要合作伙伴；为获得中东某电信运营商的认可，面对世界级电信设备商的竞争，我们冒着室外60度的高温进行现场作业，长达数月，靠着全心全意为客户服务的诚意，经过2年多的坚持不懈，终于开通了我司全球第一个3G商用局……

经过十年来的不懈奋斗和挣扎，华为在海外取得了一些收获，2005年海外的收入超过了国内。尽管我们也进入了部分发达运营商的市场，但是我们在超过一半的市场空间里基本上是没有突破的，尤其在北美、西欧和日本。

——2006年12月18日 任正非在国家某大型项目论证会上的发言《实事求是的科研方向与二十年的艰苦努力》

23 防止外籍管理者一进来就被架空了

我们现在有四万外籍员工，适应较好的大多数是科学家，因为科学家不太管人际关系。最难的是管理者，一进来就被架空了，因为他遇到的都是来自上甘岭的兄弟连，你再厉害，他不听你的，怎么办？这个就很难。赵科林（前诺基亚副总裁，后加盟华为，出任终端公司副总裁）辞职是我批准的，当时我心里很难受，因为他没法生存，没有生存的条件，不能把他扣住。所以，我们要逐渐改变，如果世界最优秀的人才都进不来，如何能做成世界最优秀的公司呢？

——2014年6月16日 任正非在"蓝血十杰"表彰会上的讲话《为什么我们今天还要向"蓝血十杰"学习》

24 华为经营模式要走向全球化

第一，我们是中国企业，拥护中国共产党、热爱祖国是基线。第二，中方员工出国，一定要遵守所在国的法律和道德准则。我们公司有一个法律遵从委员会，还有一个民主选举的道德遵从委员会，以此来控制员工在国外的行为。外籍员工也要遵守中国的法律和道德准则，至少要理解中国。

但是我们是全球化公司，全世界谁能干，谁就领导公司整体。我们在欧洲以及俄罗斯、日本等，有几十个能力中心，里面的科学家是领导全世界的。所以我们的组织模式是中国公司，但经营模式已经逐渐走向全球化了。

——2014年6月16日　任正非在"蓝血十杰"表彰会上的讲话《为什么我们今天还要向"蓝血十杰"学习》

25　高管要随时流到艰苦地区去

我们认为，代表、CFO要全球流动，随时要流到艰苦地区去。如果可以做代表，先分到西非、利比亚，做个代表或者副代表试试；如果只能在好地方做代表，流不动，将来我们就会是死水一潭。

——2014年11月6日　任正非在四季度区域总裁会议上的讲话《遍地英雄下夕烟，六亿神州尽舜尧》

26　西非地区要把正向激励做起来

西非地区的人都说自己很赚钱，但因为埃博拉，大家不愿意去西非。西非地区不能只想着靠计划保障模式，要把正向激励做起来。对西非的英雄要加快循环赋能，让他们大批达到准将级别。

第一，西非地区要建立良好的保障系统，创造自己的小环境，提高员工生活质量，比如把食堂装修得漂亮一些，里面要有音响设备，外边不能玩了，大家还可以在家里跳跳舞。小环境指的是行政费用开支等，艰苦地区保障部要逐个国家讨论，拿出意见来。第二，片联要加快选拔优秀的、有眼光的、有见解的人，加快赋能培训。西非就是一个炼炉，到那里去炼一炼，出来也是准将，有谁不愿意去西非呢？第三，西非的考核基线与北京、上海不一样，放宽一些考核基线，出成绩的机会就多了。既然赚钱多，就可以多给一些政策，薪酬包改变要快，职级提升也要快。当然，你们想当"官"我可以理解，但华为的"官"只有一个统一标准，就是你们应该加快循环赋能。公司民主选举"明日之星"，如果别的地区被表彰20%，那你们可以多表彰一些，这次可以先试点。

——2014年11月6日　任正非在四季度区域总裁会议上的讲话《遍地英雄下夕烟，六亿神州尽舜尧》

27　要帮助客户去赚钱

在有些国家，客户买我们的设备，但经营不好，我认为你们那只是把产品销售出去了，没有帮助客户去赚钱。告诉客户应该在哪块投资，如何把高价值区域做厚，不做低价值区域，我们要帮助战略伙伴实现价值。

——2015年1月9日　任正非在运营商BG营销装备建设思路汇报会上的讲话《打造运营商BG"三朵云"，将一线武装到牙齿》

28　没有全球流量的分布统计，就难以科学决策

质量与流程IT管理部要思考，我们全世界的文档应该如何去管理？质量与流程IT管理部是否要成立一个档案部，把文档管起来，这些文档包括员工档案、到达的地方、客户的数据流量模型等。我们可以提升岗位职级来吸引优秀人员做文档管理，如果他干得好，还可以再升一级，这样就慢慢形成部门。我们没有全球流量的分布统计，就难以科学决策。我们可以把信息奖放到档案部，这样档案部就会把公司二十几年的历史和我们在全世界没有账目的东西都搞清楚。如果我们对过去的历史问题不清楚，就会胡说八道。我讲的档案包括网络信息档案，例如一个站点的调查表格、复查表格，以及几百万个表格的统计、网络数据的实时使用。

——2015年8月12日　任正非在运营商BG"三朵云"业务体验和阶段验收汇报会上的讲话《构建先进装备，沉淀核心能力，在更高维度打赢下一场战争》

29　艰苦地区和国家先给予快速办公网络，增加网络带宽

我对IT部门提出的口号是"要想富，先修路"，首先要解决前线的宽带支撑问题，加快体验中心的建设节奏。对于带宽的问题，我们不要怕投资，即使租赁卫星费用贵也值得。我们提出要对艰苦地区和国家施以关怀，就要给予快速的办公网络，增加网络带宽，因为没有网络，工作量就比别人大，效率就低，进步也比别人慢。带宽是基本建设，建设、使用、维护由公司纳入空耗系数。现在每个小国不是都配备了智真系统吗？我们可以通过体验云

的网络将它们互联起来，这样就实现了体验资源、专家资源的远程投送，实现了全球可达。

——2015年8月12日　任正非在运营商BG"三朵云"业务体验和阶段验收汇报会上的讲话《构建先进装备，沉淀核心能力，在更高维度打赢下一场战争》

30　把工艺放到日本，脑袋放到美国，屁股放到苏州

对于高端品牌机开发，要把工艺放到日本，脑袋放到美国，屁股放到苏州，形成高端品牌机开发圈，才能做更好的高端产品。什么是高端产品？符合消费者需求和时代脉搏的产品。未来很重要的技术是图像，而日本通过几十年积累，集中了大量的图像人才。日本的图像企业不行了，但是基因还在，我们在日本应该建立这种图像研究所，把日本的"短、薄、精、小"+"图像"接过来，那我们的手机不就有很多优越之处了吗？然后，我们把开发放到后方城市去，当地成本低，拿同样的工资，员工的生活水平比上海好。

——2015年8月27日　任正非在消费者BG2015年中沟通大会上的讲话《脚踏实地，做挑战自我的长跑者》

31　华为只能努力把能做的国家做好

未来物联网、智能制造、大数据等将带来对管道基础设施的海量需求。我们的责任就是提供连接，具体就是连接的设备。这个市场巨大，我们还做不到在所有国家都成功。我们只能努力把我们能做的国家做好，这就不简单了。

——2015年9月6日　任正非接受福布斯中文网采访

32　为非洲配置先进武器

要配置先进武器，就要先学会使用先进武器，作战方式要适当地变化。要改变非洲的考核基线，试试设置战争费用、艰苦补贴、卫星宽带等，能不能按销售收入全球分摊。这样减轻了艰苦地区的负担，会多出来一部分

钱，一部分做员工激励，另一部分增加成本，做环境的改善，包括使用先进武器。

——2015 年 10 月 10 日　任正非在第四季度区域总裁会上的讲话《最终的竞争是质量的竞争》

33　自己与自己比，今天与昨天比

提高效率，不是说拿拉丁美洲跟德国比，没有必要，就是自己与自己比，今天与昨天比，明天与今天比。

——2015 年 10 月 23 日　任正非在 2015 年项目管理论坛上的讲话

34　减少艰苦地区的成本分摊

第一，战争费用，按全球按销售收入平摊，发达地区要分摊艰苦地区的战争费用；第二，艰苦地区的补助费用，也按全球销售收入平摊，发达地区要分摊艰苦地区的补助费用；第三，通信费用，也是按全球销售收入平摊，发达地区要分摊艰苦地区的卫星租赁费用。这样就减少了艰苦地区的成本分摊，艰苦地区的利润也就增长了。

——2015 年 10 月 23 日　任正非在 2015 年项目管理论坛上的讲话

35　改善基层的作战条件

我们正在改革，改善基层的作战条件、装备条件等，让大家学会用先进武器打赢现代化战争。在考核机制上，以前我们统一吃水线、统一分摊方法的情况也要改变，要使艰苦地区状况和作战条件发生很大变化。

区域管理部正在全球建立不同的考核基线，这样艰苦地区的考核基线就会下降，利润就增长了。利润增长以后，允许一部分用于增加人员激励，一部分用于改善生产和生活保障，增加装备、设备的投入成本，还有一部分用于区域公共关系维护。上个星期我在地总会上提出，各代表处要对先进武器装备进行比赛，装备速度最快的前二十名代表处要给表扬。

——2015 年 10 月 23 日　任正非在 2015 年项目管理论坛上的讲话

36 优先提拔非洲的工作人员

艰苦地区也需要将军,只要达到艰苦地区的岗位贡献要求,就应该给予相应职级。所以,未来到艰苦地区工作,不仅补助高,还能优先走向将军之路。比如,在非洲和上海工作的人,虽然是同等级别,甚至在非洲的人还略低一点,可以考虑优先提拔在非洲工作的人员走向将军之路。

——2015年10月23日　任正非在2015年项目管理论坛上的讲话

37 把权力下放到前方

我们把权力下放到前方的速度加快了,先下放到哪呢?小国。小国要率先实行精兵战略,因为小国不可能屯兵,所有的炮弹、炮火都在后方供应,所以很容易实现呼唤炮火的流程,关键是炮火谁来提供,怎么核算?我们先从小国开始试点,呼唤炮火的过程中如果遇到问题,正好去解决。试点成功后,研究出一个模式,在这个模式的基础上改革,再推广到中等国家,然后到大国。大国是否独立享有平台作用,我们再讨论。

——2015年10月27日　任正非在片联区域管理部小国工作思路汇报会上的讲话《小国要率先实现精兵战略,让听得见炮声的人呼唤炮火》

38 敢于关闭一些盈利不好的国家

我讲的小国经验就是这样的,当年小国普遍亏得一塌糊涂,我搞了一个小国关系部转变交易模式。一个小国只有50—60个基站,多的200—300个,我们的报价客户觉得高,我就主张别卖了,让别人低价挤进去。其实50—60个基站的维护成本非常高,低价承接的公司就做不下去,于是客户又想到我们,我们用高价又抢回了市场。我们虽然价高,但是我们提供优质服务,运营商总共就50—60个基站,也不在乎这点钱,只要帮运营商赚到钱就好,于是小国就全面改变了面貌,盈利很高。

要敢于改变商业模式,敢于关闭一些盈利不好的国家的基站,敢于关闭一部分客户,少一点国家少一点消耗。我们聚焦提供好的服务,为什么一定要覆盖170个国家呢？

——2015年10月31日　任正非在产品投资策略审视汇报会上的讲话《聚焦主航道，在战略机会点上抢占机会》

39　华为的国际化就是借船出海，以土地换和平

当然，要让大家愿意搞原创，就必须要尊重知识产权，认可知识产权。不尊重知识产权，人们就不愿也不敢从事创新，就会热衷于抄袭和模仿，要尊重知识产权就要付出知识产权成本，华为的国际化就是借船出海，以土地换和平。

我们千军万马攻下山头，到达山顶时发现，山腰、山脚全被西方公司的基础专利包围了，怎么办？只有留下买路钱，交专利费，或者依靠自身的专利储备进行专利互换。为此，华为每年要向西方公司支付数亿美元的专利费，我们坚持不投机，不存侥幸心理。

——2015年12月18日　彭剑锋对任正非的专访记要

40　要聚焦能够形成规模的市场

在知识产权的保护伞下，要加快170个国家的终端业务的布阵点兵（巴西例外），在终端组织能力不强的国家、区域、代表处要尽快成立终端销售、服务组织，与终端同考核、同待遇。对于战略重点市场，终端组织可以插进去直线管理，原代表处组织仍然要分享成功。对于非战略机会市场，可以交给当地代表处管理，消费者BG不要在这样的市场上耗费宝贵的精力，要聚焦能够形成规模的市场并尽快将这些市场做大。

——2016年1月13日　任正非在市场工作大会上的讲话《决胜取决于坚如磐石的信念，信念来自专注》

41　海外研究所应该有牵引性质

海外研究所的预算不能只来自产品线，应该有一部分独立预算，让他们超前一点，不要受产品线过多制约。海外研究所应该有牵引性质，而不仅是

产品线的工具。

——2016 年 2 月 27 日 任正非在巴展和乌克兰的谈话要点《多路径 多梯次 跨越"上甘岭" 攻进无人区》

42 要在美国布局获取人才

在美国不要建一个大的研究所，可以星罗棋布，只要有战略资源的地方，就建一个研究所，比如西雅图，不一定要行政统一、平台统一、招聘统一。每个区域的研究所对于每个区域的教授给予评价和支持。加拿大可以建两个大的汇聚平台（渥太华和多伦多）给前方以支撑，因为北美是相通的。随着反恐的深入，美国政府收紧进入美国的签证，加拿大是放开的，进不去美国的优秀科学家可以到加拿大工作，然后美国科学家的论文、想法就能到我们的汇聚平台，我们去消化，消化不了也不要紧，我们开放啊，能让更多人看见就行了。

——2016 年 2 月 27 日 任正非在巴展和乌克兰的谈话要点《多路径 多梯次 跨越"上甘岭" 攻进无人区》

43 要在俄罗斯布局获得人才

除了数学，俄罗斯在物理方面也有人才。我们进入材料科学，目的不是去创造，而是如何应用好。我们在俄罗斯也可以成立另外的研究所，但是战略资源聚集地区到底在哪儿还不知道。还要研究新西伯利亚行不行，那儿曾经是苏联的军事科学研究基地。

——2016 年 2 月 27 日 任正非在巴展和乌克兰的谈话要点《多路径 多梯次 跨越"上甘岭" 攻进无人区》

44 中国企业要走出去，首先要法治化

记者：对一些希望走出去的中国企业，您有没有什么建议？

任正非：第一，中国要建成法治国家，企业在国内就要遵纪守法，在国内都不守法，出去一定会碰得头破血流，所以我不支持中国企业盲目走出去。

制度对社会的影响不会立竿见影，会几十年、一百年地慢慢释放影响。第二，要学会在中国管理市场经济，在中国你死我活地对打还活下来了，就能身强力壮地出去跟别人打了。中国要加强法律、会计等各种制度的建设，使自己能够在强大以后走出国门，否则企业走出去会遇到很多风险，最后可能血本无归。所以我认为，中国企业要走出去，首先要法治化，要搞清楚法律，不是有钱就能投资的。

——2016年3月5日　任正非接受新华社专访《二十八年只对准一个城墙口冲锋》

45　用法律遵从的确定性，应对国际政治的不确定性

郭平提出，用法律遵从的确定性，应对国际政治的不确定性。给我们指出了正确处理国际关系的方向。

——2016年10月28日　任正非在"出征·磨砺·赢未来"研发将士出征大会的讲话《"春江水暖鸭先知，不破楼兰誓不还"》

46　要在伦敦、东京、纽约建立财务风险控制中心

我们越快速发展，风险越大。我们自身的运行风险也极大。我们所处的170多个国家与地区，总会有战争、疾病、货币等风险。我们已在伦敦建立了财务风险控制中心，去年管理了178个国家、145种货币、5万多亿元人民币的结算量，把损失降到最低。我们即将在东京、纽约同时建立财务风控中心，用这些国际优秀人才来管理控制公司的资金运行、合同、项目管理风险，已取得很大成效，为全球化奠定了基础。

——2016年5月28日　任正非在2016年5月30日全国科技创新大会上发言的内部撰写稿。

47　我们要坚持全球标准

我们要坚持全球标准，原因是我们本来就是全球化公司，但也要随时准备应对各国的要求。

——2018年10月17日　任正非在上研所5G业务汇报会上的讲话

48 改变不了，我们只能顺应

世界在变化，我们有可能改变这个变化吗？改变不了，我们只能顺应，用多种路径应对。

——2018年10月17日　任正非在上研所5G业务汇报会上的讲话

49 国际化要重视法律文件

法律文件是公司权利义务和法律责任的书面呈现和证明实据。华为过去主要做运营商业务，客户类型相对单一，合同等法律文件的管理难度相对较小。现在我们的业务越来越复杂，客户类型和数量众多，法律文件的风险管理至关重要。同时，外部监管环境也越来越复杂。检查公司历史上签署的法律文件，是外部监管机构审查公司是否合法合规运营的重要手段。法律文件的风险管理除了要关注华为的合同权利义务，向政府机构陈述潜在的法律责任，还要关注法律文件是否符合监管机构的合规要求。

——2019年3月26日　任正非在法定代表人及法人业务支持部工作汇报会上的讲话

50 要把客户的利益放在最重要的位置

要把客户的利益放在最重要的位置，要诚实守信，遵纪守法，只有这样才能适应国际环境，才能在国际激烈的竞争中生存下去。

——2020年4月22日　任正非在深圳华为总部接受《龙》杂志总编辑贾正的专访

51 在海外执行"蒙哥马利计划"，让优秀人员可以走垂直提拔的道路

我们在海外执行"蒙哥马利计划"，让优秀人员可以走垂直提拔的道路，现在公司组建的新部门、新公司大多数骨干都是在海外选调的。比如，走了一个地区部总裁，就要提几个上来，上来的人的位置又要其他人补充，一连

串地提拔，这样可以给年轻人一个垂直上升的空间。一些胸怀大志、有潜力的年轻人应尽早去海外。

——2021年5月8日 任正非在2020年金牌员工代表座谈会上的讲话

52 艰苦国家生活是要达到瑞士富人的生活标准

有人会问："目前海外市场不如国内，为什么海外的待遇比国内好呢？"这就是鼓励青年人去。也有人有这样的误解："去艰苦国家就要过艰苦的生活"。比如，我们南苏丹代表处的三名中方员工有两栋大别墅，篮球场、游泳池、电影院、音乐厅、咖啡厅等全都配备，我们还要加快海外环境改善。公司规定，员工在艰苦国家生活是要达到瑞士富人的生活标准的，工作环境要达到欧洲标准，所以他们把生活和工作全分开。海外的办公环境、生活环境都要达到高标准，艰苦奋斗指的是精神上，我们要倡导和营造一个有品质的环境，让海外员工的生活和工作更加舒适、开放和高效。

为什么我们要鼓励员工到最艰苦的地方？这不仅是对他们思想意志的锻炼，而且是业务的需要。因为公司很快就要云化，云化以后，只要那边有一个"前站"，我们的"云"就能到那里去，我们就能走出国门。所以，我们要继续贯彻加强对海外员工的关怀，对在艰苦地区工作员工的关怀。关怀主要是解决两个问题：一是提高物质条件，二是对其思想上的提升和在业务上的晋升。

——2021年5月8日 任正非在2020年金牌员工代表座谈会上的讲话

第四章

对外部资源的投资与利用

01　不拘一格，获取全世界最优秀的人才

敞开胸怀，不拘一格，更加积极进取地获取全世界最优秀的人才。

公司处在战略生存和发展的关键时期，我们要进一步解放思想，敢于敞开胸怀吸引全世界最优秀的人才。不仅要引进来，还要激发好，更要能干出成绩。我们要主动拥抱不同国别、不同种族的优秀人才，加强对跨专业、交叉学科人才的获取与使用，不断提升创新能力。

吸引全世界优秀人才为我所用，不要过分强调专业，为什么？绝大多数人科学素养都很好，只要他愿意转行，足够优秀，就可以拿着"手术刀"参加我们"杀猪"的战斗，增加对这个事物的理解，就有可能创造性地解决问题。

这几年我们的招聘一直在进步，在国内坚持舀到最上层的那瓢油，这个没有变；近两年加大了对海外留学生的招聘力度，现在要关注"高鼻子"人才的获取，给予海外研究所更多的预算。

——任正非在2022年优秀人才&"高鼻子"获取工作汇报会上的讲话《敞开胸怀，解放思想　敢于吸收全世界最优秀人才》

02　持续发现和吸引优秀人才

海外研究院所要承担为公司招贤纳才的责任和使命，持续发现和吸引优秀人才，实现全球获取，全球使用。

海外研究所应同国内研究所一样，与业务部门一起承担起为公司发现人才、吸引人才的责任和使命。我们要把北美研究所转变成一个人才招聘所，

去看看论文，去找找人才，喝喝咖啡。一杯咖啡吸收宇宙能量，各级专家都要参与进来，吸引科学家、专家、在校学生。去和人家喝咖啡，在交流的时候就会产生共鸣，分享挑战和愿景。不仅仅是北美，各海外研究所都一样，共同构建全球人才网络。

招聘调配部要延伸到海外研究所，延伸到全世界。给他们一定的授权，与人才的交际应酬费用可以像与客户交流一样报销。国内有"黄大年茶思屋"，俄罗斯叫"罗蒙诺索夫咖啡屋"，其他国家可以取科学家或足球明星的名字，也可以找现成的场所，形式可以多样，高雅一点就好。

——任正非在2022年优秀人才&"高鼻子"获取工作汇报会上的讲话《敞开胸怀，解放思想　敢于吸收全世界最优秀人才》

03　对高级人才给出有足够吸引力的薪酬包

成立高级人才定薪科，遵循人才市场竞争规律，打破平衡思想，对顶尖人才给出有竞争力的薪酬。

要转变过去以统一的薪酬体系去招聘全球人才的思路，要对标当地的人才市场薪酬标准，对高级人才给出有足够吸引力的薪酬包。我们未来要胜利，必须招到比自己更优秀的人，薪酬体系要与国际接轨，并且比当地国家要偏高，这样才能吸引到最优秀的人才。

对高级人才的定薪，人力资源要深度介入，成立一个专门的高级人才定薪科，直属人力资源部。这个科里面科员一定是高级别的，这样面对优秀人才时敢于给出在当地人才市场有竞争力的 offer。

——任正非在2022年优秀人才&"高鼻子"获取工作汇报会上的讲话《敞开胸怀，解放思想　敢于吸收全世界最优秀人才》

04　特别要关注东欧学生群体在全球的成长与挖掘

要关注海外博士和软件人才的引进，善于发现有洞察能力的年轻人。国外软件的教学方法与国内不一样，我们需要从架构上优化我们的软件工程。我们所做的工作已经接近前沿，领袖就是要具有洞察力。抓住当前时机，做好留学生入职工作，外籍学生可以加入国内或海外研究所，特别要关注东欧学生群体在全球的成长与挖掘。可以让外籍博士来中国做博士后。外国学生包括了世界各国、各民族人民。

——任正非在2022年优秀人才&"高鼻子"获取工作汇报会上的讲话《敞开胸怀，解放思想　敢于吸收全世界最优秀人才》

05　要扩大优秀人才的挖掘来源

重视人才的来源途经，多与业界大拿、优秀学校校长、世界大赛主席等沟通交流，扩大优秀人才的挖掘来源。要将其作为重点中的重点去抓。将当前分散自循环的对外技术交流、对外技术合作、联合实验室，与人才招聘获得等环节联动起来，谁发现优秀人才就及时推荐，让优秀人才更早地进入我们的作战序列，让技术合作与人才合作循环起来。

——任正非在2022年优秀人才&"高鼻子"获取工作汇报会上的讲话《敞开胸怀，解放思想　敢于吸收全世界最优秀人才》

06　要用多种多样的方式借助外脑

借助外脑的方式多种多样，比如我们已经在做的：加强对大学中青年教授、博士的支持，合作兴办博士后工作站，邀请海内外科学家参加我们的攻关工作，打造"黄大年茶思屋"前沿思想沟通平台等，我们还要拓宽思路，探索更多更广阔的与外脑连接的方式。

第一，以上海为中心的长江三角洲环境优美，适合外国人生活。如果有七八百个外国科学家在这里工作，他们就不会感到是在外国了。我们将在上海青浦基地规划100多个咖啡厅，全部由公司设计装修好，交给慧通的高级服务专家来创业经营，实现服务的专业化、高端化。我们把环湖的十公里路叫"十里洋场"街，把园区中那个湖叫类日内瓦湖，湖边路边遍地都是十分优美的咖啡厅，适合现代青年，吸引一切才俊。打造适合外国科学家工作、生活的氛围。一杯咖啡吸收宇宙能量，让外脑们在这里碰撞、对冲，这个冲突就会产生一种新的井喷。

第二，当某个国家出现了战争、疫情等困难时，我们能不能包个飞机把一些科学家及家人接过来搞科研？尤其是疫情时期，咱们国家疫情控制得好，相对比较安全，过几年全球疫情控制住了，科学家也可以选择回国。现在是网络世界，在哪都可以搞科研。我们的欧拉会战可不可以允许国内外科学家、专家、青年工程师带家人来三丫坡园区一同参加会战。

第三，在座的都是科学家、专家，希望你们要多抽一些时间读文献，尤其是最新的学术会议论文与期刊论文。可以把论文及你的心得贴在心声社区或者 Linstar 上，共享给更多人。科学家还是要多抬头看看"星星"，你不看"星星"，如何导航啊？

——2021 年 9 月 14 日　任正非最新内部讲话《要敢于走在时代前沿》

07　收购国外公司，提高核心竞争力有非常大的好处

我们准备收购这样的公司，都是投资二三百亿美元的公司，现在二三百万美元就可以把他们买下来。要自己开发，再走直路，也得投 10 亿美元。最近我们收购了一些公司，主要在国外新闻里报道，国内没有做这些事情，口头对大家说一下。收购对进一步提高我们公司的核心竞争力是有非常大的好处的。

——2002 年初　任正非内部讲话《迎接挑战，苦练内功，迎接春天的到来》

08　收购让我们在细分领域成为世界第一

回想 IT 泡沫破灭时的情景，当时传输从白马王子的位置跌落到一文不值，许多业界领袖公司减少了投入。而我们则反周期成长，在财务极度困难时没有减少投入，这使得我们今天能成为世界第二。我们不要太封闭，以自我为基础，要继续加大开放的力度，合作的力度。八年前，我们用 400 万美元收购了一家美国濒临破产的小公司，使我们在长距离光传输技术上成了世界第一。

——2008 年 6 月 13 日　任正非在网络产品线奋斗大会上的讲话纪要《让青春的生命放射光芒》

09　在全世界大学里找那些"歪瓜裂枣"

"歪瓜裂枣"计划不是扶持贫困者，而是寻找未来的领军者。我们要在全

世界大学里找那些"歪瓜裂枣",将来找到一些博士、准博士,这种基础训练好的人,每年都要有几十个,在全世界形成后备梯队。

——2016年2月27日 任正非在巴展和乌克兰的谈话要点《多路径 多梯次 跨越"上甘岭" 攻进无人区》

10 国内做不出来就把部件的制造中心放到德国、日本

我讲的能工巧匠不仅是指中国人,全世界的能工巧匠都可以。在德国、日本建立精密制造中心,包括英国。在中国要完成全流程高精密自动制造,使生产过程全自动化、高精密、信息化。只要是能工巧匠,都囊括进来,而且要给高薪。某些关键部件国内做不出来,我们就把部件的制造中心放到德国、日本,组装好了再发过来,不一定把工厂都建到国内。我认为,比利时公司可以扩大一倍,英国也可以扩大一下,把能工巧匠也团结过来。

——2016年2月27日 任正非在巴展和乌克兰的谈话要点《多路径 多梯次 跨越"上甘岭" 攻进无人区》

11 所长就是服务

我们海外研究所的科学家大多是外国人,所长是中国人,所长就是服务。

——2016年3月5日 任正非接受新华社专访《二十八年只对准一个城墙口冲锋》

12 要与高校紧密合作

对颠覆式创新的探索,我们要更多地与高校紧密合作,多维度、多路径积极展开。

——2017年10月4日—6日 任正非在加拿大四所高校校长座谈会以及公司员工座谈会上的讲话(滑铁卢大学)《一杯咖啡吸收宇宙能量,一桶浆糊粘接世界智慧》

13　我手里提着一桶浆糊粘接人与组织

我在达沃斯有一个全球直播的讲话,记者提问,我说我不懂技术,不懂管理,也不懂财务,我手里提着一桶浆糊。《华尔街日报》记者说我卖萌。其实这桶浆糊在西方就是胶水,粘接人与组织的胶水本质就是哲学。

前面三十年我提着这桶胶水浇在大家脑袋上,把十八万员工团结起来了。现在我又提着这桶胶水到加拿大来了,也要浇到加拿大你们这些伟大人物身上,把全世界的科学家紧密连接成一个群体。这个哲学的核心就是价值创造、价值分享、共有共享,保护每一个贡献者的合理利益,形成一个集群。这个战斗力是很强的,这个就是分享的哲学!这个哲学要粘接全世界优秀的人。

——2017 年 10 月 4 日—6 日　任正非在加拿大四所高校校长座谈会以及公司员工座谈会上的讲话(多伦多大学)《一杯咖啡吸收宇宙能量,一桶浆糊粘接世界智慧》

14　把研究转化为人类的应用

教授的基础研究对整个人类社会是公平的,他们发表的论文、申请的专利,像灯塔一样可以照亮别人,也可以照亮我们。我们有基础研究的科学家和产品研发平台,解析这些教授的思想,把它转化为人类的应用,要比任何人都快,以此增强了我们的竞争力,我们有信心坚持这种开放长期不动摇。

——2017 年 10 月 4 日—6 日　任正非在加拿大四所高校校长座谈会以及公司员工座谈会上的讲话(多伦多大学)《一杯咖啡吸收宇宙能量,一桶浆糊粘接世界智慧》

15　在基础研究方面,我们要更加重视加大投入

在基础研究方面,我们要更加重视加大投入。……我们要多支持像刘盛纲、李小文这类伟大的科学家,他们就是灯塔。

——2018 年 10 月 17 日　任正非在上研所 5G 业务汇报会上的讲话

16 基础研究是把钱变成知识

基础研究是把钱变成知识。我们和高校的合作，就是通过资助获得知识。因为学院的科学家是为理想而奋斗的，他会领先我们公司自己的科学家和技术专家。企业的社会功能定位和本性是商业组织，更看重利益，会更贴近现实。学院的科学家与技术专家们更贴近理想，常在我们之前产生知识。

——2017年10月4日—6日　任正非在加拿大四所高校校长座谈会以及公司员工座谈会上的讲话（多伦多大学）《一杯咖啡吸收宇宙能量，一桶浆糊粘接世界智慧》

17 一切优秀的企业、大学和研究机构都是我们的合作伙伴

我们的研究平台担负向生产转移技术的责任，因此有现实性的局限，目光会短浅一点，我们的眼光可能只能放到五到十年的未来。但我们也不是完全只靠近万名科学家和技术专家来开展对未来技术的研究，世界一切优秀的企业、世界各个大学和各个研究机构都是我们的合作伙伴。

——2017年10月4日—6日　任正非在加拿大四所高校校长座谈会以及公司员工座谈会上的讲话（多伦多大学）《一杯咖啡吸收宇宙能量，一桶浆糊粘接世界智慧》

18 减轻高端专家事务性的工作量

如何能够更好地洞察未来，对所有人来说都是一个挑战。

要给Fellow配助手，专职在身边做一些思想工作，滚动时间不超过三年，三年后他们就出去了。这样，既减轻了高端专家事务性的工作量，同时又培养了新的"种子"。人是Fellow自己选的，你选谁就是谁，包括英文不好的，还可以配专职翻译。我们不要求任何一个人全面发展，只要有特长就行，你哪方面差，我们帮你补哪方面。我们的科学家都四五十岁了，再不补点博士进去，十年之后就青黄不接了。现在补博士进来，十年以后这些人可能就成才了。

——2016年10月31日　任正非在上研所听取无线网络产品线业务汇报纪要《聚焦主航道，仰望星空，朋友越多天下越大》

19 要加大对俄罗斯人才的获取

没有谁在限制我们的科研，我们也不要自己约束了自己，要敢于到贴近人才资源的地方进行研究活动，在每个研究所形成自己的技术要素，对行业发展形成牵引。

俄罗斯的数学、物理、软件都很厉害，我们也要加大对俄罗斯人才的获取，要大规模利用俄罗斯的博士来弥补我们理论上的不足；在俄罗斯的布局未来会迅速扩大，分阶段，先有一个点，就有了一个碉堡，有了碉堡，就建碉堡群，有了碉堡群，就建基地。

——2019年1月9日　任正非在杭州研究所业务汇报会上的讲话《开放心态，做钱塘弄潮儿，杀出一条血路》

你们要尊重教授、尊重知识、尊重文化，请老师来讲课。老师来讲一堂课，我们给老师咨询费，老师就和我们建立了感情，大家就拧成了一个团队。讲课的费用从徐文伟战略研究院出，一千美金一小时，包括座谈、喝咖啡聊天都算教时。讲完了以后大家在一起沟通，一杯咖啡吸收宇宙能量。希望你们在座的都记住，要广交朋友，不能闭门造车。

——2019年1月9日　任正非在杭州研究所业务汇报会上的讲话《开放心态，做钱塘弄潮儿，杀出一条血路》

20 要获取俄罗斯人才

我们要突破无人区，创造出人类更需要的产品，需要加大基础研究的投入，当然基础研究的基础是基础教育。俄罗斯数学、物理、化学、材料、计算机科学等基础教育非常发达，许多学校都是连续六七年出了世界数学、计算机竞赛冠军。中小学的教育也比较科学。我重看了七八十年前的《乡村女教师》这部电影，无比感动。现在各国大多数优秀人才都去美国了，如果仅仅是待遇问题，我们要敢于与美国争夺人才，待遇可以比他们高，让他们在祖国也能创业。

我们要提高俄罗斯大学教授、科学家来华做讲座的待遇，他们可以带来一阵"轻风"，也可以全球直播。欢迎他们带博士来实习，敞开怀抱，像美国两百年来那样的开放，把一切优秀人才吸引来一起创业。

——2019年2月28日、3月1日　任正非在俄罗斯与科学家及专家们的对话

21　在美国打压之下吸引了更多人才

大家回想一下，我们被美国打压的这两年，人力资源政策从未变过，工资、奖金发放一切正常，职级的晋升、股票的配给等一切正常。公司不仅不混乱，反而内部更加团结，吸引了更多人才加入我们的队列。抛开了束缚，更加胆大、勇敢地实现了更多的突破，有了领先的信心和勇气。为什么？因为我们正在一个一个地解决难题，一批一批有扎实理论基础的人"投笔从戎"。比如，有几个天才少年加入了煤矿军团，反向使用5G，使井下信息更清晰、更全面；复用黄大年的密度法等去解决煤矿储水层的识别问题，未来会产生巨大的价值。

——2021年9月14日　任正非最新内部讲话《要敢于走在时代前沿》

第五章

如何看待竞争

HUAWEI

01 既竞争又合作，是 21 世纪的潮流

他们不仅是竞争者，更是老师与榜样。他们让我们在自己的家门口遇到了国际竞争，知道了什么才是世界先进。他们的营销方法、职业修养、商业道德，都给了我们启发。我们是在竞争中学会了竞争的规则，在竞争中学会了如何赢得竞争。世界范围内的竞争者的进步和发展咄咄逼人，稍有松懈，差距就可能被再次拉开，而且国内同行的紧紧追赶使我们不敢有半点懈怠，客观上促进了我们的快速进步。既竞争又合作，是 21 世纪的潮流，竞争迫使所有人不停地创新，而合作使创新更加快速有效。

——2000 年，任正非《创新是华为发展的不竭动力》

02 稍有不慎就会落后

多方位、多层次的竞争，逼得华为不敢有任何一点疏忽，稍有不慎就会落后。在我们拼死拼活往前赶的过程中，公司就不可能出现太胖的羊、太懒的羊。一个充满危机感，又有敏感性，又无懒羊拖累的公司是一定能生存下来的。要达到这样的境界，不仅技术上要不断创新，管理上也要不断创新。

——2000 年，任正非《创新是华为发展的不竭动力》

03 决不能为了降低成本忽略质量

困难是客观存在的，在资源和生产过剩的情况下，竞争的要义是什么？就是看谁的质量好、服务好、成本低。这是传统企业竞争中颠扑不破的真理。

价格和成本体系问题、优质服务体系问题、质量体系问题，是我们不可动摇、不可回避的三大问题。业界要走进成本竞争，我们应该怎么做？当然，我们决不能为了降低成本，忽略质量，那是自杀或杀人。搞死自己是自杀，把大家都搞死了，是杀人。

——2003年，任正非在华为研委会会议、市场三季度例会上的讲话《发挥核心团队作用，不断提高人均效益》

04　把客户需求看作真理

经济泡沫破灭后，西方公司又开始动摇他们推崇的下一代 NGN 交换机，由于不知道世界下一步的潮流走向，而产生了迷茫。由于财务状况不好开始大量裁员，以致精力不够用，我们却在 NGN 上一直往前冲，下一代交换机我们又赶上他们，进入了世界前列。传统交换机华为占世界总量的百分之十六，但下一代有可能就占世界总量的百分之二十八。这就是我们真正理解的客户需求，把客户需求看作真理，然后在世界市场上得到很好的结果。

——2004年4月28日　任正非在"广东学习论坛"第十六期报告会上的讲话《华为公司的核心价值观》

05　在海外市场拒绝机会主义，不打价格战

在海外市场拓展上，我们强调不打价格战，要与友商共存双赢，不扰乱市场，以免西方公司群起而攻之。我们要通过自己的努力，通过提供高质量的产品和优质的服务来获取客户认可，不能因为我们的一点点销售损害整个行业的利润，我们决不能做市场规则的破坏者。通信行业是一个投资类市场，仅靠短期的机会主义行为是不可能被客户接纳的。因此，我们拒绝机会主义，坚持面向目标市场，持之以恒地开拓市场，自始至终地加强我们的营销网络、服务网络及队伍建设。这样，经过九年的艰苦拓展，屡战屡败，屡败屡战，终于赢来了今天海外市场的全面进步。

——2004年4月28日　任正非在"广东学习论坛"第十六期报告会上的讲话《华为公司的核心价值观》

06 我从来不赞成终端寸土必争的理念

我从来不赞成终端寸土必争的理念。这个世界太大了,你能争多少土地?你要找适合自己的成长道路,不要自己制造内心的恐慌。你们的数据卡卖二十多欧元一片,你说欧盟怎么能不反倾销。

——2010年12月3日 任正非与终端骨干员工座谈纪要《做事要霸气,做人要谦卑,要按消费品的规律,敢于追求最大的增长和胜利》

07 现代企业竞争是一条供应链与供应链的竞争

从企业活下去的根本来看,企业要有利润,但利润只能从客户那里来。华为的生存本身是靠满足客户需求,提供客户所需的产品和服务并获得合理的回报来支撑;员工是要给工资的,股东是要给回报的。天底下唯一给华为钱的,只有客户。

我们不为客户服务,还能为谁服务?客户是我们生存的唯一理由!既然决定企业生死存亡的是客户,提供企业生存价值的是客户,企业就必须为客户服务。现代企业竞争已不是单个企业与企业的竞争,而是一条供应链与供应链的竞争。

——2004年4月28日 任正非在"广东学习论坛"第十六期报告会上的讲话《华为公司的核心价值观》

08 品牌不是宣传出来的,品牌是打造出来的

品牌不是宣传出来的,品牌是打造出来的。认为品牌是宣传出来的是错误的观点。你们在俄罗斯还没有站起来。你们做事情要抓住灵魂。你们抓的有些是枝节,并不是主要矛盾,更不是矛盾的主要方面。客户关系需要建立起你在这个地方的竞争力,起到地区性的引导作用,你才能在这个地区站起来。俄罗斯的品牌到现在都没有树起来,零零散散到处都是事情,到处都是机会,没有形成规模。你们管理团队要通过自我批判好好地认识这些问题,而不是只不痛不痒地涉及皮毛。

——2007年9月14日 任正非在独联体片区的讲话纪要《将军如果不知道自己错在哪里,就永远不会成为将军》

09　不打价格战

在海外市场的拓展上，我们强调不打价格战，要与友商共存双赢，不扰乱市场，以免西方公司群起而攻之。

——2005 年 7 月 26 日　任正非《华为与对手做朋友　海外不打价格战》

10　靠自己生存，一旦开放，我们将一触即溃

全球化是不可避免的，我们要勇敢地开放自己，不要把自己封闭起来，要积极与西方竞争，在竞争中学会管理。我们从来没提过我们是民族工业，因为我们是全球化的。如果我们把门关起来，靠自己生存，一旦开放，我们将一触即溃；同时，我们努力用自己的产品支持全球化的实现。

——2005 年 7 月 26 日　任正非《华为与对手做朋友　海外不打价格战》

11　我们要在商言商，不要去搞那些歪门邪道

我们要在商言商，不要去搞那些歪门邪道。咱们就是卖机器，卖机器就专心卖机器，不要去谈别的东西（不要去谈合资、持股等东西）。你们如果整天想这些歪门邪道，不用正派方法去做事，怎么能真正建立客户关系呢？欧洲地区部起步比你们晚 4—5 年，但是你看欧洲地区部客户关系与销售平台的建设，离得这么近，学一学嘛。你们也可以学一下西门子，西门子在俄罗斯没有搞歪门邪道，那么他们卖多少？他怎么卖的？你们要好好思考一下这个问题。

——2007 年 9 月 14 日　任正非在独联体片区的讲话纪要《将军如果不知道自己错在哪里，就永远不会成为将军》

12　要找自己该走什么路

我们一定要坚持做好一个消费平台，平台是需要像修万里长城一样慢慢修的。最终消费者的消费内容非常多，不要让消费的内容牵着我们走。苹果公司有很多内容，但并非一两天爆发出来的，它坚持用 40 年做好了一个平台，

黏接了非常多的内容厂家才构建了今天的平台。在纵向整合方面，苹果公司是很成功的；在横向整合方面，三星是很成功的。我们不要让别人牵着我们走：第一，我们在短时间内纵向整合不了，做不了苹果公司；第二，我们在短时间内横向整合不了，因为三星是依靠国家力量的，我们做不了三星。所以不要只看到别人成功，就重走别人的路，要找找自己该走什么路。

——2014年3月11日　任正非在消费者BG管理团队午餐会上的讲话《在大机会时代，千万不要机会主义》

13　我们现在领先世界一两年，是因为早一两年准备了

为什么我们能行业领先呢？就是我们率先提出"管道"这个概念，这也是个假设，当时我们还提炼不出大数据这个词。这比别人对"管道"认识早几年。但我们当时没有把"管道"归结为大数据，后来演变为大数据。那几年谁愿意做"管道"呢？自来水公司不如阿里、腾讯赚钱。我们现在领先世界一两年，是因为早一两年准备了，所以我们的经营效果比别人好，不是机遇，是假设，假设危机，而不是制造一种恐慌危机。

——2014年6月16日　任正非在"蓝血十杰"表彰会上的讲话《为什么我们今天还要向"蓝血十杰"学习》

14　不搞田忌赛马

我们在科学家人才领域不搞田忌赛马。存储的理论构建能力、科学家数量、核心能力，要与EMC对比，要拿最好的产品与最好的企业比，要比业界竞争对手在数量上多、水平上高、能力上强。

——2014年6月19日　任正非在IT存储产品线业务汇报会上的讲话《洞庭湖装不下太平洋的水》

15　要和苹果公司差异化竞争

你们说要做最好的中文版手机，但我发现我们中文版做得还不够好。我们要和苹果公司差异化竞争，至少中文版手机要比他们做得好。苹果公司在

这块应该是短板,结果我们也是短板。怎么去改进?当然,不是指我们自己开发,可以开放给合作伙伴去做。做物联网,华为公司的使命就是连接,不要去幻想做那么多内容。

——2015 年 8 月 27 日　任正非在消费者 BG2015 年中沟通大会上的讲话《脚踏实地,做挑战自我的长跑者》

16　终端一定要把服务体系建起来

终端一定要把服务体系建起来。技术上别人能赶得上来,我们一定要在别人赶上来之前,把服务体系等各种体系建好。服务体系就是给成吉思汗的战马钉个马掌,不然马蹄会软得跑不动。我们要学习别人的优秀之处,在有利润时期加快服务体系建设,即使别人赶上来了,咱们比赛服务、质量,还能维持一段。

——2016 年 2 月 27 日　任正非在巴展和乌克兰的谈话要点《多路径　多梯次　跨越"上甘岭"　攻进无人区》

17　我们自己要活下来,别人也要活下来

我认为我们没有竞争对手,我们主要是和大家联合起来服务人类社会,所以我们的伙伴越多越好,而不是我们一枝独秀。但不是说我们很谦虚,把自己的尸体当肥料让土壤肥沃,让别的庄稼长得好一点。所以,我们自己要活下来,别人也要活下来,共同为人类信息社会作出合理的贡献。

——2017 年 10 月 4 日—6 日　任正非在加拿大四所高校校长座谈会以及公司员工座谈会上的讲话(在蒙特利尔、渥太华、多伦多与员工座谈)《一杯咖啡吸收宇宙能量,一桶浆糊粘接世界智慧》

18　我们要胸怀宇宙

在这个时代,我们是很重要的强者,在核心技术上要有技术断裂点。不要因为担心对手而延误了自己的战略性机会,我们要胸怀宇宙。

——2016 年 10 月 31 日　任正非在上研听取无线网络产品线业务汇报时的纪要《聚焦主航道,仰望星空,朋友越多天下越大》

19 要清晰地知道几个行业，然后深入进去

为实现云与计算产业的商业成功，必须加强专业能力构建，要清晰地知道几个行业，然后深入进去，做世界上最理解它们、服务它们最好的组织，它们就会优先选择我们的华为云，这是我们的任务。

公司从机关到一线都做了比较大的组织调整，经过半年多的运作实践，新组织架构促进了一线的资源投入，提升了产业生态等方面的专业能力。但也存在以下问题：一是云与计算 BG 应重点抓好华为云平台的建设，抓好产业生态的建设，做大产业空间，同时抓好解决方案与技术支持，建立一支真懂云和计算业务的专业化队伍；EBG 作为统一客户界面，要更多地贴近客户，充分理解客户需求，强力推动专业部门打造有竞争力的解决方案。现在一线有的代表处专业化分工过细，接口多了，干部多了，汇报多了，实际干活的人却少了。二是资源投入增加了，作战效率却降低了。

——2020 年 11 月 4 日　任正非在企业业务及云业务汇报会上的讲话

20 价格低意味着内部运作成本低

客户的要求就是质量好、服务好、价格低，且要快速响应需求，这就是客户朴素的价值观，这也决定了华为的价值观。

但是质量好、服务好、快速响应客户需求往往意味着高成本，意味着高价格，客户又不能接受高价格，所以华为必须做到质量好、服务好、价格低，优先满足客户需求，才能达到和符合客户要求，才能生存下去。当然，价格低就意味着只有内部运作成本低一条路。客户只有获得质量好、服务好、价格低的产品和解决方案，同时合作伙伴又能快速响应其需求，企业才能提升其竞争力和盈利能力。

——2004 年 4 月 28 日　任正非在"广东学习论坛"第十六期报告会上的讲话《华为公司的核心价值观》

21 华为不是要灭掉谁家的灯塔

我们要把对内对外的妥协都大张旗鼓地讲清楚，华为不是要灭掉谁家的灯塔，华为要竖起自己的灯塔，也要支持爱立信、诺基亚的灯塔永远不倒，

华为不独霸天下。2012 年前后，欧盟发起对华为的"双反"调查，而爱立信、诺基亚等却站出来为华为背书：华为并非低价倾销。

——2009 年 1 月 15 日　任正非在 2009 年全球市场工作会议上的讲话《开放、妥协与灰度》

22　为客户服务是华为存在的唯一理由

我们认为市场最重要，只要我们顺应了客户需求就会成功。如果没有资源和市场，自己说得再好是没有用的。因此，为客户服务是华为存在的唯一理由，这要发自几万员工的内心，落实在行动上，而不是一句口号。

——2004 年 4 月 28 日　任正非在"广东学习论坛"第十六期报告会上的讲话《华为公司的核心价值观》

23　一家独大，死亡之时

当我们一家独大的时候，就是我们的死亡之时。要成为谦谦君子，用谦谦君子的风度与世界合作。心胸有多宽，天下就有多大。这个时代，如果说我们能够很好地开放，让别人在我们的平台上做很多内容，我们就建立了一个大家共赢的体系。我们没能力做中间件，做不出来，我们的系统就不开放，是封闭的，封闭的东西迟早都要死亡的。"众人拾柴火焰高"，要记住这句话。

——2008 年 7 月 21 日　任正非在地区部向 EMT 进行 2008 年年中述职时的讲话

24　除了世界第一，就是死亡

在内忧外患、机会与挑战并存的当下，改革是要有勇气的，就像在刀尖上跳舞，除了世界第一，就是死亡。坚决的意志，不动摇的决心，是你们必胜的基础。改革是有风险的，不改革就会腐化死亡，为了成为世界领袖，何不潇洒走一回呢？

——2019 年 2 月 12 日　任正非在运营商 BG 组织变革方向汇报会上的讲话《对准连接领域绝对领先，不断激活组织，改变作战方式，提升作战能力和效率》

第六章

如何看待合作

HUAWEI

01　很多朋友一起交流，解决了很多问题

当你点燃别人火花的时候，也可以从别人火堆里反向吸收能量。内部分享是一个概念。我们建立"稼先社区"的目的是号召大家开放，把部门墙一步步降矮，最后粉碎"土围子"。我们希望全体员工可以共享"稼先社区"发布的信息，但是员工很少阅读，尤其是三级管理团队以上的干部不阅读文件，他们经验主义的工作方式必然被取代。如果有小部分内容你想向社会共享，就可以发布到"黄大年茶思屋"平台上，因为"稼先社区"的问题更多来自产品，现实主义的经验、know-how等，很多接近商品阶段，所以在外网不是全开放。虽然只在内网开放，可能外网的人也会搞得清清楚楚。至于哪些应该公开，哪些不应该公开，由专家、专家委员会把握。现在"黄大年茶思屋"起到很大的激活作用，很多员工做了很多东西，在公司里不知道与谁交流，就在"黄大年茶思屋"找到很多朋友，一起交流，解决了很多问题。

——2023年，任正非在专家委员会秘书处座谈会上的讲话

02　开放与合作保证我们产品的先进性

我们结成伙伴的关系，共享获得的成果和利益，这样我们就会走向更加紧密的具有各自特色的战略伙伴关系。华为公司是开放的，我们愿意和世界各国的伙伴加强合作，只有开放与合作才能保证我们产品的先进性。

——1997年，任正非与Hay专家在任职资格考核会上关于研究部分的对话

03　与国内外竞争对手相互学习

我们不仅与国内竞争对手互相学习，而且与朗讯、摩托罗拉、IBM、TI等十几家公司在未来芯片设计中结成了合作伙伴关系，为构建未来为客户服务的解决方案共同努力。

——2000 年，任正非《创新是华为发展的不竭动力》

04　和竞争对手也要手拉手，也要走向合作

为什么不可以和对手合作？谁还有本事把价格再涨起来？继续降成本，成本还有哪里可降的？对我们公司来说，如果和对手联合起来搞研发，研发成本降低一半，我们的成本就降了一半。和竞争对手也要手拉手，也要走向合作。因为都要度过这场灾难啊！

——2003 年，任正非在华为研委会会议、市场三季度例会上的讲话

05　全是优质合作伙伴，那才是未来

第一，消费者 BG 要加强开放，与优质伙伴合作，改善产品质量。我们有几个能力：第一个能力是连接能力，这应该是世界最强的；第二个能力是图像能力，目前苹果公司是最好的，我们有差距，但是我们有可能突破；第三个能力是操作系统，我们应该没有，别人多少年积累才到现在这种程度，我们要去超越他们重做，我认为没必要，所以我们和软件厂家合作。这三个能力合起来，华为手机肯定是强大的。要像苹果公司一样，华为手机一定要连接世界上最好的内容，通过优胜劣汰，留下优质合作伙伴，那才是未来。

——2015 年 8 月 27 日　任正非在消费者 BG2015 年中沟通大会上的讲话《脚踏实地，做挑战自我的长跑者》

06　客户、合作者、供应商、制造商命运在一条船上

企业的供应链就是一条生态链，客户、合作者、供应商、制造商命运在

一条船上。只有加强合作，关注客户、合作者的利益，追求多赢，企业才能活得长久。因为，只有帮助客户实现他们的利益，华为才能在利益链条上找到自己的位置。只有真正了解客户需求，了解客户的压力与挑战，并为其提升竞争力提供满意的服务，客户才能与你的企业长期共同成长与合作，你才能活得更久。所以，需要聚焦客户关注的挑战和压力，提供有竞争力的通信解决方案及服务。

——2004年4月28日　任正非在"广东学习论坛"第十六期报告会上的讲话《华为公司的核心价值观》

07　要集自己的优势和别人的优势

华为手机进步了这么多年，但总是追求新，不追求可靠，还是存在很多问题。研发了这么多功能，其实很多功能很少使用。在应用上，我认为还是要以客户需求为中心，客户需求应该有个正态分布规律，可以用数学方法来分析人类信息需求的轨迹。在用户使用量最大的功能上下决心做好；对于边缘部分，即使高技术、高水平的需求有点问题也没关系。应用平台不一定要自己开发，谁做得好就跟谁捆绑，一定不能捆绑垃圾应用。我们要集自己的优势和别人的优势。若我的车没油了，搭上有优势的车，也就有优势了。

——2014年3月11日　任正非在消费者BG管理团队午餐会上的讲话《在大机会时代，千万不要机会主义》

08　不要被约束在青纱帐里

刚才有人说在中国市场尝试端云结合的解决方案，我很支持。这两种方式应该都可以走：有的地方发达，可以在云上服务；有的地方发展不起来，终端有自己的软件提供服务。但是云服务要更开放，我们一定依赖的是别人的云，如果终端要在全世界建一个自己的云，发展速度会很慢，不可能赶上世界丰富多彩的内容和那么高的水平，最终会被约束在青纱帐里。

——2014年3月11日　任正非在消费者BG管理团队午餐会上的讲话《在大机会时代，千万不要机会主义》

09　我们没有狭隘到消灭别人

我们的分享从二十多年来对资本与劳动的分享实践，逐步扩展到对客户、供应商的分享。同时，与领导这个世界的先进公司合作共同制定标准、路标，一起为社会作出更大贡献。我们没有狭隘到消灭别人。不断烧钱的目的是烧到对手烧不动了，就垄断了。我们不谋求市场垄断。我们并没有蚕食他们，也从来不想蚕食他们，而是希望他们强大。像诺基亚和阿朗的合并，我们都非常高兴。诺基亚的奋斗精神我认为比别的公司要强，所以诺基亚能重新回到世界舞台上。我们要加强和他们的合作，共同为这个社会提供服务。

——2015年9月，任正非：华为给员工的好处就是"苦"
作者：杨林，福布斯英文网"中国企业的国际愿景"专栏栏主。

10　共同合作发展，满足社会需要

杨林：华为取得这么大的成功，尤其在欧洲，如何蚕食了您的竞争对手，包括诺基亚、爱立信等大公司的市场份额？华为从不知名的中国小公司，如何成为今天欧洲市场数一数二的玩家？

任正非：你讲错了，你应该讲我们怎么与这些公司合作贡献于这个世界。这个信息社会长大的速度比我们的能力增长要快，不然我们也可以打打高尔夫、喝喝咖啡。我们的国际同行在这段时期也变大了，苹果公司大得皮都不知如何削了。要合作发展，满足社会需要。

——2015年9月6日　任正非接受福布斯中文网采访

11　我们要顾及世界的发展

华为是小公司的时候就很开放，和别人总体都是保持友好的。为什么我们在国际市场有这么好的空间？因为我们知识产权的"核保护伞"建立起来了，这些年我们交了那么多的知识产权费给别人，当然我们也收了非常多的专利费，和那么多公司签了专利交叉许可协议，这本身就是友善，尊重别人嘛。我们现在发展速度比别人快，进入的领域比别人深，我们还要顾及世界的发展。

——2016年3月5日　任正非接受新华社专访《二十八年只对准一个城墙口冲锋》

12　客户购买设备时首先是选择伙伴

华为所处的通信行业属于投资类市场，客户购买通信网络设备往往要使用10—20年，不像消费品一样使用年限较短。因此，客户购买设备时首先是选择伙伴，而不是设备，因为他们知道，一旦双方合作，就需在一个相当长时间内共同为消费者提供服务。因此，客户选择的合作伙伴不但要具有领先的技术水平，高度稳定可靠的产品，能快速响应其发展需求，而且要服务好。这样，这个企业才有长期生存下去的可能。如果达不到前面几个条件，就是送给客户，客户也不要。

——2004年4月28日　任正非在"广东学习论坛"第十六期报告会上的讲话《华为公司的核心价值观》

13　团结一致为客户服务的力量存在内卷

内部沟通成本高，"一线分成两个组织后没感觉有什么好处，两个组织反而会增加沟通成本"；"在政企做了决策以后，再到云那边沟通，两边频繁开会，没有原来那么高效"。等级森严的组织层级、部门墙，导致分工过细，"铁路警察"各管一段，客户却难受了，本应该团结一致为客户服务的力量存在内卷。

——2020年11月4日　任正非在企业业务及云业务汇报会上的讲话

14　"得道多助、失道寡助"

这么多年来，美国大量的零部件、器件厂家给了我们很大支持。特别是在最近的危急时刻，体现了美国企业的正义与良心。前天晚上，徐直军半夜两三点打电话给我，报告了美国供应商努力备货的情况，我流泪了，感受到"得道多助、失道寡助"。今天，美国的企业还在和美国政府沟通审批这个事情。

——2019年5月21日　任正非在华为总部接受中国媒体采访纪要

15 加强合作走向世界

今天的合作是一个优势互补的合作,我参观了云南电信器材厂,觉得他们实力很强。华为在科研上有一些实力,所以我们之间的合作将推动共同的发展,不仅仅局限在电源的合作上,还会延伸到其他方面。

——任正非在深圳华为通信公司与云南电信器材厂通信电源合作签字仪式上的讲话

16 与俄罗斯世代友好合作

只要我们加强沟通,增进信任,相信我们的内心会一样的美。不能因中国有些商人吃了亏,就止步不前。莫斯科一些黑社会的猖獗与贪婪,并不代表俄罗斯人民。为了国家与民族的利益,我们要世代友好下去。

——1997年 任正非《走过亚欧分界线》

17 以土地换和平

向拉宾学习,以土地换和平。我们的友商就是阿尔卡特、朗讯、北电、爱立信和摩托罗拉,我们把竞争对手都称为友商,我们的沟通合作是很好的。首先,我们要向拉宾学习,以土地换和平。拉宾是以色列前总理,他提出了以土地换和平的概念。2000年IT泡沫破灭后,整个通信行业的发展都趋于理性,市场的增长逐渐平缓,未来几年的年增长率不会超过4%,而华为要快速增长,就意味着要从友商手里夺取份额,这就会直接威胁到友商的生存和发展,就可能在国际市场上到处树敌,甚至陷入群起而攻之的境地。但华为现在还很弱小,还不足以和国际友商直接抗衡,所以我们要韬光养晦,要向拉宾学习,以土地换和平,宁愿放弃一些市场和利益,也要与友商合作,成为伙伴,和友商共同创造良好的生存空间,共享价值链的利益。

——2004年4月28日 任正非在"广东学习论坛"第十六期报告会上的讲话《华为公司的核心价值观》

18 和而不同

我们已经在好多领域与友商合作，经过五六年的努力，大家已经能接受我们，所以现在国际大公司不断加强跟我们的合作会谈。如果都认为我们是敌人的话，我们的处境是很困难的。这些年，我们一直在跟国际同行在诸多领域携手合作，通过合作取得共赢，分享成功，实现"和而不同"，和谐以共生共长，不同以相辅相成，这是古代东方的智慧。

——2004年4月28日　任正非在"广东学习论坛"第十六期报告会上的讲话《华为公司的核心价值观》

19 建立广泛的利益共同体，长期合作，相互依存，共同发展

华为将建立广泛的利益共同体，长期合作，相互依存，共同发展。例如，我们跟美国的3COM公司合作成立了合资企业。华为以低端数通技术（占51%的股份），3COM公司出资1.65亿美元（占49%的股份）。这样一来，3COM公司就可以把研发中心转移到中国，实现了成本的降低，而华为则利用了3COM世界级的网络营销渠道来销售华为的数通产品，大幅度提升产品销售额。2004年销售额增长100%，这样就能够实现优势互补、互惠双赢。同时，也为公司的资本运作积累了一些经验，培养了人才，开创了公司国际化合作新模式。后来我们和西门子公司在TDS方面也有合作，在不同领域销售我们的产品，能达到共赢的目的。

——2004年4月28日　任正非在"广东学习论坛"第十六期报告会上的讲话《华为公司的核心价值观》

20 不要有"抢占"这个概念

记者：您觉得我们国家在未来一轮经济周期中怎样才能"抢占"高新技术的一席之地？

任正非：首先不要用"抢占"这个概念，一抢就泡沫化。就是踏踏实实

地做基础，融入世界潮流，与世界一同发展，分享世界的成功。

——2016年3月5日　任正非接受新华社专访《二十八年只对准一个城墙口冲锋》

21　朋友遍天下，朋友越多天下就越大

上海高校也有很多科学家，也有一些踏踏实实做事的人，你们也可以交朋友。交朋友要有足够的礼节礼貌。如果说实在顾不来，那你们研究所可以专门找几个公共关系秘书来帮你们处理这些社交事务，可以增加预算。不去社会交往，这叫闭关锁国。我们要改变一下人际交往的方式，要学会正确交往。改变一下，朋友就遍天下，朋友越多天下就越大。

——2016年10月31日　任正非在上研所听取无线网络产品线业务汇报时的纪要《聚焦主航道，仰望星空，朋友越多天下越大》

22　多参加国际会议，在休息的十分钟，跟人家碰一杯

我们要多参加国际会议，关键不是在大会上讲论文，而是在休息的十分钟，跟人家碰一杯，人家可能讲的就是真话。去的时候带一点小礼品。我主张你们要更多地去交流，找到机会点，然后组织千军万马上去。我们要广泛地和科学家交朋友，交世界的朋友。逢年过节送贺卡，寄点小礼品。感情这东西是得长期联络的。

——2016年10月31日　任正非在上研所听取无线网络产品线业务汇报时的纪要《聚焦主航道，仰望星空，朋友越多天下越大》

23　有时候一句话就知道世界的发展方向

这个朋友圈并非给你讲一个完整的道理，其实有时候一句话就知道世界的发展方向，一句话就搞明白了。

——2016年10月31日　任正非在上研所听取无线网络产品线业务汇报时的纪要《聚焦主航道，仰望星空，朋友越多天下越大》

24　开会的时候，我们也要讲真话

开会的时候，我们也要讲真话。我们不要老说我们是保密的，不能跟人家讲真话，你不跟人家讲真话，别人怎么跟你讲真话？没有在一个层面上碰撞是没有火花的。你看，我的话都没有保密，贴到网上，大家都来看，你保啥密呢？

——2016 年 10 月 31 日　任正非在上研所听取无线网络产品线业务汇报时的纪要《聚焦主航道，仰望星空，朋友越多天下越大》

25　你们要多到全球去喝咖啡

你们要多到全球去喝咖啡。那你跟人家白喝咖啡啦？你跟别人喝杯咖啡，随手送别人一瓶好点的红酒。这样人家也愿意跟你喝咖啡嘛，人家觉得你们挺有绅士风度的，你们才能获得对未来的结构性、思维性的突破。

——2016 年 10 月 31 日　任正非在上研所听取无线网络产品线业务汇报时的纪要《聚焦主航道，仰望星空，朋友越多天下越大》

7

第七章

技术积累改变世界

HUAWEI

01　终端是一个复杂的载体

终端是一个复杂的载体，有那么多复杂的功能和应用，不仅仅是一个通道，也不仅仅是手机。终端也不仅仅是芯片问题，涉及很复杂的问题。在这一点上，乔布斯是很伟大的，创造了手指画触屏输入法。

未来的信息社会是什么样子？信息的体验全靠终端，最重要的载体也是终端，因为传输设备、软件等看不见、摸不着。终端将来是什么形态我也不知道，但肯定不只是手机，还包括汽车、家电、可穿戴设备、工业设备等。我们还有很多方面需要继续努力，还有很多理论问题需要攻关。

——2021年9月14日　任正非最新内部讲话《要敢于走在时代前沿》

02　站在巨人的肩膀上，让生命放射光芒

前人已经做了错事，走了那么多弯路，才认识到今天的真理，我们却不去利用，要去重新实践，自然就浪费了我们宝贵的青春年华！我们要站在巨人的肩膀上，站在世界发达国家先进公司已经获得的成功经验、失败的教训的基础上前进，这样我们就占了很大便宜，我们的生命就能放射光芒。

——1999年2月8日　任正非在"创业与创新"反思总结交流会上的讲话

03　善于总结前人经验将更快实现自我价值

如果我们能在前人基础上总结、提高，仅用五到十年时间，当你们的孩

子刚上小学，你们就可能是世界有名的专家了，你们将有资本向你们的后代炫耀。如果你们现在妄自浪费青春，一味埋头苦干，转来转去，你们的青春将不是无悔，而是懊悔不已。你不可能一个人达到世界水平。

——1999年2月8日　任正非在"创业与创新"反思总结交流会上的讲话

04　我们缺乏理论型的基本专利

现在我讲一讲专利。华为公司有5000多项专利，每一天我们产生3项专利，但是我们还没有一项基本专利，只有少量几项应用型的准基本专利，但不是理论型的基础专利。理论型的基本专利是发明、创造一项技术的基础，应用型的基本专利是改进了这项发明的应用。即使应用型的基本专利，其成长过程也需要7—8年。

——2004年4月28日　任正非在"广东学习论坛"第十六期报告会上的讲话《华为公司的核心价值观》

05　专利产生价值的时间非常漫长

在没有人发明这项技术之前，你想到了，然后开始研发，大概2—3年会出成果，然后申请专利，之后登报，让较多的人看到，受到了启发，他们又投入研究，然后再用2——3年时间，扩大了你的专利可用的范围，这就形成了可使用的专利。又经过2—3年，开始有人集合这些专利做产品，并向市场推广，2—3年后市场开始接受，专利才产生价值。因此，一项应用型基本专利从形成到产生价值大约需要7—10年。

我们现在有两项到三项准基本专利，两年左右才开始生效，所以专利产生价值的时间是很漫长的。理论型基本专利需要的时间更长，一般需要二三十年。

——2004年4月28日　任正非在"广东学习论坛"第十六期报告会上的讲话《华为公司的核心价值观》

06　像信仰宗教一样崇尚技术，导致很多公司破产

因为人类的需求是随生理和心理的成长而进步的，人的生理和心理的成长是缓慢的。因此，过去一味像崇拜宗教一样崇拜技术，导致很多公司破产。技术在哪一个阶段是最有效、最有作用的呢？我们就是要去看清客户的需求，客户需要什么我们就做什么。卖得出去的东西，或略抢先于市场一点点的产品，才是客户的真正技术需求。超前太多的技术，当然也是人类的瑰宝，但必须牺牲自己来完成。IT泡沫破灭的浪潮使世界损失了廿万亿美元的财富。从统计分析可以得出，几乎所有公司都不是因为技术不先进而死掉的。这些破产的企业不是因为技术不先进，而是技术先进到别人还没有对它完全认可，以至于没有人来买。产品卖不出去却消耗了大量的人力、物力、财力，丧失了竞争力。许多领导世界潮流的技术，虽然是万米赛跑的领跑者，却不一定是赢家，反而为"清洗盐碱地"和推广新技术付出了大量成本。但是企业没有先进技术也不行。

——2004年4月28日　任正非在"广东学习论坛"第十六期报告会上的讲话《华为公司的核心价值观》

07　抛弃过去对未来不切实际的幻想

只要抛弃过去对未来不切实际的幻想、轻轻松松成功、不吃苦就会有幸福的行业优越感，那么适应未来生活的一切好的思想、作风、行为就会发芽、生长，我们的公司就会长存下来。为了我们的长存，我们将会失去一些暂时的享受，我们必须有所割舍。在这个变革时期，全体干部都要全身心地投入，以提高效率。"牢骚太盛防肠断，风物长宜放眼量。"

——2004年　任正非在干部工作会议上的讲话《持续提高人均效益　建设高绩效企业文化》

08　增加专业人员与业务人员

永远要合理地减少非生产性人员，增加专业人员与业务人员，才有可能提高人均效益。各级干部一定要把自己部门效率低、没有贡献的人淘汰。不

能因为他与周边关系、上下级关系不错就一直迁就。如果一个干部不懂得通过主动置换去创建一个更有效的组织，这个干部是不合适做一把手的。

——2004年　任正非在干部工作会议上的讲话《持续提高人均效益　建设高绩效企业文化》

09　世界将来不会缺少高科技，缺少的是自然资源

华为一再强调产品的发展路标是客户需求导向。以客户的需求为目标，以新的技术手段去实现客户的需求，技术只是一个工具。新技术一定能够促使质量好、服务好、成本低的目标实现，舍此是没有商业意义的。世界将来不会缺少高科技，缺少的是自然资源。这也许会成为真理。

——2004年4月28日　任正非在"广东学习论坛"第十六期报告会上的讲话《华为公司的核心价值观》

10　用投资者不到1%的原投资额买到顶尖技术

在高端的DWDM技术上，我们处在世界先进或领先位置。我们的光传输技术在四千六百多公里长的距离上不需要电中继，世界最长的一个光环网是我们公司提供的，在俄罗斯一万八千公里，其实这个技术是我们从美国花了四百万美金买的。西方一些大公司破产之后，很多新技术舍不得丢掉，他们不希望自己的发明被埋没，希望后人能够接着研究。我们参加拍卖，用投资者不到1%的原投资额买到。我们想说明的是，技术并不像有些人认为的那样是万能的，客户资源才更重要。

——2004年4月28日　任正非在"广东学习论坛"第十六期报告会上的讲话《华为公司的核心价值观》

11　曾经不管客户需求，研究出好东西就反复给客户介绍

我们提倡不要盲目创新。我们曾经是盲目创新的非常崇拜技术的公司，不管客户需求，研究出好东西就反复给客户介绍，客户说的话根本听不进去，

所以在交换机上，我们曾在中国市场出局。后来，我们认识到自己错了，及时调整追赶，现在交换机也是世界第一了。

——2005年7月26日　任正非《华为与对手做朋友　海外不打价格战》

12　不要为错过市场而喘息

我们在GSM上投入了十几亿研发经费，多少研发工程师、销售工程师为之付出了心血、汗水和泪水。在1998年，我们就获得了全套设备的入网许可证，但打拼了八年，在国内无线市场上仍没有多少份额，连成本都收不回来。2G市场时机已经错过了，我们没有喘息，没有停下来，在3G上又展开了更大规模的研发和市场开拓，每年近十亿元的研发投入，已经坚持了七八年。因为收不回成本，华为不得不到海外寻找生存空间。

——2005年　任正非《天道酬勤》

13　利用压强原则研制的第一台通信设备

还记得90年代初艰难的日子，在资金技术各方面都匮乏的条件下，咬牙把鸡蛋放在一个篮子里，紧紧依靠集体奋斗，群策群力，日夜攻关，利用压强原则，重点突破，我们终于拿出了自己研制的第一台通信设备——数字程控交换机。

1994年，我们第一次参加北京国际信展。在华为展台上，"从来就没有救世主，也不靠神仙皇帝，要创造新的生活，全靠我们自己"这句话与众不同。但对华为员工来讲，这正是当时的真实写照。设备刚出来，我们很兴奋，又很犯愁，因为业界知道华为的人很少，了解华为的人更少。当时有一个情形，一直深深地印在老华为人的脑海里：在北京寒冬的夜晚，我们的销售人员等候了八个小时，终于等到了客户，但仅仅说了半句话："我是华为的……"就眼睁睁地看着客户被某个著名公司接走了。望着客户远去的背影，我们的小伙子只能在深夜的寒风中默默地咀嚼屡试屡败的沮丧和屡败屡战的苦涩。"是啊，怎么能怪客户呢？华为本来就没有几个人知晓啊。"

——2005年　任正非《天道酬勤》

14 每年坚持投入销售收入的 10% 以上在研发上

华为在过去的 18 年里每年坚持投入销售收入的 10% 以上在研发上，尤其是最近几年，有超过二万五千名员工从事研发工作，资金投入均维持在每年 70、80 亿元。经过 18 年的艰苦奋斗，迄今为止，华为没有一项原创性的产品发明，主要都是在西方公司的成果上进行了一些功能、特性上的改进和集成能力的提升，更多的是表现在工程设计、工程实现方面的技术进步，与国外竞争对手几十年甚至上百年的积累相比，还存在很大差距。对于我们缺少的核心技术，华为只是通过购买的方式和支付专利许可费的方式，实现了产品的国际市场准入，并在竞争的市场上逐步求得生存，这比自己绕开这些专利采取其他方法成本要低得多。由于我们支付了费用，也实现了与西方公司的和平相处。

——2006 年 12 月 18 日　任正非在国家某大型项目论证会上的发言《实事求是的科研方向与二十年的艰苦努力》

15 坚持以市场的商业成功为导向

华为公司作为一家高科技企业，从创业开始就坚持以市场的商业成功为导向，一切投资、管理的改进都紧紧围绕产品的商业成功，尤其需要摒弃的是脱离商业成功导向的唯技术的创新。这种盲目自傲的创新，对于我们没有资金来源的公司来说，无异于自杀。

——2006 年 12 月 18 日　任正非在国家某大型项目论证会上的发言《实事求是的科研方向与二十年的艰苦努力》

16 光传送技术并购

我们寻找并选择了一家在超长光传送技术和产品解决方案研究上非常领先的厂家，该公司累计投入已经超过七千万美元，其技术主要应用在骨干长途光传送系统中，网络地位非常重要。

经分析我们认为，其产品和技术具有很高的市场价值，最后决定购买该技术。经过技术转移和二次开发以及必要的法律手续，在短短 9 个月内完成了集成开发，成功推出应用了新关键技术的产品，实现了大容量、长距离（4600公里）无电中继的光传输。2003年推出该解决方案以来，在相关市场上得到快速发展，从最初的全球名不见经传的长途传输厂家，到2005年已经成为全球长途传输市场第一的厂家，并保持稳固的地位。值得一提的是，依靠优异的性价比，我们在拉美最大的固定运营商Telemar的光纤系统上，实现了市场的突破性应用。

——2006年12月18日　任正非在国家某大型项目论证会上的发言《实事求是的科研方向与二十年的艰苦努力》

17 面对技术及市场壁垒，没有任何经验可以借鉴

中国高科技企业的成长之路注定充满坎坷与荆棘，选择了这条道路的人生注定艰辛与劳碌，但也更有价值。在中国高技术领域做一个国际化的企业，开拓全球市场，我们没有任何经验可以借鉴，完全靠摸索，靠在市场中摸爬滚打，在残酷的竞争中学习；在中国做一个以几万年轻知识分子为主的企业，竞争又是全球范围和世界水平的，我们没有任何成功的实践可以借鉴；在中国做一个企业，竞争对手是全球各发达国家的世界级巨子，他们有几十年甚至一百多年的积累，有欧美数百年以来形成的工业基础和产业环境，有世界发达国家的商业底蕴和雄厚的人力资源、社会基础，有世界一流的专业技术人才和研发体系，有雄厚的资金和全球著名的品牌，有深厚的市场地位和客户基础，有世界级的管理体系和运营经验，有覆盖全球客户的庞大营销和服务网络。面对这样的竞争格局，面对如此的技术及市场壁垒，我们没有任何经验可以借鉴。

——2006年12月18日　任正非在国家某大型项目论证会上的发言《实事求是的科研方向与二十年的艰苦努力》

18 早期的技术失误成就"垫子文化"

由于我们年轻，无法避免地在解决方案的理解上不准确，无法避免地在设计、实现上存在缺陷。1998年，因为交换机用户板设计不合理，导致须对全网一百多万块用户板进行整改；2000年，因为光网络设备电源问题，为了

对客户负责，我们从网上回收、替换了 20 多万块板子，这些板子在仓库里堆积如山，造成损失十几亿；由于我们跟西欧某运营商对客户的需求理解偏差大，致使产品无法及时交付，只能按合同赔偿；亚太的一个移动运营商选择我们的彩铃系统，由于工期极其紧张，导致工程质量低，造成诸如鸳鸯线等低级错误，给客户造成很大影响；VPN 系统由于没有考虑逃生设计，局部故障导致系统中断，客户无法使用业务；系统操作、管理权限不是基于使用者而是基于角色设计的，由于权限过大，误操作导致整个系统瘫痪等，这些问题无不是由于我们的年轻和幼稚造成的。因为这种年轻和幼稚，我们必须也只能付出代价。系统的设计和研发要推倒重来，过去的工作白做了。为了还能够赶上市场的节奏，为了还能够从市场上获得竞争先机，我们只能付出比别人更多的精力：加班累了，就在办公室铺下垫子睡一觉，醒了继续干；思路没了，就在办公室铺下垫子睡一觉，有了思路继续干，这也造就了华为公司传承至今的"垫子文化"。

——2006 年 12 月 18 日　任正非在国家某大型项目论证会上的发言《实事求是的科研方向与二十年的艰苦努力》

19　商业机密泄露会造成灭顶之灾

2001 年开始的网络泡沫，使市场急剧下滑和萎缩，尤其是 2002 年，华为深深地感受到了严冬的寒冷和彻骨。那一年，我们公司的销售是负增长，很多员工因为暂时的不利处境，纷纷离开了；雪上加霜的是，不少员工离开的时候带走了华为公司的源程序、设计原理图等核心商业机密信息，在外面或自己开公司或有偿泄漏给同业者进行仿制。这种零成本、无投入的仿制，在市场上全面形成了与华为的正面竞争，几乎造成华为公司的灭顶之灾。

——2006 年 12 月 18 日　任正非在国家某大型项目论证会上的发言《实事求是的科研方向与二十年的艰苦努力》

20　要重视保护知识产权

华为公司历来尊重别人的知识成果和知识产权，同时也注意保护自己的知识产权。华为真诚地与众多西方公司按照国际惯例，达成有关知识产权谈判和交叉许可，在多个领域、针对多个产品与相应的厂商通过支付许可费的方式达成了交叉许可协议。宽带产品 DSLAM 是阿尔卡特发明的，我们经过两年的专利交叉许可谈判，获得了其他公司的许可，我们会支付一定的费用，消除其在全球进行销售的障碍。经过努力，我们的 DSLAM 市场份额达到了全球第二。

国际市场处于法治的环境中，也充斥着官司，华为有了这些宝贵经验，今后就不会慌张失措了。华为以后依然要在海外取得规模收入，如果没有与西方公司达成许可协议，获得和平发展环境，这个计划就不能实现。我们付出了专利许可费，但我们也因此获得了更大的产值和更快的成长。

——2006 年 12 月 18 日　任正非在国家某大型项目论证会上的发言《实事求是的科研方向与二十年的艰苦努力》

21　在技术上需要韬光养晦

华为公司清醒地认识到，我们在技术上需要韬光养晦，必须承认国际厂商领先我们许多，这种巨大的差距是历史形成的。一方面，由于发达国家创新机制的支持，普及了创新的社会化，技术获取相对容易；另一方面，当我们还在创始时期、起步阶段，国外有些专利就已经形成了，无论是系统实现原理，还是技术实现细节，国际厂商已经领先很多了。市场本身是开放的，但是我们要在全球市场上占有一席之地，使我们的产品和系统能够进入国际市场，只有通过谈判、支付合理的许可费用。也只有这样，才能扩展我们的市场空间，扩展我们的生存空间。这对我们是有利的，至少可以利用我们的相关优势，拉动规模巨大的制造业前进。

——2006 年 12 月 18 日　任正非在国家某大型项目论证会上的发言《实事求是的科研方向与二十年的艰苦努力》

22　专利需要一个长期的、持续不断的积累过程

由于技术标准的开放与透明，未来再难有一家公司、一个国家持有绝对优势的基础专利。这种关键专利的分散化，为交叉许可专利奠定了基础，相互授权使用对方的专利的方式将更加普遍。由于互联网的发展，创造发明更

加广泛，也更容易了。我们充分意识到，需要在知识产权方面融入国际市场"俱乐部"。知识产权是国际市场的入门券，没有它，高科技产品就难以进入国际市场。

虽然华为每年将销售收入的10%以上投入研究开发，在研究经费的数量级上缩小了与西方公司的差距，也在IPR上缩小了差距（目前华为已有一万多项专利申请）但相对世界几十年的积累仍是微不足道的。IPR投入是一项战略性投入，它不像产品开发那样可以较快地、在一两年时间内就看到效果，而需要一个长期的、持续不断的积累过程。

——2006年12月18日　任正非在国家某大型项目论证会上的发言《实事求是的科研方向与二十年的艰苦努力》

23　直接购买技术缩短差距

事实上，在产品的工程实现技术方面，我们也经常遇到瓶颈，包括算法、散热技术、工艺技术、能源、节能等，都成为我们在竞争中获得优势的障碍。

为了解决这些问题，克服发展障碍，我们也不全靠自主开发，因为等自主开发出来了，市场机会早没有了，或对手已在市场上构筑了优势，我们没法在竞争的市场上获利。所以，我们经常采用直接购买技术的方式来缩短差距并构筑领先优势。我们有一款全球领先而且份额占据第一的产品，在功能、性能上超越竞争对手的一个关键技术，就是通过购买某外国公司的技术获得的。

——2006年12月18日　任正非在国家某大型项目论证会上的发言《实事求是的科研方向与二十年的艰苦努力》

24　财富的积累历尽艰辛，但财富的毁灭却在一瞬间

在努力创造成果、打造百年教堂的同时，要坚持信息安全管理。一个人、一个家庭积累财富的过程是缓慢的。例如：在一个家庭的致富过程中，你要经历不成功的恋爱；有了孩子以后要抚养孩子，还不能让孩子乱吃抗生素，那会导致生长缺陷的发生；孩子上了小学、中学，你要辅导到半夜，孩子还不明白为什么要学习，给你平添烦恼；周末还要去学奥数、钢琴、小提琴、芭蕾；孩子上了大学，你还担心他们早恋，荒废了学业，苦口婆心劝说，还

遭遇逆反心理的对抗；孩子大学毕业后还要实习，不知道哪一年才能成熟，能为家里挣点钱。从小到大，一下子几十年就过去了。这几十年中，你要经历无数的沟沟坎坎，却不是人人都能成功。那么，期望就转向下一代，或下一代的下一代。

有时候，财富的积累历尽艰辛，但毁灭却在一瞬间。例如：风华正茂时遭遇危及生命的车祸；一把大火将一切付之一炬；地震震塌了没有买过保险的房屋。我们历经几代人建立的平台，实质上是软件代码和设计文档等组成的，如果遭遇拷贝，就如财富毁于一旦。因此，我们要高度重视信息安全，可以理解在信息安全上一时的过激行为，但在信息安全上要学"灰色"，不要防卫过度。

——2008年9月22日 任正非在中央平台研发部表彰大会上的讲话纪要《从汶川特大地震一片瓦砾中，一座百年前建的教堂不倒所想到的》

25 以我为中心付出了多少沉重代价

回顾核心网廿年的历史，我们无一不在自我批判中前进。从HJD48的模拟PBX交换机研发开始，到JK1000，再到A型机、C型机、B型机，128、201校园卡，A8010，无一不是在不断地优化自己的昨天。没有昨天就没有今天，在对错误、落后进行批判的同时，我们也自我陶冶，建设了一批英雄队伍。但对真理的认识是反复的。由于昨天在程控交换机上的成功，我们在下一代产品的规划上偏离了客户需求。2001年底，我们用iNET应对软交换的潮流，中国电信选择了包括爱立信、西门子、朗讯、阿尔卡特、中兴在内的五家公司做实验，华为被排除在门外，遭受了重大挫折。GSM的MSC从G3到G6一直没有市场突破。UMTS V8也遭遇失败。3G电路域核心网、PS分组域和HLR长期投入没有回报，短期也没有抓住机会。……我们在核心网上面临严冬。当我们认识到错误，在NGN上重新站起来后，我无数次去北京，仍然得不到一个开试验局的机会。我们提出以坂田基地为试验的要求也得不到同意。我们为我们的偏离客户需求、故步自封、以我为中心付出了多少沉重代价。当然，中国电信的宽容使我们在中国的土地上重新站了起来。

——2008年9月2日 任正非在核心网产品线表彰大会上的讲话《从泥坑里爬起来的人就是圣人》

26 技术积累需要无止境地自我批判

自我批判是无止境的,就如活到老学到老一样,陪伴我们终生。学到老就是自我批判到老,学了干什么,就是使自己进步。什么叫进步,就是改正昨天的不正确。当我们在 NGN 上重获成功的时候,我们的 G9 又在泰国 AIS 再次摔了大跟斗,被退网。HLR 在泰国、云南的瘫局,又一次敲响警钟。没有我们已形成的自我批判的习惯,就不会有我们在中国移动的 T 局交付上获得的成功。对沙特 HAJJ 的保障,使自我批判的成果非常辉煌,改变了世界技术发展的历史,也改变了我们核心网的发展方向。从此以后,华为公司核心网席卷全球,到 2008 年 6 月 30 日为止,有线核心网销售了 2.8 亿线;GU 核心网销售了 8.3 亿用户;CDMA 核心网销售了 1.5 亿用户。其中,移动核心网新增市场占有率 43.7%;固定核心网新增市场占有率 24.3%,均为世界第一。

——2008 年 9 月 2 日　任正非在核心网产品线表彰大会上的讲话《从泥坑里爬起来的人就是圣人》

27 从泥坑里爬起来的人就是圣人

在座的老员工应该记得,2000 年 9 月 1 日下午,整整八年前,也是在这个会场,研发体系组织了几千人参加了"中研部将呆死料作为奖金、奖品发给研发骨干"的大会。把研发中由于工作不认真、测试不严格、盲目创新等产生的呆死料单板器件,那些为了去网上救火产生的机票,用镜框装裱起来,作为"奖品"发给研发系统的几百名骨干。当时,研发体系来征求我对大会的意见,我就把"从泥坑里爬起来的人就是圣人"这句话送给他们。我想,八年前的自我批判大会和八年后的这个表彰大会,是有内在联系的。正是因为我们坚定不移地坚持自我批判,不断反思自己,不断超越自己,才有了今天的成绩,才有了在座的几千圣人。

——2008 年 9 月 2 日　任正非在核心网产品线表彰大会上的讲话《从泥坑里爬起来的人就是圣人》

28 只有强者才会自我批判

自我批判,不是自卑,而是自信,只有强者才会自我批判,也只有自我批判才会成为强者。因此，我们敢于提出媒体网关 UMG，关键技术及市场世界第一的口号；PS、HLR 十年来不离不弃，持续奋斗，已经构筑了业界最强的产品竞争力；STP 从诞生到现在一直是信令网上性能最强、质量最好的产品。随着整个核心网的架构及平台统一，核心网竞争力将得到进一步的提升，所有核心网主力产品都提出了做到业界竞争力第一的目标。

——2008 年 9 月 2 日　任正非在核心网产品线表彰大会上的讲话《从泥坑里爬起来的人就是圣人》

29　定位决定地位，眼界决定境界

核心网提出做全球核心网领导者，我支持。定位决定地位，眼界决定境界，希望核心网产品线不要躺在暂时的成功上，要立足现实和未来，不断迎接挑战，坚持自我批判，坚持持续改进，坚持"统一架构，统一平台，客户化定制"的战略，在核心竞争要素上持续构筑领先优势，追求业界最佳。

——2008 年 9 月 2 日　任正非在核心网产品线表彰大会上的讲话《从泥坑里爬起来的人就是圣人》

30　坚持像"乌龟"一样慢慢地爬

我们公司在技术战略上强调"针尖"战略，正因为我们这二十几年来加强压强原则，坚持只做一件事，坚持像"乌龟"一样慢慢地爬，才有可能在几个领域里成为世界领先，但现在领先的只是技术，并非地盘。

——2014 年 5 月 9 日　任正非在拉美及大 T 系统部、运营商 BG 工作会议上的讲话《喜马拉雅山的水为什么不能流入亚马孙河》

31　诞生伟大公司的基础是保护知识产权

过去二三十年，人类社会走向了网络化；未来二三十年社会必将信息化。这个时间段会诞生很多伟大的公司，诞生伟大公司的基础就是保护知识产权，否则就没有机会，机会就是别人的了。

——2015 年 9 月 6 日　任正非接受福布斯中文网采访

32 保护知识产权要成为人类社会的共同命题

保护知识产权要成为人类社会的共同命题。别人劳动产生的东西，为啥不保护呢？只有保护知识产权，才会有原创发明的产生，才会有对创新的深度投资及创新的动力与积极性。没有原创产生，一个国家想成就大产业是没有可能的。即使成功了，也像沙漠上修的楼一样，不会稳固的。

——2015年9月6日　任正非接受福布斯中文网采访

33 理论上要想有突破，一定要保护知识产权

创新是要有理论基础的，没有理论创新，就没有深度投资，很难成就大产业。理论上要想有突破，一定要保护知识产权，才会有投资的积极性，创新的动力。美国之所以这么厉害，因为它严格保护知识产权。这样，美国的创新环境才特别好，所以容易出现大公司。

——2015年9月6日　任正非接受福布斯中文网采访

34 知识产权价值不可估量

过去中国不愿加入《成立世界知识产权组织公约》，认为加入了不利于中国学习国外先进知识与技术，这完全是一个误区。我在陪温家宝总理出访期间，用二十分钟专门向温总理建言知识产权保护对国家创新发展的重要性及加入《成立世界知识产权组织公约》对中国的价值，总理对我二十分钟的建言是听进去的，回国后不久就签署了加入《成立世界知识产权组织公约》的协议。如果中国人发明的火药有知识产权保护，其所产生的知识产权价值不可估量，屠呦呦的研究成果如果当时就申请了国际专利，瑞士人就不会拥有这种药的知识产权，屠呦呦获得的价值就不仅仅是几百万元的诺贝尔奖金，而是数以十亿、百亿计的知识产权价值。

——2015年12月18日　彭剑锋专访任正非记要

35 制造执行技术也要顶尖

不能只有研发体系高水平，制造执行体系也要有尖端水平。研发部门要

和制造部门加强沟通，把那些特殊的能工巧匠囊括进来。开发部门要打通制造、服务的研发工作。

——2016年2月27日 任正非在巴展和乌克兰的谈话要点《多路径 多梯次 跨越"上甘岭" 攻进无人区》

36 研究要面向未来

研究和创新要多路径、多梯次，面向未来。开发这一块应该是确定性的，每个产品线的IPMT确定的东西就按照路标去实现。

——2016年2月27日 任正非在巴展和乌克兰的谈话要点《多路径 多梯次 跨越"上甘岭" 攻进无人区》

37 扩大研究和创新的投入比例

改变研发投资结构，扩大研究和创新的投入比例。比如，开发经费占总研发经费的70%，要有30%做研究和创新。总研发经费可否占销售收入的14%。

——2016年2月27日 任正非在巴展和乌克兰的谈话要点《多路径 多梯次 跨越"上甘岭" 攻进无人区》

38 开发要变成确定性工作

开发工作要变成特殊的确定性工作，有计划、预算和核算。错了可以重申请。

——2016年2月27日 任正非在巴展和乌克兰的谈话要点《多路径 多梯次 跨越"上甘岭" 攻进无人区》

39 工匠同样重要

要培养能工巧匠梯队。我们要提高大专生、中专生的起薪，很多事情要靠手艺，我们的理论再好，工匠做歪了一点点就不可靠了。我们的生产系统吸引了几百个能工巧匠进来，他们文化程度不高，但是有手艺，是尖子型工匠。生产系统要以技师为中心生产，要招高端技师进来。不过我们要倡导用高精密自动生产模式，将工匠的不确定性确定下来。

——2016 年 2 月 27 日 任正非在巴展和乌克兰的谈话要点《多路径 多梯次 跨越"上甘岭" 攻进无人区》

40 只要我们能谦虚地消化

不仅仅只有一束光在照亮我们，还有千万道光在照耀我们。近万名基础研究人员加上 7 万多名产品开发人员，一共 8 万多人，还有未来每年将近 200 亿美元的研发经费，我们的消化能力比任何人都强，实际上我们自己就变成了金身，只要我们能谦虚地消化，我们就能领导这个世界！

——2017 年 10 月 4 日—6 日 任正非在加拿大四所高校校长座谈会以及公司员工座谈会上的讲话（在蒙特利尔、渥太华、多伦多与员工座谈）《一杯咖啡吸收宇宙能量，一桶浆糊粘接世界智慧》

41 失败了，只要讲清路径，也是成功

我们要多梯次保持战略的领先地位，保持长久的人力迭代，前仆后继，人力资源部要制定考核模型。针对 A、B、C、D 四个梯队采取不同的考核方式，不是所有梯队都要承担极大的交付压力，有些梯队就是要释放压力，轻装上阵才能激发想象力。A 梯队、D 梯队失败了就涨工资，成功了就涨级。我们要充分估计到他们的难度，失败了，只要讲清路径，也是成功，"不以成败论英雄"就是这个意思。

——2018 年 10 月 17 日 任正非在上研所 5G 业务汇报会上的讲话

42 保证软件能扎到根，避免被切断的风险

新的一年里，我们在软件的架构、方法和工具上要加大人才投入，敢于引进大架构师、全球软件大赛的优秀人才，努力从我们的队伍中培养造就各级、各类、各阶的架构师，根据能力、贡献及时提拔他们，职级、薪酬也要

及时匹配。云平台、云生态的建设要向先进公司学习，不要简单模仿。努力在平台架构中加大优化的力量。我们是一个传统的硬件先进的公司，世界上转型为软件先进公司的例子还没有，我们的困难是可以想象的。如何建立客户喜欢的"黑土地"，如何让伙伴生态生机勃勃，如何保证软件能扎到根，避免被切断的风险，这些是我们要重点解决的。

——2020 年 11 月 4 日 任正非在企业业务及云业务汇报会上的讲话

43 对基础软件要下决心去突破

在基础软件这个问题上，我们要下决心去突破。我们做"黑土地"的能力是小公司做不到的，只要有了土地就能长庄稼，庄稼长多了就是我们的"云"。找到战略高手是我们干部部门、业务部门的重要任务。

——2019 年 1 月 9 日 任正非在杭州研究所业务汇报会上的讲话《开放心态，做钱塘弄潮儿，杀出一条血路》

44 改变对绝大多数人来讲都将是一个痛苦的转变过程

我们需要改变的行为和习惯还有很多，对绝大多数人来讲都将是一个痛苦的转变过程，会脱一层皮，但我相信大家能够迎接这种挑战。更为重要的是，我们将通过变革形成一套适应上述变化的流程、组织与考核机制。我们要完善并增强透明度、可回溯和可审计的全流程管理机制，以可信的视角，从初始设计、完整构建到产品生命周期管理，全面提升软件工程能力和实践。

——2019 年 任正非致全体员工的一封信《全面提升软件工程能力与实践，打造可信的高质量产品》

45 转变为工匠，适应社会发展

我非常赞成华为机器的口号：增产不增人涨工资；提高质量，改善效率，提高贡献者的收入。鼓励和鞭策所有人通过艰苦学习和努力实践，转变为工匠，适应社会发展，避免过早被淘汰。

——2019 年 3 月 9 日 任正非在总干部部务虚会上的讲话《改革，就是必须用自身的风险，去换取无穷的战斗力》

第八章

创新与持续发展

HUAWEI

01　不创新才是最大的风险

过去人们把创新看作冒风险，现在不创新才是最大的风险。江泽民同志说："创新是一个民族进步的灵魂。"社会上对我们有许多传闻，为我们的经营风险感到担忧，只有我们自己知道我们实际是不危险的，因为我们每年的科研和市场的投入是巨大的，蕴含的潜力远大于表现出来的实力，这是我们敢于前进的基础。

——1998 年，任正非向中国电信调研团的汇报以及在联通总部处级以上干部座谈会上的发言

02　倡导高技术、高质量、高效率、高效益的创新

"神奇化易是坦途，易化神奇不足提。"数学家华罗庚这一名言告诫我们，不要把简单的东西复杂化，而要把复杂的东西简单化。那种刻意为创新而创新，为标新立异而创新，是我们幼稚病的表现。我们公司大力倡导创新，而创新的目的是什么呢？

创新的目的在于所创新的产品的高技术、高质量、高效率、高效益。

——1998 年，任正非在公司品管圈（QCC）活动成果汇报暨颁奖会上的讲话

03　什么是有价值的创新

当前，我们的创新是有局限性的，就是提高华为的核心竞争力。有些人

很不理解：我做出的东西明明是最新的爆出冷门的东西，他做出来的是大众化的东西，却要给他一个创新奖。我认为你做出的东西没有商业价值，就由人类来给你发奖吧。

——1999年2月8日 任正非在"创业与创新"反思总结交流会上的讲话

04 创新是对人类社会和现实生活有意义的发明

任何一个发明不是以你转了多少个弯，搞了多少标新立异，出了多少自我设想的东西为标准，而是看它是否对人类社会和现实生活有意义。大家变着花样编软件，把软件精简了再精简，优化了再优化，就是贡献。我记得华罗庚说的一句话："神奇化易是坦途，易化神奇不足提"，这对今天创新的概念的认识同样具有指导意义。

——1999年2月8日 任正非在"创业与创新"反思总结交流会上的讲话

05 充分利用已有资源才算创新

华为公司拥有的资源至少要利用70%才算创新。每一个新项目都是拼积木，只有最后那一点点才是不一样的，大多数基础都是一样的。由于一些人不共享资源地创新，导致我们很多产品进行了大量的重复劳动，根本就不能按期投产，而且投产以后不稳定。一个大公司，最体现降低成本的措施就是资源共享。人家已经开发的一个东西我照搬过来装进去就行了，因为没有技术保密问题，也没有专利问题，装进去就行了，然后再适当做一些优化，这样才是真正的创新。

——1998年任正非在第二期品管圈活动汇报暨颁奖大会上的讲话

06 十年回顾，不创新才是最大的风险

回顾华为十年的发展历程，我们体会到，没有创新，要在高科技行业中生存下去几乎是不可能的。在这个领域，没有喘气的机会，哪怕只落后一点

点，就意味着逐渐死亡。华为是在艰难的学习中成长起来的。

——2000 年，任正非《创新是华为发展的不竭动力》

07 不要随便创新，要保持稳定的流程

要保证 IT 能实施，一定要有一个稳定的组织结构，稳定的流程。盲目创新只会破坏这种效率。我们不要把创新炒得太热。我们希望不要随便创新，要保持稳定的流程。要处理好管理创新与稳定流程的关系。尽管我们要管理创新、制度创新，但对一个正常的公司来说，频繁地变革，内外秩序就很难保障和延续。

——2001 年，任正非在科以上干部大会上讲解《2001 年十大管理工作要点》

08 冬天也是可爱的，并不是可恨的

冬天也是可爱的，并不是可恨的。我们如果不经过一个冬天，我们的队伍一直飘飘然是非常危险的，华为千万不能骄傲。所以，冬天并不可怕，我们是能够度得过去的。今年我们的利润可能会下降一点，但不会亏损。与同行业的公司相比，我们的盈利能力是比较强的。我们还要整顿好，迎接未来的发展。

——2003 年，任正非在华为研委会会议、市场三季度例会上的讲话

09 这个世界最重要的是市场，而不是制造

我们在愿景部分最主要讲的是丰富人们的沟通与生活，其实这里面也是讲未来网络对这个世界的作用。网络的存在使得经济全球化不可避免，不仅对于我们华为是不可避免的，实际上是世界所有国家都不可避免的。因此，这个时候希望封闭起来不走全球化的道路，实际上是错的。这个时候必须勇敢地面对全球化，发挥自己国家的优势，为自己争取更多的机会。经济全球化的核心是什么？过去的核心是战争，上世纪 70 年代、80 年代是工业制造，这个时代是什么呢？

由于网络的发明，市场和制造分离。这个世界最重要的是市场，而不是制造，这就是 IPR 之争。中国台湾的工厂主要靠代工，靠大规模生产、大规模采购，降低了采购成本，降低了制造成本，他们获得的毛利只有 3% ~ 5%；由于高科技 IPR，产品的毛利有可能达到 40% ~ 50%，甚至 60%。因此，市场将来的竞争就是未来的企业之争，就是 IPR 之争。将来没有核心 IPR 的国家，永远不会成为工业强国。我们国家提出要自主创新，要用法律保护核心自主知识产权，这个口号是对的。但是太急功近利，也会丧失竞争空间。

——2004 年 4 月 28 日　任正非在"广东学习论坛"第十六期报告会上的讲话《华为公司的核心价值观》

10　不合时宜地走向科研

公司成立之初，刚刚开始实行市场经济体制，倒买倒卖盛行，我们不合时宜地走向科研，自己做产品，自己做货源，这就是我创业的初衷。确实是逆流而上，逆水行舟的困难有多少，只有自己心中清楚。

——2008 年 6 月 13 日　任正非在网络产品线奋斗大会上的讲话纪要《让青春的生命放射光芒》

11　只需领先竞争对手半步

华为的观点是，在产品技术创新上，要保持技术领先，但只能领先竞争对手半步，领先三步就会成为"先烈"。明确将技术导向战略转为客户需求导向战略。通过对客户需求的分析提出解决方案，以这些解决方案引导开发出低成本、高增值的产品。盲目地在技术上引导创新世界新潮流，是要成为"先烈"的。

——2004 年 4 月 28 日　任正非在"广东学习论坛"第十六期报告会上的讲话《华为公司的核心价值观》

12　没能力盲目地追赶技术驱动的潮流拯救了我们

华为在 IT 泡沫破灭后侥幸活下来，其实是我们当时的落后救了我们，落后让我们没能力盲目地追赶技术驱动的潮流。而现在西方公司已经调整过来，不再盲目地追求技术创新，转变为基于客户需求导向的创新，我们再落后就死无葬身之地。信息产业正逐步转变为低毛利率、规模化的传统产业。电信设备厂商已进行的和将进行的兼并、整合，正是为了应对这种挑战。华为相对还很弱小，面临更艰难的困境。要生存和发展，没有灵丹妙药，只能用别人看来很"傻"的办法，那就是艰苦奋斗。华为不战则亡，没有退路，只有奋斗才能改变自己的命运。

——2005年 任正非《天道酬勤》

13 不要过分狭隘地自主创新

要努力去吸收已经成功的人类文明，不要过分狭隘地自主创新，那样会减缓我们的速度。因此，我们的研发应该强调集成开发，多吸收别人的先进成果。随着光纤替代铜作为大容量低成本的传输出现，发展到今天，光纤到户，光纤到楼，光纤到路边的速度越来越快。因此，接入网与终端将发生革命性的变化，全球固定接入网络将会重新洗牌。我们要把握这一机会，加大与国际大公司的分工合作，赢得这场胜利。接入网的小型化、多样化，使用十分灵活的高质量产品，将会在网络进化中逐步取代以前作为接点式的接入设备，而这些产品同时要求高质量。因为是装在家里、楼道里的，总不能像在接点机房一样，为维修天天出入别人家。接入网与终端会趋同，越来越丰富多彩。时代给我们提出了更高的要求，也给了我们更多的机会。

——2008年6月13日 任正非在网络产品线奋斗大会上的讲话纪要

14 创新是站在别人的肩膀上前进的

一个不开放的文化，就不会努力地吸取别人的优点，逐渐会被边缘化，是没有出路的。一个不开放的组织，迟早也会成为一潭死水。我们无论在产品开发上，还是在销售服务、供应管理、财务管理上，都要开放地吸收别人的好东西，不要故步自封，不要过多地强调自我。创新是站在别人的肩膀上前进的，同时像海绵一样不断地吸取别人的优秀成果，并非封闭起来的"自主创新"。古罗马、古巴比伦文化已经荡然无存了，中华文化之所以延续到今天，与其兼收并蓄的包容性是有关的。今天的中华文化也被人们不断地诠释。中华文化是开放的文化，我们不能封闭它。向所有人学习，应该是华为文化的一个特色，华为开放就能永存，不开放就会昙花一现。

——2008 年 7 月 15 日　任正非在市场部年中大会上的讲话纪要

15　不基于一个优秀的平台，就跟不上客户需求的速度、质量

不基于一个优秀的平台，就跟不上客户需求的速度、质量。进行平台研发的人，就像一百多年前建教堂的人们一样，默默无闻地无私奉献，人们很难记起哪一条砖缝是何人所修。我司的基础平台要历经几代人的智慧不断累积、优化，谁说百年后我们不是第一。这些平台累积不是一个新公司短时间能完成的，而且我们已把过去的平台成本摊完了，新公司即使有能力，也要投入相等的钱才能做出来。我们拥有这样巨大的优质资源，这是任何新公司不具备的，这就是一个大公司制胜的法宝，否则大公司创新不如小公司，干劲不如小公司，为什么胜的还是大公司？相信百年之后，我们的基础平台还会更有竞争力，能为客户提供更加丰富多彩的服务。

——2008 年 9 月 22 日　任正非在中央平台研发部表彰大会上的讲话纪要

16　平台必须坚持开放与创新

华为公司要继续坚持平台战略，持久地大规模投入，要研究适应客户的各种需求，把握住客户的可靠性、节能环保、可服务性等各种关键要素，构筑华为公司在新时期的竞争优势。当然，这个平台不仅仅是研发，包括财务、供应链、交付等。这些建设平台的人长期默默无闻地奉献，成就了华为的伟大。

为更好地满足客户需求，建设百年教堂，平台必须坚持开放与创新。一个不开放的文化，就不会努力地吸取别人的优点，是没有出路的。一个不开放的组织，会成为一潭死水，也是没有出路的。我们在产品开发上，要开放地吸收别人的好东西，要充分重用公司内部和外部的先进成果。

——2008 年 9 月 22 日　任正非在中央平台研发部表彰大会上的讲话纪要

17 转化为客户的商业成功才能产生价值

在产品和解决方案领域要围绕客户需求持续创新。任何先进的技术、产品和解决方案，只有转化为客户的商业成功才能产生价值。在产品投资决策上，我们坚持客户需求导向优先于技术导向。要在深刻理解客户需求的前提下，对产品和解决方案进行持续创新，我们的产品和解决方案才会有持续竞争力。

——2008年9月22日　任正非在中央平台研发部表彰大会上的讲话纪要

18 更多地向别人学习，才会有更新的目标

在华为的核心价值观中，很重要的一条是开放与进取，这条内容在EMT讨论中，有较长时间的争议。华为是一个有较强创新能力的公司，开放难道有这么重要吗？由于成功，我们现在越来越自信、自豪和自满，其实也越来越自闭。我们强调开放，更多的是向别人学习，才会有更新的目标，才会有真正的自我审视，才会有时代的紧迫感。

——2009年1月15日　任正非在2009年全球市场工作会议上的讲话

19 有了正确的思想，才有正确的方向

我们现在要仰望星空，要有正确的假设，要用一杯咖啡吸收宇宙能量。未来要碰到石墨烯的革命，要碰到量子革命，要碰到全光架构的系统，未来洞庭湖装不下太平洋。这样假设的情况下，怎么产生正确的思想？有了正确的思想，才有正确的方向；有了正确的方向，才有正确的理论；有了正确的理论，才有正确的战略。

——2014年6月19日　任正非在IT存储产品线业务汇报会上的讲话

20 不能完全依赖智能化

什么叫互联网时代？互联网的特性是对标准化、数字化的内容传输的便利性和规模化，它是促进实业在挖掘、消化信息后的改进，并不仅仅指网络。

目前，配置打通只覆盖了 90% 左右标准化的业务场景，这部分场景全部快捷通过；剩下 10% 无法打通的特殊场景（如按线报价、按容量报价等）可以走人工路径，请高级专家来做。不需要追求所有地方都实现纯粹的电子化、快捷化，若为了这百分之几的打通付出超额的代价，那就是负能量，没必要。比如：牛走在马路上，谁也不知道它会在哪里拉屎，为了解决这个问题，非要搞个自动化流程跟着这头牛，这个流程会非常复杂。为什么要人？人是智能化的，机器智能化也是人授予的。

——2014 年 3 月 14 日　任正非在 LTC S2/S3 项目演示汇报会上的讲话

21　利用内外资源，不是关门自己搞

若你们赚不到钱就不敢发工资，不敢发工资就招不到人，招不到人业务不能发展，然后又挣不到钱，又发不了钱，最后你们就衰落了。所以你们要利用好公司内外部一切可利用的资源，而不是关起门来自己搞。要加大前瞻性、战略性投入，把握先机，构筑面向未来的技术及人才优势，能够持续地活下去并且还能活得很好。

——2014 年 6 月 19 日　任正非在 IT 存储产品线业务汇报会上的讲话

22　要攻进无人区

以前我们定位研究体系的经费是研发经费的 20%，现在应该按照比例扩大到 30%，或者多少是合理的，我们来逐步扩大。当然，整个研发经费的提取比例也要扩大。多路径、多梯次，跨越"上甘岭"，攻进无人区。

——2016 年 2 月 27 日　任正非在巴展和乌克兰的谈话要点《多路径　多梯次　跨越"上甘岭"　攻进无人区》

23　创新突破而非增加外延

专家说投资有两种方式：一种是外延方式，比如建一个钢铁厂，再建一个钢铁厂，又建一个钢铁厂，规模就做大了；第二种叫普罗米修斯投资，普罗米修斯把火偷来了，有了火才有人类文明，这就是创新突破。我们国家提

出要沿着创新之路发展经济是正确的。外延式增长，投资越大产品越过剩，价格越来越低，投资效果越差。

——2016年3月5日　任正非接受新华社专访《二十八年只对准一个城墙口冲锋》

24　创新使中国走向繁荣

创新就是释放生产力，创造具体的财富，从而使中国走向繁荣。虚拟经济是工具，工具是锄头，不能说我用了五六十把锄头就怎么样了。用锄头一定要种出玉米，玉米就是实体企业。我们还是得发展实体企业，以解决人们真正的物质和文化需要为中心，才能使社会稳定下来。

——2016年3月5日　任正非接受新华社专访《二十八年只对准一个城墙口冲锋》

25　墨守成规是最容易的选择

公司要有理想就要具有在局部范围内抛弃利益计算的精神。重大创新是很难规划出来的。墨守成规是最容易的选择，但也会失去好机会。

——2016年5月30日　任正非在全国科技创新大会上发言的内部撰写稿

26　多与能人喝喝咖啡

华为正在本行业逐步攻入无人区。进入无人区，就会陷入无人领航，无既定规则，无人跟随的困境。华为跟着人跑的"机会主义"高速度会逐步慢下来，创立引导理论的责任已经到来。华为也不能光剪羊毛，谢谢西方公司前三十年对华为的领航。

华为过去是一个封闭的人才金字塔结构，我们已炸开金字塔尖，开放地吸取"宇宙"能量，要加强与全世界科学家的对话与合作，支持同方向的科学家的研究，积极参加各种国际产业与标准组织，各种学术讨论，多与能人喝喝咖啡，从思想的火花中感知发展方向。巨大的势能的积累、释放，才有厚积薄发。随着突破越来越复杂，跨界合作越来越重要，组织边界要模糊化，专业边界也要模糊化,培育突破的土壤。

——2016年5月30日　任正非在全国科技创新大会上发言的内部撰写稿

27　研发经费的提取比例一定是行业领先的

"范弗里特弹药量"、多路径、多梯次重在研究和创新上,前面喇叭口要做大。我们的研发经费的提取比例一定是行业领先的。管理改进的投入也应是行业领先的。以前我们定位研究体系的经费是研发经费的20%,现在应该按照比例扩大到30%,或者多少是合理的,我们来逐步扩大。当然,整个研发经费的提取比例也要扩大。面向未来发展,"范弗里特弹药量"不是用在开发上,开发不应拿着钱去做小产品,要严格管制。

——2016年2月27日　任正非在巴展和乌克兰的谈话要点《多路径　多梯次　跨越"上甘岭"　攻进无人区》

28　研究和创新可以多花点钱

开发是交付问题,是确定性工作,不能乱花钱,要有计划、预算、核算和交付管理。研究和创新可以多花点钱,"范弗里特弹药量"要用在未来方向上,而且未来方向一定要有边界,不是边界内的人不要,科学家很有本事并且愿意到边界里来,我也需要;不进来只合作,我也需要。这样,我们就把全世界的科学家都纳入进来了。不进入我们体系,如胡厚崑讲的,淡化员工的工卡文化,只要科学家、"歪瓜裂枣"在同方向的,我们都给予支持,共创未来,分享收获。心胸大一些,我们在研究和创新上就可以通过多路径和向上的喇叭口,大量容纳志同道合者;通过向下的喇叭口,向未来的梯队传送我们的价值观,让他们前赴后继到我们这里来。

——2016年2月27日　任正非在巴展和乌克兰的谈话要点《多路径　多梯次　跨越"上甘岭"　攻进无人区》

29　没有理论基础的创新不能做成大产业

高科技领域最大的问题是大家要沉得下心,没有理论基础的创新是不可能做成大产业的。"板凳要坐十年冷",理论基础的板凳可能要坐更长时间。我们搞科研,人比设备重要。用简易的设备能做出复杂的科研成果来,而简易的人即使使用先进的设备也做不出什么来。

——2016年3月5日　任正非接受新华社专访

30　理论创新比基础研究还要超前

理论创新比基础研究还要超前,因为他写的方程也许连神仙都看不懂,就像爱因斯坦一百年前写的引力场方程,当时谁也看不懂,经过许多科学家一百年的研究才终于证明理论是对的。很多前沿理论被突破之前,人类都是不能理解的。

——2016年3月5日　任正非接受新华社专访

31　电子工业革命巨浪滔天,我们无法想象

从科技的角度来看,未来二三十年,人类社会会演变成一个智能社会,其深度和广度我们还想象不到。就如 IBM 主席沃森当年所说:"我觉得全世界可能只需要五台计算机吧。"比尔·盖茨1981年预测:"内存640K足够了。"我们也不能构想未来信息社会的结构、规模、形式。随着生物技术的突破,人工智能的使用,为满足信息流量爆炸的传送与处理,促使石墨烯替代硅,由此引发电子工业革命,其浪潮汹涌澎湃,巨浪滔天,我们无法想象。我们一片迷茫。

——2016年5月28日　任正非《为祖国百年科技振兴而努力奋斗》

32　越是前途不确定,越需要创造

越是前途不确定,越需要创造,这也给千百万家企业公司提供了千载难逢的机会。我们公司如何去努力前进,困难重重,机会危险也重重,不进则退。如果不能扛起重大的社会责任,坚持创新,迟早会被颠覆。重大创新风险大,周期长,更需要具有造福人类社会的远大理想。

——2016年5月28日　任正非《为祖国百年科技振兴而努力奋斗》

33 没有理论突破不能产生爆发性创新

华为现在的水平尚停留在工程数学、物理算法等工程科学的创新上，尚未真正进入基础理论研究。随着研究逐步逼近香农定理、摩尔定律的极限，大信息流量、低时延的理论还未创造出来，华为已感到前途茫茫，找不到方向。华为已在前进中迷航。重大创新是无人区的生存法则，没有理论突破，没有技术突破，没有大量的技术积累，是不可能产生爆发性创新的。

——2016 年 5 月 28 日　任正非《为祖国百年科技振兴而努力奋斗》

34 从外向内打破是煎蛋，从内打破飞出来的是孔雀

创新本来就有可能成功，也有可能失败。我们要敢于拥抱"颠覆"，鸡蛋从外向内打破是煎蛋，从内打破飞出来的是孔雀。现在的时代，科技进步太快，不确定性越来越大，我们也会在产品开发的确定性工作中，加大对不确定性研究的投入，追赶时代的脚步。

——2016 年 5 月 28 日　任正非《为祖国百年科技振兴而努力奋斗》

35 努力在基础科学上领先，与以客户为中心并不矛盾

美国不仅集中了大量优秀人才，而且创新机制、创新动力汹涌澎湃。我们要敢于聚焦目标，饱和攻击，英勇冲锋，不惜使用"范弗里特弹药量"，对准同一城墙口，数十年持之以恒地攻击。敢于在狭义的技术领域，为人类作出"天气预报"。努力在基础科学上领先，与以客户为中心并不矛盾。客户需求是广义的，不是狭义的。

——2016 年 5 月 28 日　任正非《为祖国百年科技振兴而努力奋斗》

36 我们能追上西方公司，是在关键转型的时候他们停顿了

通过技术创新提高客户频谱资源的利用率，这非常好，但要更关注时延体验。为什么我很担心时延问题？时延问题是未来最大的挑战，是移动产业

进行转型的关键所在。一旦延时卡住华为前进的步伐，就会让后面的追兵追上来。

为什么我们能追上西方公司，就是在关键转型的时候他们停顿了。那我们公司的停顿点可能就在延时，如果突破不了延时，未来我们跑不动、跑不快了，后面就慢慢追上来了。只要他们突破，就会撕开一个小口，并且逐渐撕大。各领风骚数百年，没有一个公司能永生，我们要努力跑得更快。

——2016年10月31日　任正非在上研所听取无线网络产品线业务汇报纪要

37　给客户提供优质的服务是我们的最后一道防线

我们有全球的服务平台，这个平台的智能化和给客户提供优质的服务是我们的最后一道防线。这么多年的积累，别人想要颠覆我们没有那么容易。无线可以大胆往前冲，通过机器学习和人工智能，不断地学习改进，这样解决方案才更加贴合客户需要，才能给最终用户提供更有价值的特性和更好的体验，无线网络才能应对未来巨大的复杂性。

——2016年10月31日　任正非在上研所听取无线网络产品线业务汇报纪要

38　不能故步自封

我们是从一个落后的公司赶上来的，如果我们故步自封，如果对战略的投入不够，很快就会被历史边缘化。

——2017年10月4日—6日　任正非在加拿大四所高校校长座谈会以及公司员工座谈会上的讲话（在蒙特利尔、渥太华、多伦多与员工座谈）《一杯咖啡吸收宇宙能量，一桶浆糊粘接世界智慧》

39　革自己的命

最优质量，最易使用、安装生产和维护，也会带来最低的成本架构。挑战极大，你们的"刺刀"对准的是自己的胸口，大胆试验，勇于创新，革自己的命，就是革整个网络的命。比如，日本电视机的设计就是容差设计，他们并不是每个元器件都是最优的，但整体却是最优的。我们5G基站为什么不能达到电视机的水平？容差设计就是合理成本架构。

——2018年10月17日　任正非在上研所5G业务汇报会上的讲话

40　计算机能力的极大提升，让信息技术遍布世界

由于计算机能力的极大提升，信息技术已经遍布世界。加上生物技术、物理、化学、神经学、数学等各种技术的突破、跨学科和跨领域的突破、学科交叉创新的突破，给人类社会积累了足够的能量。这个能量积累到一定程度，到达临界点时，都会发生智能爆炸。这个"技术大爆炸"给人们带来一种恐慌，爆炸是好还是坏？我认为是好的。在新技术面前，人类总会利用它来造福社会，而不是利用它来破坏社会，因为绝大多数人是向往幸福生活的，不是向往受磨难的。

——2020年1月21日　任正非在2020世界经济论坛上的发言纪要

41　管理机制的落后，会抑制创新

公司的人才管理机制要有利于专家和人才的成长和才能的发挥。管理机制的落后会抑制创新，抑制我们前进。研发工作跟生产系统工作是不同的，我们的人力资源管理机制要做调整，要改变我们对知识分子的评价制度和长远看法，要尊重专家，否则就无法正确地发挥出科学家、专家等人才的价值。专委会以能力提升为中心，要对专业能力规划、专家能力评价承担责任并赋予权力。要赋予专家专业决策权，类似总会计师对能否入账作出最终决策那样，从部门领导那里分权。

——2020年7月15日、20日、21日　任正非在研发专家代表及专委会代表座谈会上的讲话

42　要认可失败的研究与创新项目

如果按照我们现在的考核机制，梵高是会饿死的。对失败的项目也要给

予客观评定。在不确定项目中，坚决支持给予专家空间，要认可失败的研究与创新项目。特别是研究项目，大部分可能会失败（如果大部分是成功的，那说明太过保守了），但至少培养了人才。不能因为研究项目失败，就全盘否定，也不能因为研究项目成功，就全盘肯定。

——2020年7月15日、20日、21日 任正非在研发专家代表及专委会代表座谈会上的讲话

43 应对不确定性可以从孩子们的教育抓起

对未来的不确定性，要认识到它的艰难。应对这种不确定性，除了给科研更多的自由、给失败更多的宽容外，可以从孩子们的教育抓起。中国的未来与振兴要靠孩子，靠孩子唯有靠教育。多办一些学校，实行差别教育，启发他们的创新精神，就会一年比一年有信心，一年一年地逼近未来世界的大门。二三十年后，他们正好为崛起而冲锋陷阵，他们不是拿着机枪，而是拿着博士的笔。

——2020年7月29—31日 任正非与复旦大学、上海交大、东南大学、南京大学学生座谈时的讲话《如果有人拧熄了灯塔，我们怎么航行》

44 没有原创就会陷入中等收入陷阱

我们需要创新，找到一个一个的机会点。如果我们把英国工业革命的指数定为100的话，美国今天是150，我国是70，中国缺的30%是原创，原创需要更严格的知识产权保护。没有原创就会陷入中等收入陷阱，房屋、汽车等产业都会饱和，饱和以后如何发展？不发展，一切社会问题都会产生。

——2020年7月29—31日 任正非与复旦大学、上海交大、东南大学、南京大学学生座谈时的讲话《如果有人拧熄了灯塔，我们怎么航行》

45 我们的基础研究是围绕商业目的的

我们的基础研究是围绕商业目的的，比较贴近近期的实用化。我们给你们带来客户需求，以及行业所面临的世界级难题，知道这个方程的价值与应用，相互都是有益的。合作使我们早一些知晓世界的发展动向，缩短了商品

化的时间，我们能走在世界前列，就会获得更好的机会。

——2020年7月29—31日　任正非与复旦大学、上海交大、东南大学、南京大学学生座谈时的讲话《如果有人拧熄了灯塔，我们怎么航行》

46　盯着一点持之以恒地发展，你可能就会成为最好的你

我们已经开放流动机制，但是也批评了胡乱流动，今天想想这个岗位合适，明天想想那个岗位合适，那就让岁月蹉跎了。你应该想到，自己最适合到哪一点，就盯着这一点持之以恒地发展，你可能就会成为最好的你。有些人虽然不够聪明，但是他矢志不渝地做一件事，就会获得很大成功。

——2020年8月31日　任正非在战略预备队学员和新员工座谈会上的讲话

47　不要辜负历史使命

你们今天桃李芬芳，明天就是社会栋梁，这句话应该代表所有人的心愿，一定不要辜负这个时代赋予你们的历史使命。

——2020年8月31日　任正非在战略预备队学员和新员工座谈会上的讲话

48　面试是发现被面试人的优点

要创新人才招聘考核模式。在合作中已经有突出贡献的，不必再经过面试环节。面试是发现被面试人的优点，沿着他的优点去深入了解他。让被面试人能用二十分钟说自己，就是把自己的优势像讲论文一样阐述一遍，然后针对他的优点提问，切忌跑偏来考察他、吓唬他。

——2020年10月27日　任正非在研发应届生招聘座谈会上的讲话

49　无论是求生存，还是谋发展，人才最关键

无论是求生存，还是谋发展，人才最关键。2021—2022年是我们重要的

战略攻关年，战略重心要压到前端，不仅要保持正常的研发预算，还要额外增加数十亿美元的攻关经费投入。从战略格局来看，我们要有一股"新流"进来，让我们的血管流进青春的血液。明年的应届生招聘人数至少要扩大到 8000 人，但进来的一定是优秀的人。

——2020 年 10 月 27 日　任正非在研发应届生招聘座谈会上的讲话

50　每年做好两三个行业

我们耕耘企业业务多年，有一个庞大的企业销售服务队伍，有一定的基础，联合客户、行业领先的应用开发商和系统集成商等生态伙伴，开展联合创新，积累和沉淀行业的关键知识资产，这样好的经验不要丢掉。每年做好两三个行业，几年后能达到几个、十几个行业，就不得了！微软就是通过与客户的联合创新，持续构筑了竞争优势。我们要与关键客户建立联合创新实验室，把一些有前途、有大需求的颗粒抽出来，组成全要素、全业务、全编程，拥有独立作战能力与权力的"军团"。

——2020 年 11 月 4 日　任正非在企业业务及云业务汇报会上的讲话

51　聚焦在一两个行业，搞清它的经验模型与算法

我们聚焦在一两个行业，搞清它的经验模型与算法，切实在行业打造领先的能力，让客户接受我们。例如，Oracle 以一个数据库就占领了全球大部分市场。有所为、有所不为，聚焦客户的成功，不要内战内行、外战外行。

——2020 年 11 月 4 日　任正非在企业业务及云业务汇报会上的讲话

52　做世界最理解它们、服务它们的最好的组织

为支撑云与计算产业的商业成功，要加强专业能力构建，要清晰知道几个行业，深入进去，做世界最理解它们、服务它们的最好的组织。它们就会优先选择我们的华为云，这是我们的任务。

——2020 年 11 月 4 日　任正非在企业业务及云业务汇报会上的讲话

53 收缩战线，有所为、有所不为

企业业务要收缩战线，一定要有所为、有所不为，不能面面俱到。原来确定的四个行业，不要再扩大作战面，把战略打散就没有战斗力了。我们是力量有限的公司，确定要做的项目就一定要做好、做精。我们要抓住一点，标准化地梯次推进，逐渐走向做厚、做多、做强。你们要抓住自己能做的领域，将兵力扑上去，扎扎实实做好，才能找到比别人更好的方案。

——2020 年 11 月 4 日　任正非在企业业务及云业务汇报会上的讲话

54 要慎重地分权

你们要保持已经形成的优良传统，干部、专家要全球化、专业化、多元化。除了职员本地化外，要慎重地分权，以免你们不能全球一盘棋，使诸侯林立，拥兵自重，令不能行。合理的淘汰机制是整个队伍正向激励的补充，既要尊重人，又要科学考核，还要坚持责任结果导向。脱离大队伍后独立运营，会有艰难的地方，要慎重又坚决，又不能迁就。坚持奋斗的目标与方向，坚持有所为、有所不为；坚持创新不动摇，决不允许队伍熵增。

——2020 年 11 月 25 日　任正非在荣耀送别会上的讲话

55 科学只能被发现，技术是创新

技术领域分为科学、技术和工程。科学只能被发现，因为它是客观规律，不是可以创造的；技术是创新，汽车就是一个技术，但是可以有多种汽车；工程是追求精益求精的领域。这三者不要混淆，三种不同的路线，三种不同的考核方法。

——2021 年 5 月 8 日　任正非在 2020 年金牌员工代表座谈会上的讲话

56 工程领域要精益求精，这不叫内卷

工程领域要精益求精，这不叫内卷，内卷是发生在不应该进行精益求精的地方。科学是犯大量错误以后才能有所发现的，技术创新也会有大量失败，

但是工程呢？比如，一座大桥的建设不是可以随便创新的，那样大桥可能会垮塌，大桥的工程方案是经过了千百次论证的。所以，你们做光相关的器件也要走这个路线，扎扎实实，精益求精。

——2021年5月8日　任正非在2020年金牌员工代表座谈会上的讲话

57　优秀青年不仅要有使命感，也要获得合理报酬

我们的优秀青年不仅要有使命感，也要获得合理报酬。我们经常强调"雷锋精神"，但我们不是按雷锋精神来进行价值分配的，而是要按劳取酬。当然，现在我们的评价并不是完全公正的，但我们会逐步走向公正，希望更多人在各类岗位上作出自己的贡献。

——2021年5月8日　任正非在2020年金牌员工代表座谈会上的讲话

58　任何一个新技术的成熟都需要一个漫长的过程

任何一个新技术的成熟都需要一个漫长的过程，5G也不是万能的，发展也需要一个过程。从信息产业来看，每一个新技术的出现大概需要10年才能发育成熟，这已经比工业革命时期的速度快很多了。比如，从火车的发明到火车的规模化使用，就经历了几十年的时间。工业革命60年一个台阶，信息革命基本是10年一个台阶，我们现在在刚刚进入这个市场，它的应用价值还有待未来体现，短时间内还不能体现出它的价值。

——2021年5月8日　任正非在2020年金牌员工代表座谈会上的讲话

59　既创造科学知识，又创造商业价值

由好奇心驱动的基础研究和商业价值驱动的应用研究也可能结合起来，既创造科学知识，又创造商业价值。这是上世纪90年代普林斯顿大学的斯托克斯教授倡导的"巴斯德象限"创新，也是去年新《无尽前沿法》提议将美国科学基金会改组成为科学与技术基金会的原因。

——2021年8月2日　任正非在台湾"中央研究院"创新先锋座谈会上与部分科学家、专家、实习生座谈纪要

60　失败也培养出了一大批人才

颠覆性的创新，即使最终证明是完全失败的，对我们公司也是有价值的，因为在失败的过程中也培养出了一大批人才。正是因为我们研发中的不成功，才造就了很多"英雄豪杰"，在座的各级干部不都是浪费出来的吗，对吧？

因此，我们在颠覆性创新中不完全追求以成功为导向，成功与不成功只是客观结果，颠覆创新中的失败也会造就很多人才。他们要把自己的经验和思想全部分享出来，一是能够启发别人，二是换一个岗位，带着这个曾经失败的方法在其他领域中寻求成功。

——2021年8月2日　任正非在台湾"中央研究院"创新先锋座谈会上与部分科学家、专家、实习生座谈纪要

61　既要有集约机制，又要有创新动力

我们既要有集约机制，又要有创新动力。对于市场部门的要求是集约的，以限制他们的边界，需要他们把产粮食放在第一位。初级阶段首要目标是养活自己，伟大理想现阶段要往后面放一点。比如，港口与海关智能化，能否三年完成对全球70%的港口提供智能化服务？煤矿军团能不能在2—3年达到技术成熟，然后向全世界提供矿山智能化服务？但对于2012实验室，公司从未给过你们过多约束。比如，有人研究自行车的自动驾驶，公司没有约束过他。我们要生产自行车吗？没有啊。这是他掌握的一把"手术刀"，或许以后会发挥什么作用，产生什么巨大的商业价值。

——2021年8月2日　任正非在台湾"中央研究院"创新先锋座谈会上与部分科学家、专家、实习生座谈纪要

62　未来软件将吞噬一切

未来软件将吞噬一切，说明未来信息社会的数字化基础架构核心是软件。数字社会首先要终端数字化，更难的是行业终端数字化，只有行业终端数字化了，才可能建立起智能化和软件服务的基础。鸿蒙、欧拉任重道远，你们还需更加努力。鸿蒙已经开始了前进的步伐，我们还心怀忐忑地对它期盼着。

欧拉正在大踏步地前进，欧拉的定位是国家数字基础设施的操作系统和生态底座，承担着支撑构建领先、可靠、安全的数字基础的历史使命，既要面向服务器，又要面向通信和实时操作系统，这是一个很难的命题。

——2021 年 8 月 2 日　任正非在台湾"中央研究院"创新先锋座谈会上与部分科学家、专家、实习生座谈纪要

63　四面八方都喊响创新，就是我们的葬歌

我们只允许员工在主航道上发挥主观能动性与创造性，不能盲目创新，分散公司的投资与力量。非主航道的业务还是要认真向成功的公司学习，坚持稳定可靠运行，保持合理有效、尽可能简单的管理体系。要防止盲目创新，四面八方都喊响创新，就是我们的葬歌。

——2013 年　任正非《用乌龟精神，追上龙飞船》

64　教育不一定要有准确答案

我认为，科学与技术是两个不同的概念，科学是发现，技术是发明。范内瓦·布什有本书《科学：无尽的前沿》写得挺好，科学就是无尽的前沿，未知的才叫科学。从这个角度看，教育和科学是一样的，教育不一定要有准确答案，准确答案不一定是学校的需求。

——任正非在"难题揭榜"火花奖公司内外的获奖者及出题专家座谈会上的讲话《"擦亮火花、共创未来"》

65　要深入钻研软件技术，尤其是安全技术

我们要重构腐化的架构及不符合软件工程规范和质量要求的历史代码。我们知道，再好的架构，其生命力也是有限的。随着时间的推移、环境的变化以及新技术、新功能特性的引入，架构也会腐化。面对腐化了的架构，要毫不犹豫地去重构它。同时，主动以可信设计原则为导向，重构不符合软件工程规范和质量要求的历史代码，提升软件架构的生命力。我们要深入钻研软件技术，尤其是安全技术。软件技术是我们打造产品的基本工具，技术是

否先进，技术选择是否合理，将决定我们软件的高度；我们要深入学习架构与设计、编码、测试、安全、可用性、性能、维护性、体验等技术，并科学运用这些技术。

——2019年 任正非致全体员工的一封信《全面提升软件工程能力与实践，打造可信的高质量产品》

66 短、平、快的经济发展模式是不可持续的

我国的经济总量这么大，这么大的一棵树，根不强是不行的。不扎到根，树是不稳的，万一刮台风呢？我们拧开水龙头就出水的短、平、快的经济发展模式是不可持续的。

我国的基础工业还是不强的，小小一滴胶就制约一个国家的故事，我们已经看到了，这是分子工程，是高科技中的高科技。这几千种胶、研磨剂、特种气体都是高科技中的高科技，我国现在还基本达不到。很多种技术一年的需求量只有几千万美元、几百万美元甚至更少，试看泡沫经济下有几个公司肯干这种事，缺一种就会卡了一个国家的脖子。

——2020年9月14日—18日，任正非在北京大学、清华大学、中国科学院等学校与部分科学家、学生代表座谈时的发言《向上捅破天，向下扎到根》

67 要真正落实创新驱动发展理念

二三十年后，我们的创新能力就大幅度增强，与美国的差距会适当缩小。没有创新是支撑不了我们这么大的经济总量持续发展的。

在科学、技术、工程领域，不同人才选择不同的方向，从而充分发挥每个人的才智。多学科交叉突破会更有可能，横向融合创新才能形成颠覆性的效果；科学、技术、工程垂直打通才会形成能力，真正落实创新驱动发展的理念。

因此，合作交流越来越重要。当然，大学还是应偏重科学理论，偏重发现；企业应偏重技术、工程，偏重发明。这样结合起来，力量才更大。

——2020年9月14日—18日，任正非在北京大学、清华大学、中国科学院等学校与部分科学家、学生代表座谈时的发言《向上捅破天，向下扎到根》

第九章

投资"明天"

HUAWEI

01 希望大家"胡说八道",只要不涉及社会科学问题

我们办"黄大年茶思屋"的宗旨,就是希望大家就科学和技术问题"胡说八道",只要不涉及社会科学问题。每个科学家、专家来华为,就讲你们最擅长的那一点,哪怕华为公司所有人听不懂也不要紧,因为它能留在人的心中,敲开人的脑瓜,他就不封闭了。如果你们说要接近我们公司的研究,我们感谢,但不是我们最需要的。我们是干具体活的,目光比较短浅,最需要的是我们看不见的那一小部分,我们要看"山外的青山,楼外的楼"。你们看得远,你们讲的东西正好是我们不明白的,只要告诉我们就行。

——2022年5月29日 任正非与系统工程领域科学家、专家会谈时的纪要

02 重要理论提出后常常不被重视

开始人们并不能很快地完全理解这些真知灼见,从事这种发明的人常常不为人们重视,有时反被人们认为他们疯疯癫癫,以致发明者常常穷困潦倒。20世纪50年代,我们中国科学院的吴仲华发明了叶轮三元流动理论,西方国家利用这个理论发明了喷气涡轮风扇发动机。小平同志70年代到英国引进罗尔斯、罗亦斯发动机的时候,英国向我国转让了此项技术。小平同志站起来感谢英国对中国的支持,结果英国的科学家全都站起来向中国致敬,因为这项技术的发明者是中国人。小平同志回来找到这个人,才知道这个人在五七干校养猪。这个理论来自中国,但我们并没有重视申请专利。如果申请专利

的话，我们中国在航空发动机领域就有了一席之地。

——2004年4月28日 任正非在"广东学习论坛"第十六期报告会上的讲话《华为公司的核心价值观》

03 活下来了，却看不见方向了，那活下来的意义是什么呢

战略研究院要继续扩大自己研究的"喇叭口"，坚定不移吸收宇宙能量，发现新的基础要素；2012实验室要敞开胸怀，周公吐哺，引进人才，特别是稀缺人才或天才；坚定不移地向前进，不要你们考虑公司的财力。要培养生产领先世界产品的要素能力与技术能力，不能等我们过几年活下来了，却看不见方向了，那活下来的意义是什么呢？那你们是罪人。你们要流动，将一部分人流动到需要的地方去，增强公司总体活力。

——2020年6月19日 任正非《星光不问赶路人》

04 "南泥湾计划"不是一个短期计划

我们既要垂直向上探索新技术、新理论对产品的影响，也要重视产品在场景化中组合应用的竞争力。让喜马拉雅山的雪水流下来浇灌南泥湾、牡丹江，让它流过马六甲海峡，穿过红海、直布罗陀海峡，流向加勒比海。"南泥湾计划"不是一个短期计划，要把一片黑土地都浇肥。

——2020年6月19日 任正非《星光不问赶路人》

05 成功的标志还是在盈利的能力

例如，我们常说的工业互联网（工业、连接、人工智能），它的本质应该是工业（当然还包括农业、医疗、教育）；联网就是连接这个产业，我们最熟悉；然后是人工智能。

人工智能中除了算法、算力，更重要的是 know how。know how 在行业和企业里，都经过了数十年的摸索积累与千万次验证，反复建模，留下了理论与经验结晶，这是我们最不熟悉的。我们在场景化应用中必须重视客户需求，必须依靠行业专家，如煤矿军团要探索出一条5G+人工智能改变社会的

道路来，真正使5G改变社会成为现实。我们不能再简单地认为，以"连接"为主去加什么，就会是什么，这会误导我们努力的方向，增加客户的负担。我们是一个科技集团，更是一个商业集团，成功的标志还是在盈利的能力，没有粮食，心会发慌。

——2020年6月19日　任正非《星光不问赶路人》

06　互相启发，互相鼓励，互相打气

未来的基础研究或许要在几十年、几百年以后，才能看到你作出的贡献。你的论文或许就像梵高的画，一百多年无人问津，但现在价值连城。梵高可是饿死的。你是先知先觉，如果大家现在都能搞得懂你所研究的理论，你还叫科学家吗？如果只有一两个人搞明白了，你们两个惺惺相惜，一起喝杯咖啡聊聊，也能互相启发，互相鼓励，互相打气，我们不要求一个人同时具有两面的贡献。

——2021年8月2日　任正非在台湾"中央研究院"创新先锋座谈会上与部分科学家、专家、实习生交流时的讲话《江山代有才人出》

07　未来的奥秘在哪？我们并不知道

"科学，无尽的前沿"，前沿在哪？未来的奥秘在哪？我们并不知道。所以，我们无法量化地评定科学家们所做出的成绩，甚至我们的"科学家管理团队"和"专家管理团队"也评价不了，也无法指导科学家所做出的理论成就。对于走科学家道路的人，我们曾提倡用清华教授的待遇来衡量学术贡献。结果心声社区上对我骂声一片，说我不重视理论研究。其实，并不是我们不重视理论，只是相对于专家路线，科学家探索的奥秘我们没有办法量化地评价。

——2021年8月2日　任正非在台湾"中央研究院"创新先锋座谈会上与部分科学家、专家、实习生交流时的讲话《江山代有才人出》

08　尊重知识分子创造性的劳动

有些理论和论文发表了，可能一两百年以后才能发挥作用。比如，我

们现在知道基因的巨大社会价值，但 1860 年，孟德尔的思想和实验太超前了，即使那个时代的科学家也跟不上孟德尔的思维。孟德尔的豌豆杂交实验从 1856 年至 1863 年共进行了 8 年，他将研究结果整理成论文《植物杂交试验》发表，他发现了遗传基因，但未能引起当时学术界的重视。经历了百年后，人们才认识到遗传基因的价值。20 世纪五六十年代，中国力主学习的是米丘林、巴甫洛夫的学说，让我们对基因的认识又晚了几十年。现在我们更加尊重知识分子，更加尊重科学。我们要对教师的地位、医生的待遇给予重视，尊重知识分子创造性的劳动，才能有丰富多彩的美好世界。当一个事情普遍出现时，一定要从制度改革入手，尊重与善待被改革群体的积极性。也只有你们理解了公司的战略，公司才会有力量。

——2021 年 8 月 2 日　任正非在台湾"中央研究院"创新先锋座谈会上与部分科学家、专家、实习生交流时的讲话《江山代有才人出》

09　必须理解不被人理解的专家和科学家

1958 年，上海邮电一所就提出了蜂窝信，就是现在无线移动通信技术的基础，也没有申请专利。因为那时连收音机都没有普及，谁会理解这项发明的巨大意义，谁会想到这个东西今天会普及到全世界。所以，我们国家科技要走向繁荣，必须理解不被人理解的专家和科学家。今天，在大学里，专家、教授们做着别人看来没什么效益的事情，如果我们能够给他们 30 万元、50 万元支持一下，一百年以后说不定就是中国最大的福祉。我们主张国家拨款不要向企业倾斜，多给那些基础研究所和大学，我们搞应用科学的人要依靠自己赚钱来养活自己。基础研究是国家的财富，基础研究的成果是国家的，每一个企业都能享受理论的阳光普照。

——2004 年 4 月 28 日　任正非在"广东学习论坛"第十六期报告会上的讲话《华为公司的核心价值观》

10　想办法多找一些地方的人才

希望我们的科学家数量在今年翻一番，想办法多找一些地方的人才，科学家愿意在哪里生活就留在哪儿。我们就是要有一个平台把这些人才聚合起来，不限制人身自由，能不能定期来我们这里度两天假，聊聊天，看看他们的火花能否点燃大平台。

——2016年2月27日 任正非在巴展和乌克兰的谈话要点《多路径 多梯次 跨越"上甘岭" 攻进无人区》

11 未来的企业之争、国家之争就是专利之争

在车轮发明前，人们主要靠步行进行交流，靠声音进行传播，那时候谈不上什么经济。在车轮发明后，人们学会利用车和马进行交流，诞生了方圆五六十公里的小区域经济，产生了小农经济的集市贸易，使封建成为可能。在火车、轮船发明后，产生了工业经济，由于金融的载体作用以及产品的远距离运输，使资本主义成为可能。在航空器发明后，工业经济加速发展，到上世纪70年代末达到了高峰。那时的经济是以核心制造为中心的工业经济，经济的附加值主要在产品的制造上，由于那时是供不应求的经济，谁能生产出来谁就能够卖出去。那时，日本、德国的经济达到了顶峰。后来，由于处理器的发明，计算机开始普及，又由于光传输的发明与使用，形成了网络。由于网络及管理软件的应用，使制造可以剥离，并转移到低成本的国家，而且使制造不再有高的利润，发达国家正在从工业化走向去工业化，从而导致核心制造时代结束。上世纪90年代，日本、德国开始衰落，美国开始强盛。这时主要附加值的利润产生在销售网络的构造中，销售网络的核心就是产品的研发与IPR（专利）。因此，未来的企业之争、国家之争就是IPR之争，没有核心IPR的国家，永远不会成为工业强国。

——2004年4月28日 任正非在"广东学习论坛"第十六期报告会上的讲话《华为公司的核心价值观》

12 协助外来专家、新进博士、天才少年摸清公司架构

要给予外来专家、新进博士、天才少年适当的辅导、合理的评价和耐心的等待，他们是我们的希望。他们一时还摸不清公司的架构，一时半会儿做不出大的贡献，可以让资深的退休专家来做他们的导师，帮助他们熟悉公司的技术框架，加快其成长步伐。

要邀请业界顶尖的架构大师、先进的业界实践者来做讲座，让青年人一开始就了解架构、理解架构，在爬楼的过程中就能知道目标楼层的架构，而不是一步一步地摸索几年后才恍然大悟，到了顶端才看清全局。

——2020年7月15日、20日、21日　任正非在专委会建设思路汇报、研发专家代表及专委会代表座谈会上的讲话

13　华为要搞基础研究

我们公司为什么要搞基础研究？

因为信息技术的发展速度太快了，传统的产学研模式赶不上市场需求的发展速度。因此，我们也进行了一些基础理论的研究，大多数是在应用理论的范畴，只有少量走在世界前面去了。大学老师的研究是为理想而奋斗，目标长远，他们的研究是纯理论的要素研究。土耳其教授Arikan的一篇数学论文十年后变成5G的熊熊大火；上世纪60年代初苏联科学家彼得·乌菲姆采夫发表了一篇关于钻石切面可以散射无线电波的论文，20年后美国造出了隐身的F22；上世纪50年代中国科学院吴仲华教授的三元流动理论对喷气式发动机的等熵切面计算法，奠基了今天的航空发动机产业；现代化学的分子科学进步，人类合成材料可能由计算机进行分子编辑来完成，这也是一个天翻地覆的技术变化……

——2020年7月29—31日　任正非与复旦大学、上海交大、东南大学、南京大学学生座谈时的讲话《如果有人拧熄了灯塔，我们怎么航行》

14　高校的明灯照耀着产业

高校的明灯照耀着产业，大学老师的纯研究看得远、钻得深；我们的研究实用度强，我们之间要合作，你们给我们带来方向，照亮了我们。我们的基础研究是围绕商业目的的，比较贴近近期的实用需求。我们给你们带来客户需求，以及行业所面临的世界级难题，知道这个方程的价值与应用，相互都是有益的。合作使我们早一些知晓世界的发展动向，就缩短了商品化的时间，我们能走在世界前列，就会获得更好的机会。你们的成果可以像灯塔，既照亮我们，也可以照亮别人，是有利于我们，有益于学校，有益于

社会的。

——2020 年 7 月 29—31 日　任正非与复旦大学、上海交大、东南大学、南京大学学生座谈时的讲话《如果有人拧熄了灯塔，我们怎么航行》

15　跟高校以松散方式合作

企业与高校的合作要松耦合，不能强耦合。高校的目的是为理想而奋斗，为好奇而奋斗；企业是现实主义的，有商业"铜臭"味的，强耦合是不会成功的。强耦合互相制约，影响各自的进步。强耦合你拖着我，我拽着你，你走不到那一步，我也走不到另一步。因此，必须解耦，以松散的方式合作。

——2020 年 7 月 29—31 日　任正非与复旦大学、上海交大、东南大学、南京大学学生座谈时的讲话《如果有人拧熄了灯塔，我们怎么航行》

16　对未来的探索本来就没有"失败"这个词

对未来的探索本来就没有"失败"这个词。猴子在树上时，世界就没有路；成为人后才走出曲曲弯弯的小路；无数的探险家使世界阡陌纵横。没有一个人能走完世界，走一段路的探险家就是英雄。从欧洲到亚洲的路上，沉没了 350 万艘船舶，那些沉在海底的人是全球化的英雄。不完美的英雄也是英雄，他们能鼓舞后人不断地献身科学，不断地探索。使"失败"的人才、经验能继续留在我们的队伍里，我们会更成熟。我们要理解"歪瓜裂枣"，允许"黑天鹅"在我们的咖啡杯中飞起来。

——2016 年 5 月 28 日　任正非《为祖国百年科技振兴而努力奋斗》

17　建立开放的科技讨论平台

我们鼓励几十个能力中心的科学家、数万专家与工程师加强交流，思想碰撞，一杯咖啡吸收别人的火花与能量，把战略技术研讨会变成一个"罗马广场"，一个开放的科技讨论平台，让思想的火花燃成熊熊大火。公司要具有理想，就要具有在局部范围内抛弃利益的精神。重大创新是很难规划出来的。

墨守成规是最容易的选择，但也会失去好机会。

——2016年5月28日　任正非《为祖国百年科技振兴而努力奋斗》

18　要去探索前沿基础科学

未来的大信息流量网络可能是什么样的架构？这个架构需要哪些理论支撑？我们已经具备哪些能力，还不具备哪些能力，我们应该怎么去规划？管道变粗、变快以后，关键是数学、物理等基础科学的能力要提高。其理论基础是什么，方向是什么，假设是什么？我们公司理论上还缺哪几块，这些理论在哪里？哪些支撑的理论在哪个公司已经突破了，我们将来要与谁交换获得许可？哪些没有突破，我们要去突破？在没有基础理论和技术突破之前，有没有工程技术来解决？这些我们都要去研究和探索。

——2016年2月27日　任正非在巴展和乌克兰的谈话要点《多路径　多梯次　跨越"上甘岭"　攻进无人区》

19　从事基础研究的人不需要急功近利

在看待历史问题的时候，特别是做基础科学的人，要更多地看到你对未来产生的历史价值和贡献。我们公司要宽容"歪瓜裂枣"的奇思异想，以前说"歪瓜裂枣"，他们把"裂"写成劣等的"劣"。我说你们搞错了，枣是裂的最甜，瓜是歪的最甜，他们虽然不被大家看好，但我们从战略眼光上看好这些人。

从事基础研究的人，有时候不需要急功近利，所以我们从来不让你们去比论文数量这些东西，就是想让你们能够踏踏实实地做学问。但做得也不够好，为什么说不够好呢？就是我们的价值观也不能完全统一，统一的价值观是经过多少代人的磨合才有的，现在我们也不能肯定，但是我们尽力去做。

——2012年7月12日　任正非在华为"2012　诺亚方舟实验室"专家座谈会上的讲话《中国没有创新土壤　不开放就是死亡》

20 我们要技术，更要繁荣

热力学讲不开放就要死亡，因为封闭系统内部的热量一定是从高温流到低温，水一定从高处流到低处，如果这个系统封闭起来，没有任何外在力量，就不可能重新产生温差，也没有风。水流到低处不能回流，那是零降雨量，那么这个世界将全部是超级沙漠，人就会死亡，这就是热力学提到的"熵死"。社会也是一样，需要开放，需要加强能量的交换，吸收外来的优秀要素，推动内部的改革开放，增强势能。

外来能量是什么呢？是外国的技术、经营管理方法、思想意识冲击。但是思想意识的冲击有正面的，也有负面的，中国到底得到了正面的还是负面的冲击？中国这三十年的繁荣，总体来说，我们得到了正能量，虽然也有负能量进来。常有人说我们和西方合作至今没拿到技术。我们是要技术，还是要繁荣？当然，我们是要繁荣，有技术更好，没有技术我们也繁荣了，人们的思想意识在改变，受教育程度也在改变。

——2015 年 9 月 6 日 任正非接受福布斯中文网采访

21 要给教师体面的工资和社会尊重

科技创新要重视教育，重视知识产权保护，特别是农村中小学教育，要给教师体面的工资和社会尊重，孩子是祖国的未来。

——2015 年 9 月 6 日 任正非接受福布斯中文网采访

22 把能力中心建到战略资源聚集地区

我们要在社会上广泛询纳，把能力中心建到战略资源聚集地区。在一定的地区范围和专业范围内，也要有一个汇聚平台。汇聚平台能消化理解这些灿烂的思想火花。我们对大学投资支持，我支持这个教授，不要你的论文，不索取你的专利所有权，不求拥有，也不求成功，即使不成功，你告诉我为什么不成功，把过程讲清楚，把研究过程、阶段性成果给我们讲讲，如果研究方向错了，把这个错误给我们讲讲。我们这个汇聚平台要"去粗取精、去伪存真、由此及彼、由表及里"，归纳总结经验教训。那么，我们有数百个专家在此务虚，汇聚平台把这些专家的理解综合起来，培养我们的员工，我们的员工就具有了对未来的敏感性。一旦世界出现苗头，这个平台就开始发挥作战作用。从汇聚平台中得到假设，2012就去做验证。

——2016年2月27日 任正非在巴展和乌克兰的谈话要点《多路径 多梯次 跨越"上甘岭" 攻进无人区》

23 要找一些有歧见的教授

我们在世界上要找一些有歧见的教授，同意支持他，我们有一个团队跟他，就是二梯队了。就像量子通信一样，前几年还在批判这个东西不适用，还遥远得很，现在中国不就做成了吗？我们能不能给他留一条道，将他融进应用的大海中。我们要敢于支持那些准博士、"歪瓜裂枣"、有聪明才智的人。要在大学里活动，要发现这些人才，从当学生时就支持他，他也不一定到华为来工作，他在别的单位工作如果有发明能解决这个问题，那我们就运用这个发明，有偿使用就行了。

——2016年2月27日 任正非在巴展和乌克兰的谈话要点《多路径 多梯次 跨越"上甘岭" 攻进无人区》

24 现代战争不再取决于"巴顿"

一杯咖啡吸收宇宙能量，就是炸开封闭的人才金字塔模型的顶尖，仰望星空，企业不再依靠塔尖上那个人的视野，而是天才成批来，真理引导企业。事业的成败不再取决于塔尖上那个"巴顿"，这就是现代"战争"。

——2016年2月27日 任正非在巴展和乌克兰的谈话要点《多路径 多梯次 跨越"上甘岭" 攻进无人区》

25 对科学家的支持是无条件的

我们对科学家的支持是无条件的，我们不会谋取教授的专利，不会谋取教授的成果，我们只希望教授多和我们喝几杯咖啡。告诉我们这东西在未来有什么用，如果我们使用了，我们就需要付费。

——2016 年 2 月 27 日　任正非在巴展和乌克兰的谈话要点《多路径　多梯次　跨越"上甘岭"　攻进无人区》

26　没有理论基础的创新是不可能持久的

泡沫经济对中国是一个打击，我们一定要踏踏实实搞科研。一个基础理论变成大产业要经历几十年，我们要有战略耐性，要尊重科学家，尊重那些踏踏实实做研究的人。如果学术研究泡沫化，中国未来的高科技很难有前途。不要泡沫化，不要着急，不要"大跃进"。没有理论基础的创新是不可能持久的，也不可能成功。

——2016 年 3 月 5 日　任正非接受新华社的专访《二十八年只对准一个城墙口冲锋》

27　科学家探索研究要思考如何工程化

我们为什么要延伸到基础研究领域，因为这个时代发展太快了。网络的"恐怖"发展，使我们不能按过去科学家的方式发表论文，我们要在理解后去做工程实验，然后做产品。我们现在就要选择在科学家探索研究的时候，去思考如何工程化的问题。

——2016 年 10 月 28 日　任正非在"出征·磨砺·赢未来"研发将士出征大会的讲话《春江水暖鸭先知，不破楼兰誓不还》

28　人类社会的发展都是走在基础科学进步的大道上的

人类社会的发展，都是走在基础科学进步的大道上的。基础科学的发展是要耐得住寂寞的，板凳不仅仅要坐十年，有些伟大的人一生寂寞。基因技术也是冷了几百年才崛起的。

——2016 年 5 月 28 日　任正非在全国科技创新大会上发言的内部撰写稿

29　每年的研发经费会逐步提升到100—200亿美元

华为有八万多名研发人员，每年研发经费的20%～30%用于研究和创新，70%用于产品开发。我们已将销售收入的14%以上用于研发。未来几年，每年的研发经费会逐步提升到100—200亿美元。华为这些年逐步将能力中心建到战略资源的聚集地区去。在世界建立了26个能力中心，逐年在增多，聚集了一批世界级的优秀科学家，他们全流程引导公司。这些能力中心自身也还在不断地发展中。

——2016年5月28日　任正非在全国科技创新大会上发言的内部撰写稿

30　大学是我们的雷达

蒙特利尔理工大学是我们的雷达，因为我们不可能知道未来世界的方向是什么。科学家怀抱的是理想，能实现的和不能实现的都是科学家的伟大抱负和理想。作为商人，我们有思维的局限性，比如这项技术能不能产生粮食啊，这就是思维局限性。如果头上不装个雷达，说不定就走错路了。我们这么大体量的公司一旦走错路，就很难回得来。世界上的很多大公司就是因为战略方向错了几年，就回不来了。所以，我认为我们和蒙特利尔理工大学的合作很重要。当然，我们头上的雷达不光是蒙特利尔大学，还有俄罗斯、日本、英国、法国、德国、美国、加拿大等各地的合作伙伴，我们头上装了好多个雷达，有多普勒的、激光的、红外的。

——2017年10月4日—6日　任正非在加拿大四所高校校长座谈会以及公司员工座谈会上的讲话（在蒙特利尔、渥太华、多伦多与员工座谈）《一杯咖啡吸收宇宙能量，一桶浆糊粘接世界智慧》

31　科学家是前进的航灯

学院科学家和教授们研究的是未来，很遥远，引领时代，点亮我们前进的航灯。

——2017年10月4日—6日　任正非在加拿大四所高校校长座谈会以及公司员工座谈会上的讲话（在蒙特利尔、渥太华、多伦多与员工座谈）《一杯咖啡吸收宇宙能量，一桶浆糊粘接世界智慧》

32 要大胆失败，科学研究上没有"不成功"这个词

对基础研究我们不要求都成功。前段时间我讲过，对科学研究要大胆失败，成功太快是保守，要轻装上阵才能激发想象力。失败了就涨工资，成功了就涨级。科学研究上就没有"不成功"这个词。为什么呢？你告诉我走这条路是错的，讲清了路径，解决了边界问题，这就是成功。一打钻就直接打到油田中心，没有这种事情。就像四川天然气田的发现，实际上是一个酒店开发温泉，打穿后冒出大量天然气来，这才发现是一个大气田。

——2018年 任正非《让高校的灯塔照亮华为》

33 让高校像灯塔一样照亮别人，也照亮华为

未来十年到二十年，华为与国内大学的合作一定会提升到一个新的高度，只要教授的前期研究方向跟我们基本一致，在一个"喇叭口"里面，我们就对教授无条件给予资助，这点是不会变的。让高校像灯塔一样照亮别人，也照亮华为。

——2018年 任正非《让高校的灯塔照亮华为》

34 全球吸纳专家

第二次世界大战后有一次人才大转移，是从苏联转移了300万犹太人到以色列，促进了以色列的高科技发展，从而造就了一个世界奇迹。现在是第二次人才大转移的机遇，华为已经敞开怀抱在全世界接收这些科学家，他们愿意在哪个国家，华为都有科研机构可以接纳，科学家想在哪儿办公，我们就在哪儿建研究所。我们的热学研究所就部署在白俄罗斯和乌克兰。这两年已经有业界知名的数学家、物理学家、化学家大规模地加入我们，最近在中国香港又引进了一批人工智能专家。

——2018年 任正非《让高校的灯塔照亮华为》

35 我们需要有一个机制来凝聚一批科学家

我们需要有一个机制来凝聚一批科学家，才能不断创造出新的东西。我

们 5G 的标准就是源于 Arikan 教授十年前发表的数学论文，为致敬基础研究和探索精神，我们专门在深圳总部举办了颁奖仪式，向 Arikan 教授颁发特别贡献奖。Arikan 教授说："作为研究人员，最大的奖励莫过于见到我们的构想成为现实。"现在，英国剑桥大学要把它作为一个案例来研究——怎么把一个数学公式比较快地变为人类的一个通信标准？他们说这一定是很好的案例。

现在是吸纳全球人才最好的时机，在这个时候，中国的高校要敢于敞开胸怀，让大量科学家回到中国。如果还在韬光养晦，不举起旗子来，科学家看不到你们的大计划就不来了。计划是人做出来的，有了人才就有了未来。大学没有必要太低调，要加强开放合作，这样人才才会成群而来。国家在建设综合性国家科学中心，高校要成为第二次人才大转移的战略高地，促成基础研究的井喷。

——2018 年　任正非《让高校的灯塔照亮华为》

36　没有基础研究，对未来就没有感知

没有基础研究，对未来就没有感知，没有感知就做不到领先。

——2018 年　任正非《让高校的灯塔照亮华为》

37　基础研究是把钱变成知识

基础研究是把钱变成知识。我们有一个路径图，技术喇叭口子足够大。当这个技术距离我们实现产业化还有十亿光年时，我们可能投资一点点，放个芝麻；距离只有 20 年了，我们多投入一点，放一个西瓜；距离只有 5 年了，我们就利用"范弗里特弹药量"重点投入，增强对准主航道的作战能力，把钱变成知识。后面还有几万开发人员把知识变成钱，做出好产品。

——2018 年　任正非《让高校的灯塔照亮华为》

38　只求获得知识的知情权

和高校教授在基础研究上的合作主要是通过资助优秀教授，获得知识的

知情权，不谋求教授和科学家的知识产权，不谋求论文的署名权。

——2018年　任正非《让高校的灯塔照亮华为》

39　国家的实力不是房子，是优秀人才

中央电视台播放了华为的公益宣传片《基础研究和基础教育》，说的是基础教育是人才成长的起点。一个国家的强盛是在小学教师的讲台上完成的，要"用最优秀的人去培养更优秀的人"。抗日战争时期，武汉大学的师生继续讨论原子能科学，南京大学（原中央大学农学院）的师生把2000头良种牲畜带着西迁，炮火中继续做实验。在国家民族生死存亡之时，仍然坚持科研教育。现在国家有钱了，第一个要振兴的是教育，钱投到房子上，二三十年就旧了，但投资教育，二三十年孩子就成博士了。国家的实力不是房子，是优秀人才。

——2018年　任正非《让高校的灯塔照亮华为》

40　从基础教育抓起，国家才有未来

一定要让教师成为最受人尊敬的职业。我们国家的第一代革命家全都是从师范学校出来的，要让优秀的人才去读师范，从基础教育抓起，国家才有未来。

——2018年　任正非《让高校的灯塔照亮华为》

41　关键是不要输在终点线上

教育的开明使整个国家强大。"不要输在起跑线上"是错误的，关键是不要输在终点线上，什么时候起跑不要紧。孩子在十岁之前不要去灌输"1+1=2"，他能明白一根筷子加一根筷子等于两根筷子，不等于知道"1+1=2"，这是逻辑学。到了五年级自然就会懂得"1+1=2"。孩子是最有创造性的，就应该自由发展，要让他自主决策，做错了就纠正回来。他来回多错几次，就知道以后应该怎么做了。做科研也是这样的，要能自主决策。

——2018年　任正非《让高校的灯塔照亮华为》

42　重视统计学

在高校学科设置上,我特别支持你们重视统计学。计算机科学不仅仅是技术,还应该以统计学为基础。大数据需要统计学,信息科学需要统计学,生命科学也需要统计学。国家要搞人工智能,更要重视统计学。统计学不是一个纯粹的学科,而是每一个学科都要以统计学为基础。

——2018 年　任正非《让高校的灯塔照亮华为》

43　给科学家提高收入

中国科学技术大学是为"两弹一星"创办的大学,参与了国家一系列重大科研计划。现在国家投资的重点实验室在建设中,建设好了,你们把实验室开放出来给大家使用,让人才辈出。科研经费一部分用来调研,买仪器设备、图书资料,也要考虑给教师、科学家提高一点收入,把办公室、实验室修得好一些。华为松山湖溪流背坡村就是在一个荒坡上建设出来的。我相信,中科大在合肥可以创造出一个全中国最好的科学研究环境。

——2018 年　任正非《让高校的灯塔照亮华为》

44　要吸引各国人才来华

在学术交流、科研合作、国际竞赛等过程中,发现了优秀的"高鼻子",就和"高鼻子"建立感情,把他们吸引过来。我们还要专门去找"高鼻子",尤其是在美国、欧洲留学或工作过的各国优秀人才,把他们吸引来中国工作。海外研究所是以研究为主体,不是以产品开发为主体,对于一些从事产品开发的人才,要动员他们来中国工作一段时间。

支持欧美一些优秀博士来中国,进入华为与中国高校联合办的博士后工作站进行研究,也可以把他们推荐给中国高校。

上海是一个国际化大都市,在上海青浦建的"淀山湖"国际人才社区建好后是很美的。那边专门修了外国风格的建筑,再配备好生活和语言环境,他们慢慢地就会喜欢到这儿来,人多了,扎堆了,就适应了,这是一个过程。现在中东欧有些国家在美国及其他国家留学的学生很多,优秀的都可以吸引到上海工作。

——任正非在2022年优秀人才&"高鼻子"获取工作汇报会上的讲话《敞开胸怀，解放思想　敢于吸收全世界最优秀人才》

45　只追求实用主义，有可能永远落在别人后面

在科学探索的道路上，我国比较重视实验科学，对理论研究不够重视，现在也一样。公司不能目光短浅，只追求实用主义，有可能永远落在别人后面。

我们需要更多的理论突破，尤其是化合物半导体、材料科学领域，基本上是日本、美国领先，我们要利用全球化的平台来造就自己的成功。你们在短时间内已经有了一定的成绩和贡献，这很不简单，要继续努力做下去。

我国也经历了泡沫经济的刺激，年轻精英们都去"短平快"了，我国的工作母机、装备和工艺、仪器和仪表、材料和催化剂研究等产品相对还比较落后。我们用什么方法在这样的条件下进行生产试验，这是摆在我们面前的困难。

——2021年8月2日　任正非在台湾"中央研究院"创新先锋座谈会上与部分科学家、专家、实习生交流时的讲话《江山代有才人出》

46　瓦特曾经只是格拉斯哥大学的一名锅炉修理工

我们会在心声社区开辟一个"科学与工程史"专栏，把"胖"的、"瘦"的、国际的、国内的科学家和工程师成长的关键时刻讲出来，以启发我们20万人的思想，炸开年轻人的大脑。为什么我过去写文章时要专门强调"瓦特曾经只是格拉斯哥大学的一名锅炉修理工"，他并不是蒸汽机的原创发明者，而只是改进了它。我们不要纠结"谁是原创"；我们不仅要尊重原创，还要在原创到商品的过程中作出突出贡献，被借鉴的人也是光荣的，他的一点小火花竟然被我们点燃成了熊熊大火。作出阶段贡献的人不要担心工分怎么算，贡献在那儿摆着的，又跑不了。从狗尾巴草到水稻，是几千年前由古人植物杂交得来的。杂交是一种方式，袁隆平是在中间一段推动了高产，也不失他的伟大。要敢于踩在前人的肩膀上前进。前人，包括了你的同桌、同事。要

破除迷信，解放思想，冲破桎梏，不拘一格用人才，咱们当中也能出现伟大的科学发明和重大工程。

——2021年8月2日 任正非在台湾"中央研究院"创新先锋座谈会上与部分科学家、专家、实习生交流时的讲话《江山代有才人出》

47 长期研究的人不需要担负产粮食的直接责任

对于长期研究的人，我认为不需要担负产粮食的直接责任，就去做基础理论研究。你既然爱科学，对未来充满好奇心，就沿着科学探索的道路走下去。如果一边研究一边担忧，患得患失是不行的。不同的道路有不同的评价机制，你们可以自己选择，不会要求你们"投笔从戎"的。我们允许海思继续去爬喜马拉雅山，我们大部分在山下种土豆、放牧，把干粮源源不断送给爬山的人，因为珠穆朗玛峰上种不了水稻，这就是公司的机制。所以才有必胜的信心。

——2021年8月2日 任正非在台湾"中央研究院"创新先锋座谈会上与部分科学家、专家、实习生交流时的讲话《江山代有才人出》

48 有两个漏斗

我们公司现在有两个漏斗：第一个漏斗是2012实验室基础理论研究，公司给你们投入资金，你们生产知识；第二个漏斗是开发队伍，公司给他们资金，2012实验室给他们知识，当然还有社会知识，他们的责任是把产品做出来，创造更多商业价值。连接两个漏斗的中间部位是"拉瓦尔喷管"，你们有学流体力学和动力学的，知道"拉瓦尔喷管"的作用，就是通过加速方式使我们的研发超前变现。

立足于这个研发体系，我们不仅仅要在5G上引领世界，更重要的是要在一个扇形面上引领世界。

——2021年8月2日 任正非在台湾"中央研究院"创新先锋座谈会上与部分科学家、专家、实习生交流时的讲话《江山代有才人出》

49　要跨界吸收思想

　　主动去与跨界的人喝咖啡，多喝咖啡，你不就能吸收他的思想了吗？这会对你的研究产生贡献。大家要去看蛭形轮虫的故事，我为什么反复说这个故事，就是希望大家要多交流，一杯咖啡吸收宇宙能量。与合作伙伴一起取得胜利，换来粮食，才能爬"喜马拉雅"。

　　——2021年8月2日　任正非在台湾"中央研究院"创新先锋座谈会上与部分科学家、专家、实习生交流时的讲话《江山代有才人出》

50　我们不怕科学家多

　　作为研究前沿科技的科学家来说，将来有两条道路可以选择：一条是走科学家的道路，做前沿的理论研究，在公司的愿景和假设方向上创造新的知识；另一条是走专家的道路，拿着"手术刀"参加商业化战斗。

　　第一条是科学家的道路，从事基础科学理论研究的就是科学家。刚进门尚未成熟的可以叫实习科学家；摸到了门道，小有成就，但还没有突破的可以叫助理科学家；有了少量突破的可以叫科学家；在某一方面有突出成就的可以叫某方面的首席科学家。不去比对社会称谓，就不会忐忑不安。我们的科学家是领饭票的一种代码；社会上的科学家是社会荣誉的一种符号。我们领饭票的人多了，说明我们兵强马壮，战斗力强，因此，我们不怕科学家多。

　　——2021年8月2日　任正非在台湾"中央研究院"创新先锋座谈会上与部分科学家、专家、实习生交流时的讲话《江山代有才人出》

51　我不赞成片面地提自主创新

　　我不赞成片面地提自主创新，"只有在那些非引领性、非前沿领域中，自力更生才是可能的；在前沿领域的引领性尖端技术上，是没有被人验证的领域，根本不知道努力的方向，没有全球共同的努力是不行的"。我们不仅仅要搞好"1~10"的工程设计，让产品又好又便宜，而且要坚定不移地挺进"0~1"的科学研究，不全球化是不行的。

　　——2021年1月22日　任正非内部讲话《星光不问赶路人》

52　不要有条条框框，要发挥所有人的聪明才智

公司每个体系都要调整到冲锋状态，不要有条条框框，要发挥所有人的聪明才智，英勇作战，努力向前冲。华为公司未来要拖着这个世界往前走，自己创造标准，只要能做成世界最先进，那我们就是标准，别人都会向我们靠拢。

——2019 年 6 月 20 日　任正非在 EMT《20 分钟》的讲话

10

第十章

蓝队与备胎

HUAWEI

01 组建蓝军，多路径、多梯次跨越

研究组织里要成立蓝军组织，蓝军组织也要研究、验证。

——2016年2月27日 任正非在巴展和乌克兰的谈话要点《多路径 多梯次 跨越"上甘岭" 攻进无人区》

02 不要只有一条路

2012钻研技术细节，验证思想，可以分为红军和蓝军，不要只有一条路。

——2016年2月27日 任正非在巴展和乌克兰的谈话要点《多路径 多梯次 跨越"上甘岭" 攻进无人区》

03 蓝军要实体化

蓝军要实体化，也有他的假设、思想、理论……完整的一套，不是仅仅写两篇批判文章就可以的。大量的梯队可以在蓝军里面，蓝军应该是一支跟红军差不多的队伍。比如，有六支梯队是红军，其实红军是一支，其余均为蓝军。红军坚定不移地走"专用芯片＋软件"这条路，蓝军将来的路要比这条路宽10倍、20倍怎么办？多模块叠加起来，时延如何办？

传送图像的要害是成本，怎么办？没有低成本，4K就不能广泛应用；没有低时延，AI、AR、VR就很难大规模地在线。我们要确定蓝军只是研究团队，不包括开发，开发是确定性工作，重心在交付。

——2016年2月27日 任正非在巴展和乌克兰的谈话要点《多路径 多梯次 跨越"上甘岭" 攻进无人区》

04　研发不停步，继续勇往直前

对未来科学的探索不停步，研发不停步，勇往直前。以后生存下来了，却看不见未来了，没有明天了，这样的生存是没有意义的。

——2021年1月22日　任正非内部讲话《星光不问赶路人》

05　每条产品线都应该有一支蓝军队伍

每条产品线都应该有一支蓝军队伍，他们从战略角度来攻击你，挑你的毛病。我们的产品线，特别是核心网产品线，已经做得不错了，但不要僵了。我们要从蓝军里面选拔红军司令，你都打不败华为，你怎么能接班呢？

——2008年7月21日　任正非在地区部向EMT做2008年年中述职会议上的讲话

06　不能孤立地抓信息安全，要与商业战略紧密结合起来

不能孤立地抓信息安全，要与商业战略紧密结合起来。只有把信息安全与商业战略紧密结合起来，真正在产品上拉开与竞争对手的差距，让竞争对手没法跟我们共享供应商，才是最大的信息安全。

——2008年9月22日　任正非在中央平台研发部表彰大会上的讲话纪要《从汶川特大地震一片瓦砾中，一座百年前建的教堂不倒所想到的》

07　人的一生从来都是红蓝对决

希望核心网能真正出来蓝军，真正出来不同意你们观点的人。蓝军存在于方方面面，内部的任何方面都有蓝军，蓝军不是一个上层组织，没有下层。在你的思想里面也是红蓝对决的，我认为人的一生从来都是红蓝对决的。

——任正非在华为云战略与解决方案发布会上的讲话纪要《开放、合作、自我批判，做容千万家的天下英雄》

08 我的一生中反对自己的意愿大过自己想做的事情

我的一生中反对自己的意愿大过自己想做的事情，就是自己对自己的批判远远比自己的决定要重要。我认为蓝军存在于任何领域、任何流程，任何时间、空间都有红蓝对决。如果有组织出现了反对力量，我比较乐意容忍。所以要团结一切可以团结的人，共同打天下，包括不同意见的人。进来以后组成反对联盟都没有关系，只要不是挑拨离间、歪门邪道，可以允许技术上的反对。百花齐放、百家争鸣，让人的聪明才智真正发挥出来。那些踏踏实实做平台的人，随着流程晋升很快，也不吃亏。这样既严肃又活泼，多么可爱的一支队伍啊。你看心声社区搞得多好，百花齐放、百家争鸣，你骂公司照样照登不误，公司根本不会去查哪个人骂公司，何苦做这个事情呢？他们百家争鸣，我们也就睁一只眼、闭一只眼。

——2020 年 11 月 18 日，任正非在华为云战略与解决方案发布会上的讲话纪要《开放、合作、自我批判，做容千万家的天下英雄》

09 要有很多解决方案小组、蓝军研究对手的平台

要开放就要有很多解决方案小组、蓝军研究对手的平台，然后在内部进行头脑风暴，互相吵、互相喊，喊完以后他的东西未必采用，其实已经印在脑袋里。郑宝用最大的优点就是跟你胡搅蛮缠，其实你讲的东西他全听明白了，全听进去了，他还是跟你胡搅蛮缠，回去以后他做的就是你那个东西。我们现在各抒己见没有问题，就是人家的东西要渗透到你的脑袋里去。

——2020 年 11 月 18 日，任正非在华为云战略与解决方案发布会上的讲话纪要《开放、合作、自我批判，做容千万家的天下英雄》

10 别人推翻你的观点，你要容忍

我现在讲的是要再往前走一步，别人推翻你的观点，你要容忍。你现在可以坚持，我们走大路让小路挤进来，你怎么知道小路以后不会比大路宽呢？当小路变宽的时候，你们要能承认它，因为你们是领袖，你们不是专家。不要总把自己当专家，好像你的儿子改了姓一样，改了姓，DNA 还是你的，

心胸不要那么狭隘，能容千万家，你就是天下英雄。

——2020 年 11 月 18 日，任正非在华为云战略与解决方案发布会上的讲话纪要《开放、合作、自我批判，做容千万家的天下英雄》

11 要想升官，先到蓝军去

我特别支持无线产品线成立蓝军组织。要想升官，先到蓝军去，不把红军打败就不要升司令。红军的司令如果没有蓝军的经历，也不要再提拔了。你都不知道如何打败华为，说明你已到天花板了。两军互攻最终会有一个井喷，井喷出来的东西可能就是一个机会点。

——2013 年 9 月 5 日 任正非在无线业务汇报会上的讲话纪要《最好的防御就是进攻》

12 一定要让蓝军有地位

我不管无线在蓝军上投资多少，但一定要像董事们"炮轰华为"一样，架着大炮轰，他们发表的文章是按进入我的邮箱的顺序排序的。一定要把华为公司的优势去掉，去掉优势就更有优势。终端的数据卡很赚钱，很赚钱就留给别人一个很大的空间，别人钻进来就把我们的地盘蚕食了，因此对数据卡合理盈利就是更大的优势，因为我们会赚更多长远的钱。

我们在华为内部要创造一种保护机制，一定要让蓝军有地位。蓝军可能胡说八道，有一些疯子，敢想敢说敢干，博弈之后要给他们一些宽容，你怎么知道他们不能走出一条路来呢？世界上有两个防线是失败的：一个是法国的马其诺防线，法国建立了马其诺防线来防德军，但德国不直接进攻法国，而是从比利时绕到马其诺防线后面，这条防线就失败了；还有一条是日本防止苏联进攻满洲的时候，在东北建立了十七个要塞，他们赌苏联是以坦克战为基础的，不会翻过大兴安岭，但百万苏联红军是翻大兴安岭过来的，日本的防线就失效了。

——2013 年 9 月 5 日 任正非在无线业务汇报会上的讲话纪要《最好的防御就是进攻》

13　我们要肯定反对者的价值和作用，要允许反对者的存在

所以我认为防不胜防，一定要以攻为主。攻就要重视蓝军的作用，蓝军想尽办法否定红军，就算否不掉，蓝军也是动了脑筋的。三峡大坝的成功要肯定反对者的作用，虽然没有承认反对者，但设计上都按反对意见做了修改。我们要肯定反对者的价值和作用，要允许反对者的存在。

——2013年9月5日　任正非在无线业务汇报会上的讲话纪要《最好的防御就是进攻》

14　最好的防御是进攻

最好的防御就是进攻，进攻就是进攻自己，永不停歇，直到死的那天。每日三省吾身，坚持自我批判。世界上，美国和日本自我批判的精神很强，他们天天骂自己，美国大片里描述的不是美国打输了，就是白宫被夷为平地了；日本也天天胆战心惊，如履薄冰。这实际上就是一种批判，现在我们很多人就容不得别人说半句坏话。进攻就是进攻自己，永无止境。

——2013年9月5日　任正非在无线业务汇报会上的讲话纪要《最好的防御就是进攻》

15　蓝军就是公司循环的活力

蓝军就是公司循环的活力，凡是不"骂"公司的人，他看不到改进的空间。你都没有思考华为哪儿做得不对，你怎么领导一个团队做对呢？蓝军不是一个常设组织，不是故意要反对华为公司，更不是东施效颦，而是给你一个讲话的权力。你可能讲对了，也可能讲错了，但是在这个过程中你可以有更多的思考。

我认为在蓝军问题上我们构想的是一种思想和精神，而不是一种模型，自我批判就是用自己的脑袋打自己，本身就是蓝军思维。

——2013年9月5日　任正非在无线业务汇报会上的讲话纪要《最好的防御就是进攻》

16　应该招一批高中生组成蓝军团队

曾经我认为消费者 BG 应该招一批高中生组成蓝军团队，因为对于玩手机这件事最精通的就是高中生。"英雄不问出处"，不问你们的学历、年龄、资历，因为消费品涵盖了很宽的层次，我们不知道到底谁最明白。

——2015 年 8 月 27 日　任正非在消费者 BG 2015 年中沟通大会上的讲话《脚踏实地，做挑战自我的长跑者》

17　公司运转依靠两个轮子

公司运转依靠两个轮子：一个轮子是商业模式，一个轮子是技术创新。我们今天要讨论的是技术创新的轮子。

关于对海思的定位，它肯定是一个重要的体系，但是你的自恋情节不能取。如果海思自恋，要求他们做的东西我们一定要用，不用就不光荣，那就是一个闭合系统。我们总有一天会耗尽能量，会死亡，所以我们要做开放系统。

——2012 年 7 月 12 日　任正非在华为"2012 诺亚方舟实验室"专家座谈会上的讲话《中国没有创新土壤　不开放就是死亡》

18　海思一定要站起来，适当减少对美国的依赖

宾兵（芯片平台与关键技术开发部部长）：任总，我看到您在巴展的讲话，提出一个词叫"强攻"，就是集中力量去在城墙上打一个缺口，今天就想请教任总，就这个"强攻"策略给我们一些指导，给我们海思这些参与"强攻"的年轻人一点冲劲，谢谢。

任总：世界上有两次整合是非常典型的成功案例。第一个案例就是 IBM，IBM 在 PC 机上就是抄了苹果公司的后路。但是在新技术产业扩张的时候，IBM 已经应对不过来了。IBM 就发明了一个兼容机，这个是对人类的贡献，IBM 的横向整合是很成功的。第二个案例就是纵向整合的苹果公司。

华为应该怎么整合？我认为应该沿着管道来整合，通信网络管道就是太平洋、黄河、长江，企业网是城市自来水管网，终端是水龙头，如果我

们沿着这个整合，对我们都是有用的。至于怎么强攻，这个你说了算，我只能给你人，给你钱。林彪攻城时，队伍是纵向布置的，攻城的部队集中撕开一个口子，然后，两个主力就从口子进去，向两边扩展，又进去四个师，向纵深和两侧扩大战果。我们在研发上，有没有平均使用兵力的情况呢？所以我对何庭波说："我每年给你四亿美金研发费用，给你两万人。"何庭波一听吓坏了，但我还是要给，我们一定要站起来，适当减少对美国的依赖。

——2012年7月12日　任正非在华为"2012诺亚方舟实验室"专家座谈会上的讲话《中国没有创新土壤　不开放就是死亡》

19　对未来的投资不能手软

Jason（芯片专家）：刚才任总提到，美国的高科技产业的蓬勃发展主要靠知识产权保护和风险投资，现在我们芯片的投资量越来越大，产品线盈利压力特别大，对短期内看不到明显收益的芯片投资越来越犹豫，请问任总在没有风险投资的情况下，怎样来平衡这个长期投资和短期利益之间的矛盾？谢谢！

任总：在短期投资和长期利益上没有看得很清楚的人，实际上他就不是将军，将军就要有战略意识，没有战略意识怎么叫将军呢？这是第一个问题。第二个问题又要讲到耗散结构。华为公司实际上是处在一个相对较好的时期，要加大投入，把这些优势耗散掉，形成新的优势。整个社会都在衰退，经济可能会循环衰退，我们虽然跟自己过去相比下降了，但和旁边相比，活得很滋润，我们今年的纯利会到20亿~30亿美金。因此，对未来的投资不能手软。不敢用钱是因为我们缺少领袖，缺少将军，缺少对未来的战略。

——2012年7月12日　任正非在华为"2012诺亚方舟实验室"专家座谈会上的讲话《中国没有创新土壤　不开放就是死亡》

20　我们的优势是数据逻辑

王志敏（海思技术规划部副部长）：任总您好，这是一个涉及产业链的问题。您刚才提到的战略攻关是我们非常重要的工作之一。半导体行业的战略攻关与后端生产制造密切相关，同时亚太区半导体的产业环境也在完善。在这个特殊的时期，我们公司是否会把半导体产业基础做得更加稳固？

任总：我讲第一点，我们不能为了获取这个体系的利益而去做半导体产业。半导体的生产是化学问题和物理问题，不是我们的优势，我们的优势就是数学逻辑，就是在软件、电路设计上的数学逻辑。我们即使做了个工厂，做个 12 英寸，外面做 16 英寸的就把我们抛弃了。我们在制造行业是不可能持续领先的。

——2012 年 7 月 12 日　任正非在华为"2012 诺亚方舟实验室"专家座谈会上的讲话《中国没有创新土壤　不开放就是死亡》

21　一个人孤军奋战不是公司需要的

我们允许个人英雄主义存在，但你先要有集体主义精神。专家的创新如果完全脱离大平台孤军奋战，造出来的模块不是公司需要的。比如，鸿蒙将来是一个大盘子，一个盘子里装了好多水饺、丸子。水饺说："我不要这个盘子，我要悬在空中。"那怎么能行？在我们公司，你不可能拿着这么高的工资做小的苹果、小的萝卜。我们要以平台为中心，小产品让合作伙伴、生态伙伴去做，我们可以给予支持和指导。

——2020 年 7 月 15 日、20 日、21 日　任正非在研发专家代表及专委会代表座谈会上的讲话

22　敢于将鸿蒙推入竞争

我们在科学上要敢于大胆突破，敢于将鸿蒙推入竞争，鲲鹏和昇腾的生态发展与软件的开发决不停步。AI 的数据是本地化的，与我们的"一圈一点"的发展方针是一致的，我们是可以大有作为的；冯诺依曼架构、反冯诺依曼架构，都是冯诺依曼思想的胜利，我们在计算上是可以有所作为的。对未来科学的探索不停步，研发不停步，勇往直前。以后生存下来了，却看不见未来了，没有明天了，这样的生存是没有意义的。

——2020 年 6 月 19 日　任正非《星光不问赶路人》

23 不打核战争，也要做准备

你知不知道什么时候打核战争？现在没有，那就应该停下来核的研究吗？你说我们的核科学产生了多少科学家，他们的功勋一大排一大排的。不要说邓稼先，活着的也还有很多。所以，海思一定要认识到它的战略地位。

——2012年7月12日　任正非在华为"2012诺亚方舟实验室"专家座谈会上的讲话《中国没有创新土壤　不开放就是死亡》

24 做操作系统和高端芯片，是希望断了粮食时备份系统能用得上

微软的总裁、思科的CEO和我聊天的时候，都说害怕华为站起来，举起世界的旗帜反垄断。我说我才不反垄断，我左手打着微软的伞，右手打着思科的伞，你们卖高价，我只要卖低一点，也能赚大把的钱。我为什么一定要把伞拿掉，让太阳晒在我脑袋上，流着汗把地上的小草都滋润起来，小草用低价格和我竞争，打得我头破血流？

我们现在做终端操作系统是出于战略考虑，如果他们突然断了我们的粮食，Android系统不给我用了，Windows Phone 8系统也不给我用了，我们是不是就傻了？同样地，我们在做高端芯片的时候，我并没有反对你们买美国的高端芯片，我认为你们要尽可能地用他们的高端芯片，好好地理解它。他们不卖给我们的时候，我们的东西稍微差一点，但也能用上去。我们不能有狭隘的自豪感，这种自豪感会害死我们。我们的目的就是要赚钱，是要拿下上甘岭。拿不下上甘岭，拿下华尔街也行。我们不要狭隘，我们做操作系统和做高端芯片是一样的道理。主要是让别人允许我们用，而不是断了我们的粮食。断了我们粮食的时候，备份系统要能用得上。

——2012年7月12日　任正非在华为"2012诺亚方舟实验室"专家座谈会上的讲话《中国没有创新土壤　不开放就是死亡》

25 做出自己的管理系统

我们用三年时间完成了13000+颗器件的替代开发、4000+电路板的反复换板开发。现在我们的电路板稳定下来了，因为我们有国产的零部件供应了。

今年 4 月份，我们的 MetaERP 将完全用自己的操作系统、数据库、编译器和语言，我们做出了自己的管理系统 MetaERP。MetaERP 已经历了公司全球各部门的应用考验，经过了公司的总账年度结算考验，我们公司的账是业界中相对复杂的，已成功地证明 MetaERP 是能够推广的。许多设计工具也上华为云公开给社会应用，逐步克服了断供的尴尬。

——任正非在"难题揭榜"火花奖公司内外的获奖者及出题专家座谈会上的讲话《擦亮火花、共创未来》

26 高薪聘请"沙丁鱼"激活组织与平台

在软件工程能力提升上，我们最缺乏的是对宏观架构有清醒认识的人才。建立公司要探讨架构问题；建立公司的利益体系也要探讨架构问题；任何产品的设计都要探讨架构问题；软件重构一定要从宏观架构入手。关于软件的管理，公司请了国际上在这方面有深厚积累的顾问公司为我们五万多软件专业人员进行培训，以考促训，选拔人才。要站到战略的高度去看未来的软件人才选拔、培养和造就。今天我们在硬件中的嵌入式软件是很成功的，在此基础上重构云、"黑土地"的架构，一定会取得更大的成功。对于全世界高效的竞赛能手，例如这些年世界竞赛都在俄罗斯、东欧，我们用同级五倍以上的起薪把他们招来，让这些"沙丁鱼"激活我们的云平台。

构筑软件安全能力，红蓝军要同时组建，蓝军不一定是有学历的，我们要帮助他们在工作中完成学历教育。

——2019 年 1 月 9 日 任正非在杭州研究所业务汇报会上的讲话《开放心态，做钱塘弄潮儿，杀出一条血路》

27 红军司令都要去蓝军洗礼

红军评委会要实行任期制，避免评审体系老化；蓝军和红军要有置换，优秀的蓝军可以做红军司令。我多次说过，红军司令都要去蓝军洗礼，若打不败红军，就不再返回来了，可以下连当兵去。技术蓝军的方案在红军评委会多次全票不通过，后来证明蓝军对了，虽然这只是一个特例，但给我们的启发就是公司计划机制存在问题。

——2019 年 11 月 27 日 任正非在《20 分钟》的讲话

11

第十一章

掌控自己的命运

HUAWEI

01 运营商始终是华为的良师诤友

运营商始终是华为的良师诤友。他们像严厉的诤友，逼着我们一天一天进步，只要我们哪天不进步，就可能被淘汰。他们处处时时拿我们与西方最著名公司进行比较，达不到同样的条件就不被选用，逼得我们只有不断地努力，必须赶上，甚至超过西方水平。没有他们的严厉和苛求，我们就不会感到生存危机，就不会一天不停地去创新，就不会有今天的领先。当然，也由于我们的存在，西方公司改善服务、大幅降价，十年来为国家节约了数百亿采购成本，也算我们对他们的一个"间接"贡献。

——2000年　任正非《创新是华为发展的不竭动力》

02 不能奋起就是灭亡，且速度很快

当然，我曾经也悲观过，觉得苦闷啊！华为公司不行了，怎么发工资啊？我觉得这是很大的压力。我们不是悲观主义者，但也要对经济全球化以及市场竞争的残酷性有充分的心理准备。如果华为衰落了怎么办？如何才能不衰落呢？总有一天，别人在发展，而我们会落后的。这个世界的变化是很大的，唯一不变的是变化。面对这样的变化，企业如果不能奋起，最终就是灭亡，而且灭亡的速度很快。

——任正非在华为优秀党员座谈会上的讲话《理解国家，做好自己》

03 不要因为害怕而放弃人工智能发展

能源将来会成为人类文明发展的瓶颈，大家都怕核辐射，我们在世界上

没有人的地方大量建核电站，用人工智能在那里生产，人都不去，那怕核能干啥呢？核是很恐怖的，但是中国没有害怕，中国就解决了能源问题。缺电以后生产力下降，收入降低，那就没有钱读书了，文化程度就降低了。文化程度降低，生产又降低；生产降低，收入又降低了，最后由害怕变成落后了。所以，今天的人工智能有正向的一面，也有负向的一面，就像核能一样。我也担心人工智能破坏人的价值观，但是我们挡不住人类社会前进的步伐。

——2017年10月4—6日　任正非在加拿大四所高校校长座谈会以及公司员工座谈会上的讲话（在蒙特利尔、渥太华、多伦多与员工座谈）《一杯咖啡吸收宇宙能量，一桶浆糊粘接世界智慧》

04　积极投资人工智能

现在华为公司在人工智能上的投资也是极大的。我们从两个方向上努力：一是能够大量解决管理中重复性劳动的自动化问题，降低了管理的成本，也避免了做重复工作，避免因审美疲劳而犯的低级错误，我们在这个世界上的生存能力更强了；二是对于不确定性事情的模糊性识别和智能化处理。我们给全球30亿人口提供了通信，我们提供设备的网络存量约一万亿美元，这些网络每年发生故障上百万次，但每次故障都不会像雪崩一样突然发生，它都有前兆。

我们人类的学习能力和记忆能力没有这么大容量，以上愿望需要很多专家才有可能实现，不幸的是专家太少，而且现在的网络复杂性越来越高，超过单个专家的能力了，所以我们相信人工智能的反应能力，使我们能够在故障出现之前预测并预防故障。我们希望80%～90%的故障可以自愈，只有少量故障必须人去解决，而且是在人工智能的指导下完成的。人解决问题后的经验又再次形成案例和数据，成为人工智能的养分，提升人工智能的能力，形成正循环。

——2017年10月4—6日　任正非在加拿大四所高校校长座谈会以及公司员工座谈会上的讲话（在蒙特利尔、渥太华、多伦多与员工座谈）《一杯咖啡吸收宇宙能量，一桶浆糊粘接世界智慧》

05　在变革中不要走极端

我们处在一个变革时期，从过去的高速增长、强调规模，转向强调效益的管理变革，以满足客户需求为目标，从而获得持续生存的能力。在这个变革时期中，我们都要有心理承受能力，必须接受变革的事实，学会变革的方法。同时，我们要有灰色的观念，在变革中不要走极端，有些事情是需要变革，但是任何极端的变革都会对原有的积累产生破坏，适得其反。

——2004年 任正非在干部工作会议上的讲话《持续提高人均效益 建设高绩效企业文化》

06　要敢于转换

要敢于转换，不要担心，历史时代如果转换慢了，就被抛弃了。所以，转得要快，要坚定。

——2015年10月31日 任正非在产品投资策略审视汇报会上的讲话《聚焦主航道，在战略机会点上抢占机会》

07　"乌龟"坚持爬了28年，爬到行业领先

华为公司这只"乌龟"没有别人跑得快，但坚持爬了28年，也爬到行业领先。28年来，我们十几万人盯住一个城墙口，不断冲锋。近年来，每年投入1000多亿（其中，710亿用于研发，500~600亿用于市场服务）继续轰击同一个口子，这种范弗里特密集攻击终于让我们在大数据传送上获得世界领先地位，而且消费者行业变化太大，也没有运营商业务这么稳固的基础，密集投资更容易突破。

——2015年8月27日 任正非在消费者BG 2015年中沟通大会上的讲话《脚踏实地，做挑战自我的长跑者》

08　产粮食不要担负很多外部风险

我们的目的还是要产粮食，产粮食不要担负很多外部风险，这就是政策

与策略。

——2016年12月1日 任正非在监管体系座谈会上的讲话《内外合规多打粮，保驾护航赢未来》

09 我们坚持利出一孔的原则

大家都知道水和空气是世界上最温柔的东西，因此人们常常赞美水性、轻风。但大家又都知道，同样是温柔的东西，火箭可是空气推动的，火箭燃烧后的气体高速通过一个叫拉法尔喷管的小孔，扩散出来的气流产生巨大的推力，可以把人类推向宇宙。像美人一样的水，一旦在高压下从一个小孔中喷出来，就可以用于切割钢板。可见力出一孔其威力。华为是平凡的，我们的员工也是平凡的。

过去我们的考核重共性，轻个性，不注意拉开适当的差距，挫伤了一部分努力创造的人，许多优秀人才也流失了。剩下十五万平凡的人，25年聚焦在一个目标上持续奋斗，从没有动摇过，如同从一个孔喷出来的水，产生了今天这么大的成就。这就是力出一孔的威力。我们聚焦战略就是要提高在某一方面的世界竞争力，它证明了不需要什么背景，也可以进入世界强手之列。

同时，我们坚持利出一孔的原则。EMT宣言表明，我们从最高层到骨干层的全部收入只能来源于华为的工资、奖励、分红及其他，不允许有其他额外的收入。从组织上、制度上堵住了从最高层到执行层个人谋私利，通过关联交易的孔掏空集体利益的行为。20多年来，我们基本是利出一孔的，十五万员工团结奋斗。我们知道我们的管理上还有很多缺陷，我们正在努力改进，相信我们的人力资源政策会在利出一孔中越做越科学，员工越做干劲越大。没有什么是不可战胜的。

如果我们能坚持"力出一孔，利出一孔"的原则，"下一个倒下的就不会是华为"；如果我们发散了"力出一孔，利出一孔"的原则，"下一个倒下的也许就是华为"。历史上的大企业一旦过了拐点，进入下滑通道，很少有重整成功的。如果我们不甘倒下，就要克己复礼，团结一心，努力奋斗。

雄赳赳，气昂昂，跨过太平洋。

——2012年12月31日 任正非2013年新年献词

10 社会要宽容，中国就会出现乔布斯

社会要宽容。人都是有缺点的，他自己会改进，不必大家这么费心去帮他寻找。乔布斯、比尔·盖茨都有缺点，宽容使他们伟大。一个人完美多累啊，他会在非战略机会点上消耗太多的战略竞争力量。孩子应该是优点突出、缺点突出，才能找到自己的爆发点。

年轻人要简单，阿甘就是一个傻孩子。别人说你要好好向雷锋学习才有希望，他就向雷锋学习了，当了班长。然后还要学，就变成排长，才有机会作连长、营长。做到旅长、军长后，他就能把社会的负能量变成正能量。而很多人天天在网 673 上找信息来批评，消耗了自己，成全了"阿甘"。社会要宽容，中国就会出现乔布斯、比尔·盖茨……现在，社会进步很大，中国是很有希望的。

——2014 年 6 月 16 日　任正非在"蓝血十杰"表彰会上的讲话《为什么我们今天还要向"蓝血十杰"学习》

11 华为只能靠自己，和迪拜的精神是一样的

"资源是会枯竭的，唯有文化才会生生不息。……"这句话，来源于 1996 年。我和外经贸部西亚非洲司长石畏山、王汉江在联合国批准伊拉克 677 石油换粮食时，在迪拜转机，飞机降落时，他们说下面是一个中东的香港，我不相信，怎么可能在沙漠里建一个香港呢？当时迪拜还是很破落的，不像今天这么好，但迪拜这个国家重视文化建设，国王把孩子们一批批送到欧美学习后再回来，以提高整个社会文化素质水平。同时制定各种先进的制度及规划，吸引世界的投资。当时我震撼很大，迪拜一滴石油都没有，所以要创造一个环境，这句话的来源是这样。华为公司也是一无所有，只能靠自己，和迪拜的精神是一样的。

——2014 年 6 月 16 日　任正非在"蓝血十杰"表彰会上的讲话《为什么我们今天还要向"蓝血十杰"学习》

12 中国必须构建理论突破

我们公司在世界资源聚集地建立了 20 多个能力中心，没有这些能力中心

科学家的理论突破，就没有我们的世界领先。中国必须构建理论突破，创新才有出路。小改、小革，不可能成为大产业。

——2016年3月5日　任正非接受新华社专访《二十八年只对准一个城墙口冲锋》

13 放下包袱，勇往直前

在探索人类历史的过程中，我们会发现每个人都会犯错误，没有错误、完全纯洁的人其实就是"瓷器"，一砸就碎。人往往是在与错误斗争的过程中不断进步的。你们被评为"金牌员工"，但不要背上"金牌员工"的"包袱"，回家把金牌交给家人挂起来，自己忘了，继续往前奋斗。别认为自己和别人不一样，说不定你就是未来的"接班人"。

——2021年5月8日　任正非在2020年金牌员工代表座谈会上的讲话

14 踏实前进，不要好高骛远

我认为，人生应该是一步一步踏踏实实前进的，不要好高骛远，别给自己设定过高的目标，那样可能努力也达不到，一生都会失败。《铃儿响叮当》的词曲作者皮尔彭特给自己设定的目标太高，奋斗一生都没有实现，87岁还一事无成。后来在圣诞节，坐在雪橇上随口哼了一首歌，却成为脍炙人口的歌曲。所以，大家不要认为自己是接班人，从而背上沉重的包袱。放下金牌包袱，只管努力前进，很多东西就是自然而然的事。

——2021年5月8日　任正非在2020年金牌员工代表座谈会上的讲话

15 吸纳人才，团结一切可以团结的力量

有一位员工讲"我们与世界握手，就把世界握在我们手中"，这正是我们的目的。在这个历史时代，我们要敢于扩张，扩张是有边界的，在喇叭口边界内的"咖啡杯"中吸收宇宙能量，囊括世界所有人才，其实就是服务世界的雄心。

——2016年2月27日　任正非在巴展和乌克兰的谈话要点《多路径　多梯次　跨越"上甘岭"　攻进无人区》

16 颠覆这个世界的常常都是外行

颠覆这个世界的常常都是外行。我们这个"喇叭口"要心胸宽广，可以多路径，可以容纳更多人才。失败的路径同样有优秀人才存在，失败中也有英雄产生，有缺点的英雄也是英雄。我们要善于总结失败中的成功基因，这样失败也是成功。在确定性的领域我们可以以成败论英雄，在不确定性的领域，失败的项目中也有英雄，只要善于总结。所以在评价体系上，不要简单草率。颠覆这个世界的常常都是外行，不是沿着内行的方针演进的。

——2016年2月27日 任正非在巴展和乌克兰的谈话要点《多路径 多梯次 跨越"上甘岭" 攻进无人区》

17 团结、开放

我们的唯一武器是团结，唯一的战术是开放。

——2016年2月27日 任正非在巴展和乌克兰的谈话要点《多路径 多梯次 跨越"上甘岭" 攻进无人区》

18 要把边界内的科学家都囊括进来

在我们"一杯咖啡"的咖啡杯边界内的科学家都要囊括进来合作，不一定局限在华为员工，合作、支持、沟通……都应该在我们这个体系里面。

——2016年2月27日 任正非在巴展和乌克兰的谈话要点《多路径 多梯次 跨越"上甘岭" 攻进无人区》

19 仍然要坚持向美国学习

我们坚持全球化也就包含了国产化，我们不可能走向封闭，必须走向开放。我们仍然要坚持向美国学习，它百年积累，灵活的机制，在科学、技术上还是比我们强很多。

——2021年5月8日 任正非在2020年金牌员工代表座谈会上的讲话

20　敞开怀抱，勇往直前

我们要突破无人区，创造出人类更需要的产品，更要加大基础研究的投入，当然基础研究的基础是基础教育。

——2021 年 5 月 8 日　任正非在 2020 年金牌员工代表座谈会上的讲话

21　你要真正强大起来，就要向所有人学习，包括自己的敌人

灯塔的作用是明显的，人类在自然科学上的任何一点发现和技术发明都会传播到全世界，引起那儿的变化。在灯塔的照耀下，整个世界都加快了脚步，今天技术与经济的繁荣与英、欧、美、日、俄当年的技术灯塔作用是分不开的。我们仍然要坚持自强、开放的道路不变。你要真正强大起来，就要向所有人学习，包括自己的敌人。

——2020 年 7 月 29—31 日　任正非与复旦大学、上海交大、东南大学、南京大学学生座谈时的讲话《如果有人拧熄了灯塔，我们怎么航行》

22　要用教育引领社会前进

未来技术世界的不可知，就如一片黑暗中需要灯塔。点燃未来灯塔的责任无疑是要落在高校上，教育要引领社会前进。

——2020 年 7 月 29—31 日　任正非与复旦大学、上海交大、东南大学、南京大学学生座谈时的讲话《如果有人拧熄了灯塔，我们怎么航行》

23　中国的未来与振兴要靠孩子，靠孩子唯有靠教育

对于未来的不确定性，要认识它的艰难，应对这种不确定性，除了给科研更多自由，对失败多一些宽容，还可以从孩子们的教育抓起。中国的未来与振兴要靠孩子，靠孩子唯有靠教育。

——2020 年 7 月 29—31 日　任正非与复旦大学、上海交大、东南大学、南京大学学生座谈时的讲话《如果有人拧熄了灯塔，我们怎么航行》

24　多办一些学校

多办一些学校，实行差别教育，启发他们的创新精神，就会一年比一年有信心，一年一年地逼近未来世界的大门。

——2020 年 7 月 29—31 日　任正非与复旦大学、上海交大、东南大学、南京大学学生座谈时的讲话《如果有人拧熄了灯塔，我们怎么航行》

25　中国缺的 30% 是原创

我们需要创新，找到一个一个的机会点。如果我们把英国工业革命的指数定为 100 的话，美国今天是 150，我国是 70，中国缺的 30% 是原创，原创需要更严格的知识产权保护。

——2020 年 7 月 29—31 日　任正非与复旦大学、上海交大、东南大学、南京大学学生座谈时的讲话《如果有人拧熄了灯塔，我们怎么航行》

26　敢于吸收国内外人才，不拘一格降人才

在公司聚焦的领域上，只要看到国内外有合适的人才，先吸引进来，不受编制的限制。

——2020 年 10 月 27 日　任正非在研发应届生招聘座谈会上的讲话

27　重视人才的来源途径

重视人才的来源途径，多与业界大拿、优秀学校校长、世界大赛主席等沟通交流，扩大优秀人才的来源，这要作为重点中的重点去抓。将当前分散自循环的对外技术交流、对外技术合作、联合实验室，与人才招聘获得等环节联动起来，谁发现优秀人才就推荐，让优秀人才更早地进入我们的作战序列，让技术合作与人才合作循环起来。创新人才招聘考核模式。在合作中已经有突出贡献的，不必再经过面试环节。面试是发现被面试人的优点，沿着他的优点去深入了解他。

——2020 年 10 月 27 日　任正非在研发应届生招聘座谈会上的讲话

28　拿着"手术刀"来参加我们"杀猪"的战斗

有些在国外没有技术突破，也不是顶尖的人才，但对所属领域有着很深的理解力，也是我们需要的人才，可以拿着"手术刀"来参加我们"杀猪"的战斗。

——2020年10月27日　任正非在研发应届生招聘座谈会上的讲话

29　牛人才能识别、吸引牛人

我们要选拔有开放思维和战略洞察能力的人做面试官，不拘泥于他的出身和当前职务。面试官要在识别人才上有建树，如果面试官看不清谁是苗子，如何能识别优秀人才呢？在面试官的选择上，不要把年度、半年度的绩效看得太重要，要综合考虑技术能力和人才识别能力，牛人才能识别、吸引牛人。

——2020年10月27日　任正非在研发应届生招聘座谈会上的讲话

30　开放式选才

没有通过初选的个别人员，想面谈也是可以的。

——2020年10月27日　任正非在研发应届生招聘座谈会上的讲话

31　有些人才有能力的潜伏期

有些人才有能力的潜伏期，可能短时间发挥不出作用来，我们要去观察他是不是有能力。

——2020年10月27日　任正非在研发应届生招聘座谈会上的讲话

32　Marketing不要空谈

Marketing不要空谈，不要产生一些专为上面写报告的高薪阶层，要走上前线，支撑胜利，创造利润。我们既要垂直向上探索新技术、新理论对产品的影响，也要重视产品在场景化中组合应用的竞争力。

——2020年6月19日　任正非《星光不问赶路人》

33 胸怀有多大，天就有多大

我们注重人才选拔，但是名牌大学前几名的学生不考虑，因为我们不招以自我为中心的学生，他们很难做到以客户为中心。现在很多人强调技能，其实比技能更重要的是意志力，比意志力更重要的是品德，比品德更重要的是胸怀，胸怀有多大，天就有多大。要让客户找到自己的需求被重视的感觉。

——2021年8月2日 任正非在台湾"中央研究院"创新先锋座谈会上与部分科学家、专家、实习生交流时的讲话《江山代有才人出》

34 一切都是围绕商业利益的

华为是一个功利组织，一切都是围绕商业利益的。因为只有服务才能换来商业利益。服务的含义很广，不仅仅是指售后服务，从产品的研究、生产到产品生命终结前的优化升级，员工的思想意识、家庭生活等都包括。我们要以服务来定义队伍建设的宗旨。我们要用优良的服务去争取用户的信任，从而创造资源，这种信任的力量是无穷的，是取之不尽、用之不竭的。因此，服务贯穿我们公司及个人生命的始终。

——2004年4月28日 任正非在"广东学习论坛"第十六期报告会上的讲话《华为公司的核心价值观》

35 要服务好，这个企业才有长远生存下去的可能

客户选择的合作伙伴不但要具有领先的技术水平、高度稳定可靠的产品，能快速响应其发展需求，而且还要服务好，能做到这些的企业才有长远生存下去的可能。

——2004年4月28日 任正非在"广东学习论坛"第十六期报告会上的讲话《华为公司的核心价值观》

36 帮助客户做大做强

1998年，我们公司和AIS合作时，AIS还是泰国一个小的移动运营商。

通过华为公司快速响应 AIS 的需求，并提供质量好、服务好的产品和解决方案，AIS 一跃成为泰国最大的移动运营商，并成为泰国股市市值最大的公司。1999 年 6 月，AIS 和 DTAC 同时推出了预付费业务。华为公司为 AIS 提供产品、解决方案及服务，先后 8 次对设备进行建设和扩容，帮助 AIS 把竞争对手远远地甩在了后面。华为在 60 天内完成了设备的安装和测试，快速满足了 AIS 的需求，比起业界平均周期大大缩短，帮助 AIS 领先对手快速抢占市场，提升了竞争力。华为专门为 AIS 开发的高达 80 项的业务特性（AIS 在发展过程中的新需求），有效地提升了 ARPU 值，提高了盈利能力和竞争力。

——2004 年 4 月 28 日　任正非在"广东学习论坛"第十六期报告会上的讲话《华为公司的核心价值观》

37　建立一系列以客户为中心、以生存为底线的管理体系

持续进行管理变革，就是要建立一系列以客户为中心、以生存为底线的管理体系，就是要摆脱企业对个人的依赖，使要做的事从输入到输出能够端到端，简洁并有效地连通，尽可能减少层级，使成本降到最低，效率达到最高。

——2004 年 4 月 28 日　任正非在"广东学习论坛"第十六期报告会上的讲话《华为公司的核心价值观》

38　打败对手要靠自身的强大

打败对手要靠自身的强大，而不要靠保密。公司要强大到可以将源代码公布，竞争对手拿到了都没有什么用。就像美国打仗，哪天几时进攻都告诉对方了，但还是照样打赢。

——2008 年 7 月 21 日　任正非在地区部向 EMT 做 2008 年年中述职的讲话

39　紧张而镇定，总会有活路的

不管形势如何变化，只要我们团结合作，紧张而镇定，总会有活路的。

同时我们也不要仅为自己生存而去做一些不应该做的事情。我们要做一个国际市场秩序的维护者，而不是一个破坏者。我们要遵循这些规律，而不是颠覆这些规律。我们要积极地向强者学习，尊重他们的市场领导地位，积极但有序地开展竞争，以激活双方的组织体系，实现共赢。

——2008年7月　任正非在华为优秀党员座谈会上的讲话《理解国家，做好自己》

40　创新最大的可能是犯错误，而不是成功

我们要进行创新，最大的可能是犯错误，而不是成功。如果不宽容错误，不宽容从泥坑中爬起来的人，那就不是真创新。因此，要宽容失败，不怕失败，敢于探索，我们才有光辉的未来。

——2008年9月22日　任正非在中央平台研发部表彰大会上的讲话纪要《从汶川特大地震一片瓦砾中，一座百年前建的教堂不倒所想到的》

41　达到和谐的过程叫妥协，这种和谐的结果叫灰度

一个清晰的方向是在混沌中产生的，是从灰色中脱颖而出，而方向是随时间与空间变化的，它常常又会变得不清晰，并不是非白即黑、非此即彼的。合理地掌握灰度就是使各种影响发展的要素在一段时间内达到和谐，达到和谐的过程叫妥协，和谐的结果叫灰度。

——2009年1月15日　任正非在2009年全球市场工作会议上的讲话《开放、妥协与灰度》

42　方向是坚定不移的

方向是坚定不移的，但并不是一条直线，也许是左右摇摆的曲线，在某些时段还会画一个圈，但是我们离得远一些或粗一些看，它仍是紧紧地指着前方的。

——2009年1月15日　任正非在2009年全球市场工作会议上的讲话《开放、妥协与灰度》

43 鼓掌太多，容易造成个人迷信

我们可能会遇到想象不到的困难，但这也是最大的机会。大家想想，历史上很多国家的崛起都是在机会期实现的，比如第一次世界大战，奥匈帝国没有了，但另外的国家崛起了。我们处在动荡之中，首先要保持镇静。今天你们在会上鼓掌，浪费了很多能量，这个能量以后要用于产粮食，鼓掌又不能发电。怎么能发电呢？靠你们的聪明才智和实践，要走到贡献这条道路上来。鼓掌太多，容易造成个人迷信。要在本职工作中踏踏实实地努力，你可以大胆地发表你的工作意见，不熟悉的地方要多看、多听。下车伊始哇啦哇啦只能在心声社区上，不要对你的同事、领导说，以免浪费他们宝贵的时间，因为你知之太少了。

——2020 年 8 月 31 日　任正非在战略预备队学员和新员工座谈会上的讲话

12

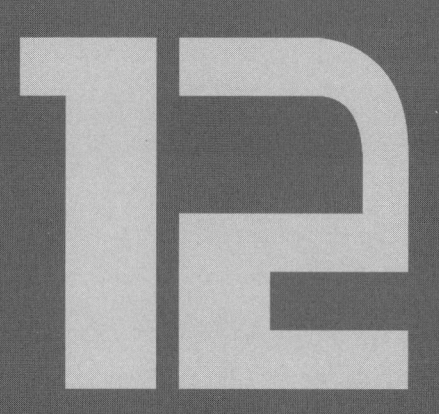

第十二章

如何应对制裁

HUAWEI

01 通过科技强国振兴国家

我们这一代中国人要从振兴国家经济入手，通过科技强国，用二三十年时间，来构建国家的安全。以美帝为首的北约悍然袭击我驻南使馆，给了我们一记警钟。要警钟长鸣：美帝亡我之心不死。

——1999年，任正非对"中国人今天说不"图片新闻的感想

02 反思狼性文化

华为被西方媒体塑造成"攫取、独裁、不包容"的企业形象，严重阻碍了华为开拓国际市场的步伐。当然，华为的确是以"饿狼扑食""海盗文化"的进攻性风格，才在几乎不可能获胜的严酷环境中脱颖而出的。华为董事长孙亚芳反思："公司这些年来的身段太刚硬了，发展到后来开始变得僵硬。华为需要作出改变。"

——2009年1月15日 任正非在2009年全球市场工作会议上的讲话《开放、妥协与灰度》

03 思考跨文化冲突

到2003年，华为的国际化已基本成功，随之而来的是"一个陌生的市场进入者"打破西方的商业游戏规则，与思科之间的一场国际诉讼将华为这张陌生的面孔曝光于全球。由此，华为开始思考跨文化冲突问题。

——2009年1月15日 任正非在2009年全球市场工作会议上的讲话《开放、妥协与灰度》

04　回去以后的总结全是批判自己

这就是一条正确的道路。美国军队每打完一场战争回来都是自我批判。特别是"沙漠风暴",美国完胜,但美国回去以后的总结全是批判自己,因为美国说不可能再打这么完美的战争了,不可能再在最完美的地方遇到最完美的敌人,用最完美的方式完成最完美的战争。所以,你应该从这三个项目中找出自我批判的内容。我们很少能看到你们这种对比性的进步。如果不善于总结,每次做完项目就结束了,进入循环,那永远都是士兵。

——2015 年 10 月 23 日　任正非在2015年项目管理论坛上的讲话

05　美国这个国家的创新机制、创新精神、创新动力很强

我们的产品要讲究质量,不仅仅是针对硬件,也包括软件。世界上软件做得好的公司,除了一家在德国,其他全在美国。所以应该在西雅图建立一个软件研究所,把物理类和逻辑类研究分开,否则我们的软件就不可能做到最好。美国这个国家的创新机制、创新精神、创新动力很强,我们不要故步自封,一定要把战略能力中心放到战略资源聚集地去。

——2015 年 8 月 27 日　任正非在消费者BG2015年中沟通大会上的讲话《脚踏实地,做挑战自我的长跑者》

06　美国在退回贸易保护主义

经济全球化是美国推出来的,美国看到经济全球化对自己并不利,所以正在退回贸易保护主义,但是保也保不住,经济全球化这个火烧起来了,就会越烧越旺。

——2008 年 7 月　任正非在华为优秀党员座谈会上的讲话《理解国家,做好自己》

07　美国竞争失利是因为他们薪酬太高

美国竞争失利是因为他们薪酬太高,而不是因为华为的崛起使他们失败了。所以美国很多要人跟我交流,我就讲你们失败是因为你们的薪酬太高了,

你们的薪酬从哪里来的？是从那些人均 GDP 只有 200 多美金的非洲弟兄们那儿来的，以这样的薪酬供这些 IT 人员，能供得起吗？供不起的。终有一天会支撑不起的。

——2008 年 7 月　任正非在华为优秀党员座谈会上的讲话《理解国家，做好自己》

08　与其让步，不如竞争

世界上的伟大就伟大在既有霸气还不张扬。我们再怎么让步，美国的竞争对手也不会饶了我们，他们太自私了，不如与他们竞争。华为为什么不可以很美？当然我们不是天生的，后天要多努力。

——2020 年 11 月 18 日　任正非在华为云战略与解决方案发布会上发言的纪要《开放、合作、自我批判，做容千万家的天下英雄》

09　在信息领域里与美国公司正面竞争

我们提出了新的历史使命，在信息领域里与美国公司正面竞争。我们过去的观点是韬光养晦，尽量回避与美国公司正面竞争，能让就让一把，不要去和美国产生正面竞争。

那一天，我接到胡厚崑的一个短信，我们的 Sprint 项目丢了，在美国商务部直接干预下，我们的 Sprint 项目做不成了，美国三大运营商都没有了。胡厚崑说美国的团队在哭，我笑了。为什么笑？我终于放下精神包袱了，终于敢直面和美国公司的竞争了，不再顾忌什么了，不再向他们妥协了。

以前总抱有希望，认为美国这么优秀的国家会公正的。我们在西西里岛的会议精神其实已经隐含要全面竞争这个意思了，但我仍然不敢做最后的决定。但美国的团队在哭的时候，我们最后的希望没有了，美国的傲慢与偏见反而使我们挺起了胸脯，敢于直面竞争了。所以这个时候我们号召大家都要挑起重担，努力改造自己，克己复礼，提升自己的能力，使自己适应这个世界，让潜在的能量发挥出来。

——2011 年 1 月 17 日　任正非在公司市场大会上的讲话《成功不是未来前进的可靠向导》

10 绕开美国招聘人才

在战略布局中，我们唯一觉得困难的是美国，别的国家没有困难，英国这些国家是非常欢迎我们大规模投资的。我们把加拿大的人才用尽了吗？英国人才用尽了吗？这个世界的人才除了美国就没有了吗？我不相信，比如Facebook的扎克伯格是新加坡公民，不是美国公民，就可以招聘他，不受美国限制呀。我们不要狭隘地认为我们已经无路可走了。你们让我到华盛顿白宫旁边的花园里建个办公室，我是没办法的。

——2012年7月12日　任正非在华为"2012诺亚方舟实验室"专家座谈会上的讲话《中国没有创新土壤　不开放就是死亡》

11 华为能控制人的欲望和贪婪，所以能长远发展

《福布斯》和美国几个著名杂志评价：华为对美国的威胁是什么？为什么美国这么怕华为？因为美国企业谋取短期利益，华为能控制人的欲望和贪婪，所以能长远发展。

胡厚崑提出"获取分享制"有几个特点：第一个特点是要有包容性而不是压榨性，要包容客户、员工，也要包容资本，包容各种要素（如知识产权），这个机制就能永久存在下来。我们要坚持这种分配制度、干部制度，逐步整改，努力提高，今后不需要增加1/5的人力，业务再翻一番是能做到的。

——2013年5月17日　任正非在片联开工会上的讲话《要敢于超越美国公司，最多就是输》

12 不用胆小鬼

我们要不拘一格选人才。选拔人才要注重人的大节，就是要敢于奋斗、不怕吃苦，不要小富即安。公司有些人目光短浅，好不容易赚两个钱后就要移民加拿大，他没有志向，为什么要选他做干部？叫苦连天的干部也不要。美国情报委员会文件一出，少数人叫苦连天，说他的项目受影响了。这么快受影响了？怎么可能？这种贪生怕死、没用的胆小鬼，为什么要用他？

——2013年5月17日　任正非在片联开工会上的讲话《要敢于超越美国公司，最多就是输》

13 我们要敢于超越美国公司

大时代变化太快，华为这种后发优势已体现出来，我们要敢于领先、超越、驾驭这个时代。美国怕是有道理的，因为他们真正了解华为。

我们处在一个自发的好的历史阶段，如果没有一个很好的调整或推动机制，我们有可能会衰落。华为公司经过3~5年整改，如能真正激活队伍，五年后将会很强大，这个强大就证明我们华为"潇洒走了一回"。

——2013年5月17日　任正非在片联开工会上的讲话《要敢于超越美国公司，最多就是输》

14 我们一定要从观念上转过来

全世界的石油买卖都是用美金结算的，美国在伊拉克战争中把一桶原油从30多美金打到120美金，就需要印钞票来支撑石油交易。我们一定要从观念上转过来，用先进的测试仪器、先进的工具、科学的方法来开发、服务和制造。

——2013年9月5日　任正非在听取无线业务汇报时的讲话纪要《最好的防御就是进攻》

15 美国不会甘于输掉

可以肯定的是美国不会甘于输掉。华为不是旗帜，不管是左手举旗（从内往外攻），还是右手举旗（从外往内攻），都是很灵活的，最后不管哪一头胜利，总会有华为的位置。也许将来是内外方式融合。

如果美国不用TDD，它就不可能成为国际标准；如果美国推动Wi-Fi，Wi-Fi就能进攻这个世界。美国还是一个创新力井喷的地方。美国对乔布斯很宽容，乔布斯如果换个地方他的早期是不被认同的，没有早期哪来晚期。我们要学习美国的创新精神、创新机制和创新能力。

——2013年9月5日　任正非在无线业务汇报会上的讲话纪要《最好的防御就是进攻》

16　不担心保护主义

我对任何一种保护都不担忧。谁也阻挡不了这个社会变成信息社会。信息流的增长速度非常非常快，并不以人们的意志为转移。当流量越来越大时，主要是看谁能解决些问题。我认为只要有流量就有希望。当前在疏导流量方面华为能力是强的，所以无论你愿意不愿意，可能都要采用华为的设备。我们不能保证别的企业以后不会超过华为。我们在组织上变革就是要使华为的人永远保持青春活力，保持和新兴的公司竞争的能力。

——2013年11月25日　任正非接受法国媒体联合采访《我一贯不是一个低调的人》

17　做些合理的事情，不去影响整个世界

我们公司是一个无足轻重的公司。我们在美国的销售额是10亿美金左右，中国的出口可是几万亿美金。中国政府更关心的是这个大数目对他们的影响，中国政府更关心的是就业问题，关心大众的问题。我们本身是个民营企业，不具有比较高的政治地位，所以我们决定退出美国市场。我们现在从美国市场退出来以后发展也挺好的，我们的手机在美国是有很好的销售的。所以我们做些合理的事情，把自己放在合理的位置上，不去影响整个世界。

——2013年11月25日　任正非接受法国媒体联合采访《我一贯不是一个低调的人》

18　华为只做管道

对棱镜事件我们不关注。这个事件讲的是信息问题，信息问题更多的是互联网公司的问题。我们做的是管道，就是传输信息的管道。或者说我们做的不是管道，仅仅是做管道的铁皮。自来水被污染了，应该去找水厂，不应该怨铁皮。

——2013年11月25日　任正非接受法国媒体联合采访《我一贯不是一个低调的人》

19 团结一切可以团结的人

我们要团结一切可以团结的人，董事会决定要团结一切可以团结的力量，有广泛的思想，我们从来是"英雄不问出处"，管他是从什么地方来的，只要是真英雄。美国吸引了这么多人加盟美国，才有了美国的今天。所以你看，华为现在的优秀人才、科学家越来越多，未来的希望会越来越大。

——2013 年 12 月 22 日 任正非在西研所业务汇报会上的讲话《聚焦商业成功，英雄不问出处》

20 归根结底想把人才买回来

去年我们把华赛买回来，归根结底就是想把人才买回来，我们也想把3COM 买回来，但是美国政府不批准。当年把你们卖出去，是因为我们没钱，但是我们想要世界，就想和世界联合起来打天下，到最后发现很多问题还是不能协同，逐渐产生矛盾。最终，我还是希望把你们买回来。

——2014 年 1 月 5 日 任正非在成研所业务汇报会上的讲话《风物长宜放眼量》

21 我们的胜利是因为团结

华为公司以前是三流人才公司，一流人才、二流人才跑光了，但是我们为什么能胜利了？就是因为我们团结，团结起来就是巨大的力量。全世界没有一个公司拥有 15 万人，还像我们这么团结。所以，我们无敌于天下，除了胜利，我们还有什么出路可以走的？企业业务也会慢慢走强的，我今天看了你们的东西，就比前几年强大多了。最后祝贺你们，终于走出困境了，明天的曙光也能看见了。

——2014 年 1 月 29 日 任正非在企业业务座谈会上的讲话《握紧拳头才有力量》

22 中国一定会胜利的

食堂里贴了一张宣传画，上面是一个十六岁的远征军士兵在战场上，美国记者问他:"中国会胜利吗?"他回答:"中国一定会胜利的。"美国记者又问:"当中国胜利后你打算干什么?"他回答:"那时我已战死沙场了。"这不正是我们华为今天的时代精神吗?

在1941年莫斯科大雪中,数十万仓促聚集、混乱不堪的苏联红军在红场阅兵,杂乱的队伍通过红场,他们从阅兵场直奔战场的视死如归的精神,不正映照着我们的今天吗?我们不也是从两年前在混乱的惊恐中反应过来,才有了今天雄赳赳、气昂昂,杂乱但有力的阵形吗?

——2021年8月2日 任正非在台湾"中央研究院"创新先锋座谈会上与部分科学家、专家、实习生交流时的讲话《江山代有才人出》

23 善败者不亡

沉默不是懦弱,忍耐不是麻木,善败者不亡。青春泣血,生命绽放光芒。我们正处在一个伟大的时代,同时又遭遇百年闻所未闻的风暴打击。翻滚的黑云,夹着电闪雷鸣,山崩地裂地席卷我们。我们一时惊呆了,手足无措。当我们清醒过来,要像海燕一样,迎着雷电,迎着暴风雨嘶叫着飞翔,朝着一丝亮光,朝着希望,用尽全身力量搏击,奋斗,前进,再奋斗,再前进,呼喊着胜利。岁月不负有心人。

——2020年6月19日 任正非《星光不问赶路人》

24 宁可向前一步死,决不后退半步生

今天我们已积累到一定程度了,也想要学习在无人区点亮5G的灯塔,作出我们应有的贡献,回报世界给我们的引导,让我们的光辉也照亮大家共同前行。当我们尝试迈出第一步,刚刚擦亮一根火柴,企图点亮一座灯塔时,美国不理智的一棒就打下来。一开始我们还真以为是我们犯了什么错误,在自查自纠;接着第二棒、第三棒又打下来,一棒比一棒狠,我们才知道是要打死我们,并不是小羊在上游喝了什么水。求生的欲望使我们振作起来,全体员工表明了"宁可向前一步死,决不后退半步生"的决心。

——2020年6月19日 任正非《星光不问赶路人》

25 与荣耀离婚，不彼此拖累

一旦"离婚"就不要再藕断丝连，我们是成年人了，要理智地处理分开，严格按照合规管理，严格遵守国际规则，各自实现各自的奋斗目标。不能像小青年恋爱一样，一会热一会冷，缠缠绵绵，划不清界限。你们也不要心疼华为，去想你们的未来吧！

未来我们是竞争对手，你们可以拿着"洋枪""洋炮"，我们拿着新的"汉阳造"，新的"大刀""长矛"，谁胜谁负还不一定呢？我们对你们不会客气的，你们有人在竞争中喊"打倒华为"，他是英雄好汉，千万不要为难他们。

——2020 年 11 月 25 日　任正非在荣耀送别会上的讲话

26 不拖无辜的人下水

在美国一波又一波严厉的制裁下我们终于明白，美国某些政客不是为了纠正我们，而是要打死我们。短期的困难，我们有能力克服，我们不因自己受难而拖无辜的人下水。

分布在 170 个国家的代理商、分销商，因渠道没有水而干枯，导致几百万人失业；供应商也因为我们不能采购，而货物积压，销售下滑，拖累股市。他们有什么错？我们为什么不能承担一些牺牲？你们就是去与他们同甘共苦的，使干枯的渠道在水源未断时补满水。

你们不是救世主，要摆正对客户虔诚的心态，忠实地去维护客户利益，真诚地尊重对供应商的承诺。契约精神是你们立于不败之地的基础。

——2020 年 11 月 25 日　任正非在荣耀送别会上的讲话

27 扩大了俄罗斯科学家队伍

我们公司过去是依托全球化平台，集中精力十几年攻击同一个"城墙口"，取得了一点成绩。我们过去的理论基地选在美国，十几年前加大了对英国和欧洲的投入，后来又增加了对日本、俄罗斯的投入。美国将我们纳入实体清单后，我们把对美国的投资转移到俄罗斯，加大了对俄罗斯的投入，扩大了俄罗斯科学家队伍，提升了俄罗斯科学家的工资。

——2020年7月29—31日　任正非讲话《想真正强大起来，就要向一切人学习，包括敌人》

28　世界不会分裂

世界会不会因此分裂成两个世界呢？我认为不会的。科学是真理，真理只有一个，任何一个科学家发现真理，就会让全世界知道。在科学技术层面，全世界是统一的。但是技术发明本身是多元化的，只是实现形式不同罢了。比如，有多种型号的汽车在竞争市场，这有利于社会进步，不是强调社会必须唯一推进某一种技术标准。所以，世界会不会分裂？科学技术在底层是统一的，所以世界是不会分裂的。

——任正非在2020年世界经济论坛上的发言纪要

29　我们一定会胜利的

胜利鼓舞着我们，我们一定会胜利的，因为我们的前面是"蚊子龙卷风""牵手"……背后是十几万英勇奋斗的员工，我们没有不成功的理由。

时代在呼唤我们，建设祖国的责任要靠我们去承担，人类的命运需要我们去推动，我们处在这个伟大的时代，为什么不用自己的青春去创造奇迹？人的生命只有一次，青春只有短短的几十年，我们要无怨无悔去度过它。我们的目的一定会达到，也一定能达到。

——2016年1月13日　任正非在市场工作大会上的讲话《决胜取决于坚如磐石的信念，信念来自专注》

30　我们根本没有退路

20多年前我们走出国门，是为了身份的证明，我们曾借用二战苏联红军瓦西里·克洛奇科夫的一句口号"背后就是莫斯科，我们已无退路"。莫斯科不是我们的，我们根本就没有任何退路。我们向前走，被认为是共产主义在进攻，退后被认为是资本主义在萌芽，当我们拖着疲惫的身体回到家时，面对陌生的妻儿，一句话也说不出来，因为对客户说得太多了。在他们最需要陪伴时，我们的时间完全被为生存而战绞杀了。儿女总有一天会明白他们的父母无怨无悔的一生，明白他们的父母像中央空调一样温暖了全人类，没有像电风扇一样只吹拂他们的伟大情怀。但是，我们永远不能报答自己父辈的良心自责将久久萦怀。

——2016年10月28日　任正非在"出征·磨砺·赢未来"研发将士出征大会上的讲话《春江水暖鸭先知，不破楼兰誓不还》

31　我的信仰是我们的国家

我的信仰是我们的国家。我们曾经认为资本主义社会可以极大地解放生产力，但是社会差距扩大以后出现的问题也使发展停滞。中国最近遇到的是中短期转型困难，长时间一定会解决的，后面的发展会越来越强劲。社会一定要发展，发展需要差距，火车头需要动力。但发展的目的是社会共同进步。

——2014年6月16日　任正非在"蓝血十杰"表彰会上的讲话《为什么我们今天还要向"蓝血十杰"学习》

32　小草不能改变时代列车的轨迹

以华为现在在世界上所处的地位，我们不是把谁当成竞争对手跟谁竞争，我们都是朋友。我们要去确定未来的思想理论结构是什么，我们没有把任何人当敌人，要共同创造世界。

我认为美国在电子信息技术上，过去占有绝对优势，未来几十年，还会占有相对优势。华为这棵小草不可能改变时代列车的轨道，但是我们在努力成长。当然我们也希望让自己脱胎换骨，从小草变成小树苗。

——2015年　任正非《最大的敌人是我们自己》

33　没有必要费精力解释身份

我们现在是一个中国公司，肯定拥护中国共产党的领导，我们肯定热爱祖国，但是我们不会去危害别的国家。我们在全世界都是遵从法律的。我们也有道德遵从委员会，有 40 多个道德遵从委员，是民间选举的，大家的道德要遵从这些国家的规则，不能去违反这些国家的规则。所以我们在全世界的发展态势是很好的。

我们有八万多股东，全是员工，没有一个非员工，我的股票最多，没有比我更多的了，但也只占 1.4%。所以关于华为公司可能在有些方面有误解，但是我认为，只要我们持续努力，身份最终会被证明的。没有必要费这个精力解释身份，最后放弃了生产、销售，放弃了赚钱，那我们怎么活下去？

——2015 年　任正非《最大的敌人是我们自己》

34　需要长跑，耐得住寂寞

十月份，我们要发布和 Google 合作研发的高端产品。这款手机的操作系统是 Google 的，芯片是高通的，我们只做了工艺。我们诚心诚意和 Google 合作，借着合作契机，一鼓作气进入美国市场。在此基础上，再慢慢宣传我们的哪些机器是安全的。所以进入美国市场，明年应该是很好的机会。因为终端只是网络设备中的一个用户端产品，不涉及信息安全问题，应该勇敢地去销售。当然，也不要说美国市场很大，都是我们的，这是想得太好了，还是需要长跑，耐得住寂寞。

脚踏实地，做挑战自我的长跑者。

——2015 年 8 月 27 日　任正非在消费者 BG 2015 年中沟通大会上的讲话

35　不能把希望都寄托在美国身上

暂时的冲突，最终是要互相妥协的，不可能走向对抗。因为对抗，最后两个国家的力量都全部消耗完了，这不是美国的愿望，也不是中国的愿望。邓小平很早就讲过一句话"中美关系坏也坏不到哪儿去，好也好不到哪儿去"。它就在这个中间发展。对华为而言，我们就要避开将来会产生的冲突。不要因为华为，而影响中美关系的改善。我们就老老实实做点事，卖点低端产品，世界那么大，也不能完全都把希望寄托在美国身上嘛。

——2015 年 9 月 6 日　任正非接受福布斯中文网采访

36 华为和美国没有利益冲突

我们当然会希望在那儿投资，华为和美国没有利益冲突，我们投资也有益美国。如果华为成为一个议题，妨碍中美关系改善，那么我们坚持只卖低端产品。

——2015 年 9 月 6 日　任正非接受福布斯中文网采访

37 芯片暂时没有用，也还是要继续做下去

我们在价值平衡上，即使做成功了，（芯片）暂时没有用，也还是要继续做下去。一旦公司出现战略性的漏洞，不是几百亿美金的损失，而是几千亿美金的损失。我们公司积累了这么多财富，这些财富可能就是因为那一个点，让别人卡住，最后死掉。……这是公司的战略旗帜，不能动摇的。

——2016 年 1 月 13 日　任正非在市场工作大会上的讲话《决胜取决于坚如磐石的信念，信念来自专注》

38 抓住别人不足的地方加大投入

Google 不做的模块，我们加快开发，不要去颠覆 Google 的操作系统软件，因为颠覆了 Google 的软件，不利于解决中美关系问题，也不利于利用 Google 的生态建设。我们只是抓住 Google 做得不足的地方加大投入。

——2016 年 2 月 27 日　任正非在巴展和乌克兰的谈话要点《多路径　多梯次　跨越"上甘岭"　攻进无人区》

39 在海外也要严格守法

当前世界风云变幻，危机重重，我们要遵纪守法，用法律遵从的确定性来应对国际政治的不确定性。要严格管制内外合规问题，严守商业边界。

——2016 年 5 月 28 日　任正非在 2016 年 5 月 30 日全国科技创新大会上发言的内部撰写稿

40　要努力学习西方先进思想

第一要自强，第二要开放，自强了就敢开放。专家不能只埋头苦干，要像蜡烛一样把自己烧光。在某些方面要细嚼，但如果只是这样，就是书呆子，因为你没有广谱的知识，没有战略洞察能力，就会事倍功半。要多上网，多读文献，学习西方先进思想，要做蓄电池不停充电，也要做灯塔，燃烧自己照亮别人。

——2020 年 7 月 15 日、20 日、21 日　任正非在研发专家代表及专委会代表座谈会上的讲话

41　不要忘了自己必须努力

战略预备队的学员，无论将来是上升还是下降，不要忘了自己必须努力。公司在这个历史时期，每年还拿出十几亿美元进行员工转人磨芯的培训，这本身就是一件不容易的事情。

——2020 年 8 月 31 日　任正非在战略预备队学员和新员工座谈会上的讲话

42　制裁下需要更多人才

2021—2022 年是求生存、谋发展战略攻关最艰难的两年。在公司聚焦的业务领域，作战需要强大的队伍，要有足够的兵力才能集中优势兵力打赢"歼灭战"。要敢于吸收国内外人才，不拘一格降人才。

——2020 年 10 月 27 日　任正非在研发应届生招聘座谈会上的讲话

43　发展总会有利于社会进步

要共同发展。美国要经济发展，中国要经济发展，发展了总会有利于社会进步，有利于金融的平衡，大家都需要。人类社会在进步，世界上没有一家公司能独自完成全球化的产业，越来越需要全球共同努力。

——2021 年 2 月 9 日　任正非在山西太原出席智能矿山创新实验室揭牌仪式时的讲话

44 任何困难都阻止不了我们前进

当前，个别国家想阻断我们对科学要素的研究投资，阻断我们对先进科学的学习，我们要有所准备。要扩大我们对未来研究方向的探索与投资，合理布局建立理论研究基地和平台，也要发挥我们现在的工程研究基地的优势。那样，我们就要学会宽容失败的科学家，理解博士们的学有专长，我们的高级干部要增加阅读量，增加见识，增加沟通，理解对未来路途探索的艰辛。只要我们不甘落后，这种宽容就是高级干部必备的品质。我们要有周公吐哺的精神，爱惜人才，珍重人才。我们要敢于挑战困难，大事临头要有静气，要沉着淡定持续不断地努力。任何困难都阻止不了我们前进，也许极端困难的外部条件把我们逼得更团结，把我们逼得更先进，更受客户喜欢。逼得我们真正从上到下能接受自我批判，自我优化。

——任正非在无线大会上的讲话《我们要和时间赛跑》

45 外部压力使内部密度更大、更团结

当前我们面对美国的压力时，有人说："堡垒是从内部攻破的，堡垒是被外部加强的。"公司内部松散，奋斗的意志正在衰退的时候，是外部压力让内部密度更大、更团结。我们决不能妥协，一定要胜利，除了胜利，我们没有其他路可以走。

明天，公司第四届持股员工代表会正式宣誓就职。经历了一年多的酝酿、提名、章程宣传、投票，涉及十几万人的事情在网上一点声音都没有，说明华为公司已经是一支有纪律的队伍。大家说"团结就是力量"，团结真是力量！所以，大家不要总说我们没有好的机制，我们的长期激励和短期激励分配机制是经历三十年的磨合才形成的，这个形成机制就是力量。我们还会再改革，优化这个机制，使我们的力量更强。又如，你们的改革走到这一步，能给公司作出榜样，也说明华为公司是经得起历史考验的。所以，我们用五年时间赢取胜利的可能性是存在的。

——2019 年 3 月 29 日　任正非在电信软件改革表彰大会上的讲话《寂寞英雄是伟大的英雄》

46 超越美国不是梦

我们的理想是伟大崇高的，我们为之奋斗是无怨无悔、痴心不改的。我们向一切先进学习，努力追赶美国，我们一定要最先将红旗插上"上甘岭"。"初生牛犊不怕虎"，超越美国不是梦，何不潇洒走一回呢？"我拿青春赌明天，你用真情换此生"。我们的目标一定要达到，我们的目标也一定会达到。

——2019 年 3 月 30 日 任正非在第四届持股员工代表会上的讲话

47 5G 只是工具，没有意识形态

网络安全只是技术演进潮流中的一个局部问题，千万不要成了冷战的工具。5G 毕竟不是原子弹，对人类没有破坏作用，只会更加促进社会的进步，促进物质生产与精神生活的丰富。现在有些政治家选错了抓手，5G 仅是一种技术工具，是通信技术自然发展演进与技术迭代的产物，它本身没有意识形态，也没有多大的社会效能，外界夸大了它的作用。网络安全问题是可以通过建立统一标准来解决的，类似 GDPR，基于标准国际立法来监督所有企业，不必过度担心。社会不改变这种思维，你们的前进会困难重重。

——2019 年 4 月 12 日 任正非在 CNBG 誓师大会上的讲话《极端困难的外部条件 会把我们逼向世界第一》

48 我们要做好"长征"的准备

去年终端发展非常快的时候，我反复提醒余承东"要警惕仁川登陆"。过去我们把 CBG 作为公司的"压舱石""牡丹江"，让它输出利润供养公司，我们忽视了 CBG 可能遇到的困难，仅仅盯住 CNBG 的困难了。CNBG 经过十二年备战，"心脏"和"油箱"的防护系统已做得比较好了。CNBG 是美国的重点打击对象，这架"烂飞机"上被打出 4300 多个"弹孔"，但是没有击中"心脏"，也没有击中"油箱"。经过艰难的补洞，现在已修好了主要的"洞"，飞机仍然继续飞行。CBG 身上就两个"弹孔"，虽然没击中"心脏"，但不幸的是击中了"油箱"，几万员工拿棉纱把"油箱"漏洞堵住，剩下一点油，还要继续飞。补洞要快过油漏，生态构建不是一朝一夕的事情，我们要做好"长

征"的准备。补洞再快,也来不及建立起生态。我们给 CBG 两三年时间,让它重新振兴起来。

——2019 年 7 月 31 日　任正非在 CNBG 向 CBG 移交"千疮百孔的伊尔–2 飞机"战旗仪式上的讲话《钢铁是怎么炼成的》

49　过去我们是为了赚点小钱,现在是为了战胜美国

我们要引进各种"丙种球蛋白"。大家也看到了,我们破格提拔了一批应届生,这会在大学学术界掀起一个风暴,让天才成批来。

今年初,我们给俄罗斯科学家按中国薪酬标准提高待遇,合理地提升了科学家的职级。当我们把这个"灯塔"亮起来时,就会在俄罗斯科学界引起躁动。今年 4 月我去俄罗斯,给 3 名曾获得全世界计算机大赛冠军的本科生定薪 1500 万卢布,以此为标杆,还要把"榜眼""探花"都招进来,因为这是世界级竞赛。所以,将来我们公司会进来一批"丙种球蛋白",希望和我们的大平台产生异化作用,用这些"泥鳅"激活十九万人组成的稳定的组织平台。

过去我们是为了赚点小钱,现在是为了战胜美国,我们一定要有宽广的心胸,容纳天下人才,一起来战斗。

——2019 年 7 月 31 日　任正非在 CNBG 向 CBG 移交"千疮百孔的伊尔–2 飞机"战旗仪式上的讲话《钢铁是怎么炼成的》

50　没有超速连接,在人工智能上可能就落后一步

5G 就是小儿科,过于被重视了。其实 5G 就像螺丝刀一样,只是一个工具,螺丝刀可以造汽车,但它并不是汽车,离开汽车它没有实用价值。5G 提供高带宽、低时延,支撑的是人工智能,人工智能才是大产业。过去我们为什么要保 CNBG,让 CBG 作为副业赚钱来养 CNBG?就是要让 CNBG 能站在世界的"上甘岭"上,能称雄世界。人工智能是又一次改变信息社会格局的机会,它需要超级计算、超大容量的数据存储和超速连接的支撑才能实现。美国有超级计算,也有超级存储,但是没有超速连接,因为美国光纤网不充分,也不用最先进的 5G,它在人工智能上可能就落后一步。

——2019 年 7 月 31 日　任正非在 CNBG 向 CBG 移交"千疮百孔的伊尔–2 飞机"战旗仪式上的讲话《钢铁是怎么炼成的》

51 危险同样也是机会

大家不要单纯地认为外部环境对我们不好，危险同样也是机会。外部打压其实推动了我们内部的改革，因为大家都感到紧迫性，改革的积极性也提高了。我们内部的改革已初见成效，从9月份的财务报表来看，增加了很多利润，其中一部分就是管理改进、流程改进的贡献。

但是我们的战略投入还不够，首先是还没有做好战略投入需求的洞察、规划。我们培养了很多技术领袖，但真正的商业领袖不多。公司要产生更多的商业领袖，他们对未来架构性描述要有很清晰的观点，对未来商业模式要有所构想。我们现在还不能像西方公司那样，在一个产品还没做出来之前，就对相应的生态环境、架构性认识已经有了构想或措施，而往往是等这个产品做出来后，才想到还要去做什么生态伙伴、商业环境等建设。我们在战略上还没有真正领先，虽然技术上领先两年，其实也没领先，因为不能及时用上，还需要转换成规模化商业成功。

——2019年10月8日 任正非在日落法人力资源秘书处及AT运作优化工作汇报上的讲话

52 向美国学习，与泰国、越南比优势

目前，中国最重要的是不断提升自己的实力，要依靠科学、人才和教育来缩小与美国的差距。如果没有科学、人才、好的教育，就不可能有好的工业及农业的发展。中国首先还是要自己强大，比如我们的农产品，在价格和质量上与美国的农产品有一定差距。如何促进未来生物科学进步？这需要向美国学习。我们应该认真分析自身的弱点在哪里，比如低端工业，很多都迁移到了泰国和越南，但现在泰国和越南也开始产业升级，在不断争取中国高科技企业。我们现在不仅要跟美国比政策优势，还得与泰国、越南比优势，如果我们没有比过他们，那么我们的目标和理想就不容易实现。因此，我们需要不断优化升级产业环境，提升国家竞争力。

——2020年4月22日 任正非在深圳华为总部接受《龙》杂志总编辑贾正的专访

53　补基础研究这一课十分艰难

华为从 2 月 1 日起就恢复生产了，没有中断。春节期间也有不少人加班，因为我们要与时间赛跑。这次疫情对我们的生产、销售、交付是有一定的影响的，有些配套厂家生产数量提升不上来，物流运不过来。在确保健康安全的情况下，我们帮助上、下游让他们开工。此外，国际物流也有影响，现在国际航班数量大幅度减少，空运费用上涨 3~5 倍，这对我们有影响。

面对美国的打压，必须克服，我们在基础研究上，还赶不上美国，补上这一课十分艰难，特别是补上基础科学这门功课。以前都是美国做好功课，我们买回来，现在这个功课我们要自己做，就需要多花一些资金和时间，经济收益会下降一些。

——2020 年 4 月 22 日　任正非在深圳华为总部接受《龙》杂志总编辑贾正的专访

54　经济一定要走向全球化，只有全球化才会有竞争力

将产业链向本国转移是错误的，因为经济一定是走向全球化的，只有全球化才会有竞争力，没有全球化就没有竞争力。任何一个国家不可能单独构建一个全要素能力，单凭一国之力搭健全要素产业链的成本是非常高的。目前，我国大量中低端制造业都在向泰国、越南等国家转移，美国又在打压我国的高科技产业，中国制造业正处于中间层，一定是很困难的，不能有太多的幻想。

——2020 年 4 月 22 日　任正非在深圳华为总部接受《龙》杂志总编辑贾正的专访

55　我们没有替换美国零部件的想法

美国永远都是我们的好朋友。我们去年在美国采购了 187 亿美元的零部件，过去只有 110 亿美元，大幅增加了对美国零部件的采购量。美国政府也批准了一些美国公司向我们供货。美国少数政治家的提议不完全代表美国政

府的意见，很多美国公司得到美国商务部的批准向我们供应零部件，我们没有替换美国零部件的想法。

——2020 年 4 月 22 日 任正非在深圳华为总部接受《龙》杂志总编辑贾正的专访

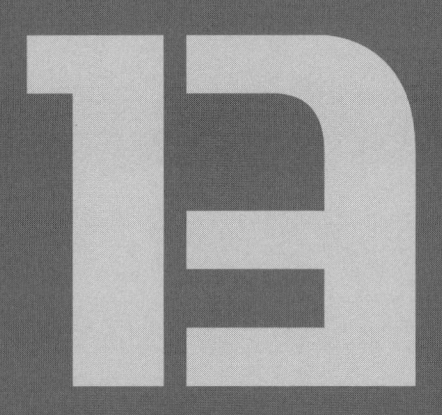

第十三章

未来路线展望

HUAWEI

01 打开思想的禁锢

我们要利用系统工程的思想，把公司内的"围墙"炸开，摧毁各种"土围子"，打开思想的禁锢，形成开放的思维，慢慢消化吸收，不断积累组织能力，更好地面向未来。

——2022 年 5 月 29 日　任正非与系统工程领域科学家、专家会谈纪要

02 大算力时代已经到来

大算力时代已经到来，我们正在转弯，转到大算力网络上来，我们要理解并参与这个时代的改变。在大算力时代，5G、云、AI 要聚合起来，发挥云、管、端、芯的综合竞争力，我们一定要用科学的方法去拆除思想的"围墙"。

——2022 年 5 月 29 日　任正非与系统工程领域科学家、专家会谈纪要

03 华为公司将成长为信息高速公路建设的主力军

开拓无线通信和个人通信领域，首先要在数字微蜂窝和无线本地环路上突破，进而发展无线通信的主流市场，进入欣欣向荣的多媒体领域，发展视像技术和 CATV 技术，为千家万户带来科技的享受。未来的计算是基于网络的计算，数据通信和 ATM 宽带交换技术是实现信息高速公路的基石，华为公司将成长为信息高速公路建设的主力军。

——1995 年 12 月 26 日　任正非在 1995 年总结大会上的讲话

04　华为要建立世界一流体系

我们拟用 3 年建立世界一流的生产工厂，这个一流主要指的是管理一流、工艺及设备一流、建筑群体一流。我们现在正在进行 ISO9000 工程、业务流程重整、管理信息系统的引进，我们又有这么高的文化素质，2 年之内达不到高的管理水平，是说不过去的。有了 49 个良好的管理系统，这个软件就给生产线注入了新的灵魂，也是华为公司管理的灵魂。

——1995 年 12 月 26 日　任正非在 1995 年总结大会上的讲话

05　营销国际化

我们已制定了第二次创业规划，将在科研上瞄准世界上一流公司，用十年的时间实现国际接轨。我们所谓的营销国际化不是在国外建几个工厂，把产品卖到国外去，而是要拥有五至六个世界级的营销专家，培养五十至六十个能够指挥战役的"将军"。

——在深圳华为通信公司与云南电信器材厂通信电源合作签字仪式上的讲话

06　方向不对会死，不努力也会死

物联网是我们未来要大力争取的机会窗，但重在万物连接，这与我们的主航道战略一致。连接里包括了你所说的边缘计算、分布式计算。传感器这个领域我们可能没有多大机会，因为传感器的核心是物理学和化学，而我们擅长的是数学。有人问我："未来信息社会是什么？"我说不清楚。借助外面的一句传言，"物理学的尽头是数学，数学的尽头是哲学，哲学的尽头是神学"。

未来的描述也许只有神才知道。只要我们不断地自我批判，不断地自我纠偏，就能调整到大致正确的方向上；在职时我们必须拼命努力，只有努力才会减少死亡的可能。方向不对会死，不努力也会死，没有谁会永垂不朽，公司过百年的都很少。

——2017 年 10 月 4—6 日　任正非在加拿大四所高校校长座谈会以及公司员工座谈会上的讲话（在蒙特利尔、渥太华、多伦多与员工座谈）《一杯咖啡吸收宇宙能量，一桶浆糊粘接世界智慧》

07　不做人工智能难以生存

今天我们如果不做人工智能，别人做，我们就死掉了。所以，我是积极支持人工智能这个产业在有益的方面积极发展的。管理体系简单化和产品竞争力提升是我们一开始的两个目标，集聚起数千人才，这些人才也作为智能产品的战略后备军。使能工程部任重道远呀！

如果将来的机器人，一个人的能量相当于十个人的能量，可能不止十个人，还要更多一点，那么德国就成了相当于八亿人口的工业国家。所以机器人做工，我们来控制它，让我们多产生一些价值，生活得更好一点。在这个社会上有大量的重复劳动，这些重复劳动让机器完成会比让人完成的水平更高。社会还有很多模糊的问题、判断不清的问题，要由机器来处理。这就是脑力劳动自动化。

——2017 年 10 月 4—6 日　任正非在加拿大四所高校校长座谈会以及公司员工座谈会上的讲话（在蒙特利尔、渥太华、多伦多与员工座谈）《一杯咖啡吸收宇宙能量，一桶浆糊粘接世界智慧》

08　人工智能对人类进步的贡献是很大的

为什么会有特别好的医生，特别好的工程师？因为他们掌握了很多问题产生之前的数据。人脑容量有限，记不住这么多模型，所以有经验的医生数量还是比较少的。而机器人能记住更多的模型和数据，根据这些模型判断现在的状况，对人类进步的贡献是很大的。出现伦理道德问题，到时候只能求助法律，技术上没法解决。

——2017 年 10 月 4—6 日　任正非在加拿大四所高校校长座谈会以及公司员工座谈会上的讲话（在蒙特利尔、渥太华、多伦多与员工座谈）《一杯咖啡吸收宇宙能量，一桶浆糊粘接世界智慧》

09　基因技术与大型计算机的出现有很大关系

基因技术与大型计算机的出现有很大关系，当年美国主要是研究蛋白质分子，需要巨大的计算机，计算量比核爆炸大很多倍。随着计算技术越来越发达，生物技术就在末梢，人工智能也很快了，这些突破都意味着巨大的数据流量。

——2016年2月27日 任正非在巴展和乌克兰的谈话要点《多路径 多梯次 跨越"上甘岭" 攻进无人区》

10 本来这条路是不正确的

我们做了一片云，贴到了中国移动的管道上，贴到了电信的管道上，我们就用了，我们没有做很多片云。我们走的过程不能证明这条路一定是正确的，但是我们从这里起步了，起步就要走向更加开放、更加兼容。本来这条路是不正确的，结果因为我们的开放兼容，变成一条正确的道路了，这条路已经不是我们想象的那条狭路了，这条路已经异化了。所以你要称霸世界，不能只认死理，那是僵化。

——2020年11月18日，任正非在华为云战略与解决方案发布会上的讲话纪要《开放、合作、自我批判，做容千万家的天下英雄》

11 胜利是最好的教员，靠胜利言传身教

内部统一组织是靠打胜仗来牵引的，在打胜仗中不断组合队列。从小交换机开始，从传输开始，从2G无线网开始，从简单的路由器开始……无不是用胜利来牵引的。为什么四野的队伍这么彪悍？因为他们跟着林彪一直打胜仗，林彪并没有做多少思想工作。胜利是最好的教员，靠胜利言传身教。华为云业务的组织优化能不能先从点开始，从胜利中总结经验？我们不可能简单采取阿里、亚马逊的道路，我们没有那么多钱。我们如何发展，要找出一条路来，而不是简单模仿。

——2020年11月4日 任正非在企业业务及云业务汇报会上的讲话

12 科技是向善的

我读过赫拉利教授的《未来简史》《今日简史》，他关于人类社会发展的规律以及科技对未来社会结构与人类意识形态变化冲突的许多观点我是认同的。

首先要看到科技是向善的，科技发展不是为了作恶，而是向善。人类经历了漫长的发展过程，过去几千年，技术进步缓慢，与人们的生理进步基本是同步的，内心没有恐慌；当火车、轮船、纺织机械等出现的时候，人们出现了一些小恐慌，但是后来工业社会的发展把这些恐慌消除了；进入信息社会，技术奇点的爆发使间隔的周期缩短了，现在电子技术已经高度被突破，尽管摩尔定律还会约束电子技术的进步，但是把芯片能力推进到 2 纳米、3 纳米已经不是问题了。

由于计算机能力的极大提升，信息技术遍布世界。加上生物、物理、化学、神经学、数学等各种技术的突破和跨学科、跨领域的突破以及学科交叉创新的突破，给人类社会积累了足够的能量，这个能量积累到一定程度，到达临界点时，就会发生智能爆炸。这个"技术大爆炸"给人们带来一种恐慌，爆炸是好还是坏？我认为是好的。在新技术面前，人类总会利用它来造福社会，而不是利用它来破坏社会，因为绝大多数人是向往幸福生活的，而不是向往受磨难的。我刚出生时，原子弹在广岛爆炸。我七八岁时体会到，人类最大的恐慌就是原子弹，全球都恐慌原子弹。但是，随着被拉长的人类社会的历史镜头来看，原子能发电、放射性医学等都能造福人类。所以，今天我们没有必要对人工智能这么恐慌，原子弹爆炸可能会伤害人类，但人工智能的发展不会对人类有多么大的伤害。

当然，我们公司仅仅是研究弱人工智能的，要在封闭的系统中，有清晰的规则和完整的信息条件下进行，有一定条件和数据支撑地促进工业、农业、科学、医疗卫生等事业的进步，这是有边界的。比如，汽车驾驶、矿山开采、药物技术等都是有边界的，这些边界在人工智能提高以后创造了大量财富。有人说："在创造财富的过程中会有很多人失业。"这是社会问题。但是，多创造财富总比少好。今天的社会，即使是穷人的绝对财富比几十年以前也增加了，虽然贫富差距加大，但不等于穷人走向更加贫困。解决贫富悬殊造成的冲突是社会问题，不是技术问题。如何平衡财富的分配对各国政府的治理提出了挑战。

——2020 年 1 月 21 日　任正非在 2020 世界经济论坛上的发言纪要

13　我们为什么还要拼命研究 6G

那我们为什么还要拼命研究 6G 呢？科学，是无尽的前沿。每一代无线通信都发展出了新的能力，4G 是数据能力，5G 是面向万物互联的能力，6G 会不会发挥出新的能力，会不会有无限的想象空间？无线电波有两个作用：一是通信，二是探测。我们过去只用了通信能力，没用探测感知能力，这也许是未来一个新的方向。

6G 未来的增长空间可能不只是大带宽的通信了，可能也有探测感知能力，通信感知一体化，这是一个比通信更大的场景，是一种新的网络能力，能更好地支持扩展业务运营。这会不会开创一个新的方向？所以，我们研究 6G 是未雨绸缪，抢占专利阵地，不要等到有一天 6G 真正有用的时候，我们因没有专利而受制于人。

我们过去强调标准，是我们走在时代后面，人家已经在网上有大量的存量，我们不融入标准，就不能与别人连通。但当我们"捅破天"的时候，领跑世界的时候，就不要受此约束，要敢于走自己的路，敢于创建事实标准，让别人来与我们连接。就如当年钱伯斯的 IP 一样，独排众议。

——2021 年 8 月 2 日　任正非在台湾"中央研究院"创新先锋座谈会上与部分科学家、专家、实习生交流时的讲话《江山代有才人出》

14　我们今天就要假设未来

我就举个例子来说明：比如空中客车和波音的竞争，波音就假定了这个世界是个网络型的世界，进行点到点的飞行，这样不需要枢纽中转就可以直达这个小城市，因此波音没有做大客机，而是在小的点对点上改进。空中客车假定是枢纽型，到法兰克福先坐大飞机，再转小飞机，所以三百人的飞机就首先问世了。

我们今天就要假设未来的架构是什么样的。如果我们假设都不清楚，对未来就是一场赌博，就是赌这个带宽是多少。我们没有先进武器，拿大刀、长矛去砍飞毛腿是砍不掉的，我们需要有东西去对付他们。我们不指望有英明领袖，我们需要的是大家都有战略眼光。

——2012 年 7 月 12 日　任正非在华为"2012 诺亚方舟实验室"专家座谈会上的讲话《中国没有创新土壤　不开放就是死亡》

15. 多交一些朋友，才能达成战略目标

我曾在和能源业务人员讲话时提过，华为公司的优势在于数理逻辑，不在物理界面。华为公司一定要在优势方面集中发挥。所以在材料科学方面，我更多地倾向材料应用上的研究，而不是在材料的创造发明上。比如，日本的研究正在从整机收缩到部件，从部件收缩到材料，这对我们公司是一个天大的好时机，在日本拼命做材料科学研究的时候，我们研究的是怎么用这些东西，使产品比美国做得好，我们就用了巧力。大家都认为日本和德国的机器可靠，为什么不让日本人、德国人做我们的中间试验，给我们的产品质量把关，好坏让日本员工、德国员工去定义。我们要花精力理解这些创造发明对我们有什么用，从这个角度出发，我们和世界达成互补性的经济关系。多交一些朋友，才有助于达成主要的战略目标。

——2012年7月12日 任正非在华为"2012诺亚方舟实验室"专家座谈会上的讲话《中国没有创新土壤 不开放就是死亡》

16. 把山头打下来，下面的矿藏就都是你的了

我们要舍得打炮弹，把山头打下来，下面的矿藏就都是你的了。在功放上要敢于用陶瓷芯片，要敢于投资，为未来做准备。我们公司的优势是数理逻辑，在物理领域没有优势，因此不要去研究材料。我们要积极地应用超前技术，但不要超前太多。

我们要用现代化的方法做现代化的东西，敢于抢占制高点。有的公司无论怎么节约，还是亏损，我们怎么投入还是赚钱，这就是作战方法不一样。

——2013年9月5日 任正非在无线业务汇报会上的讲话纪要《最好的防御就是进攻》

17. 要舍得打炮弹

要舍得打炮弹，用现代化的方法做现代化的东西，抢占制高点。我们现在打仗要重视武器，要用武器打仗。以前因为穷，所以我们强调自力更生，强调一次投片成功，强调自己开发测试工具。现在我们要用最先进的工具做

最先进的产品，要敢于投入。把天下打下来，就可以赚更多钱。

——2013 年 9 月 5 日　任正非在无线业务汇报会上的讲话纪要《最好的防御就是进攻》

18　重要的是掌握知识和应用知识的能力和视野

高级干部要少干点活儿，多喝点咖啡。最近，胡厚崑写了篇文章《数字社会的下一波浪潮》，专门讲"过去拥有的知识已经没有意义了"，知识不是最重要的，重要的是掌握知识和应用知识的能力和视野。我做过一个测试，让服务员制作榴弹炮，他们之前对榴弹炮完全没有概念，通过上网搜索原理和图纸，之前完全不懂榴弹炮的人瞬间就进入了这个领域。

高级干部与专家要多参加国际会议，多"喝咖啡"，与人碰撞，不知道什么时候就擦出火花，回来写个心得，你可能觉得没有什么，但也许就点燃了熊熊大火，让别人成功了。只要我们这个群体里有人成功了，就是你的贡献。公司有这么多务虚会就是为了找到正确的战略定位，这就叫一杯咖啡吸收宇宙能量。

——2013 年 9 月 5 日　任正非在无线业务汇报会上的讲话纪要《最好的防御就是进攻》

19　要打破自己的优势

要打破自己的优势，形成新的优势。我们不主动打破自己的优势，别人早晚也会来打破。

——2013 年 9 月 5 日　任正非在无线业务汇报会上的讲话纪要《最好的防御就是进攻》

20　让具有少将能力的人去做连长

我们将试点"少将连长"，按项目的价值与难度，以及已产生的价值与贡献，合理配置管理团队及专家团队。传统金字塔的最底层，在过去级别是最低的，他们恰恰是我们面对 CEO 团队、面对复杂项目、面对极端困难突破的着力点，过去的配置恰恰是最软着力点。

我们要让具有少将能力的人去做连长。支持"少将连长"存在的基础，是你那儿必须有盈利。我们要从有效益，能养高级别专家、干部的代表处开始改革，"优质资源向优质客户倾斜"。只有从优质客户那赚到更多的钱，才能提高优质队伍的级别配置，否则哪来的钱呢？

——2013 年 10 月 19 日 任正非在 2013 年干部工作会上的讲话《用乌龟精神，追上龙飞船》

21 让听得见炮声的人来呼唤炮火

公司管控目标要逐步从中央集权式转向让听得见炮声的人来呼唤炮火，让前方组织有责、有权；后方组织赋能及监管。这种组织模式必须建立在一个有效的管理平台上，包括流程、数据、信息、权力。历经二十多年的努力，在西方顾问的帮助下，华为已经构建了一个相对统一的平台，对前方作战提供了指导和帮助。在此基础上，再用五至十年的时间，逐步实现决策前移及行权支撑。

——2013 年 10 月 19 日 任正非在 2013 年干部工作会上的讲话《用乌龟精神，追上龙飞船》

22 自我满足三个月就会死亡

我们的 2012 实验室就使用了批判的武器，对自己、对今天、对明天、对批判进行批判。他们不仅在研究适应颠覆性技术创新的道路，也在研究对今天的技术进行延续性创新，迎接明天的实现形式。在大数据流量上，我们要敢于抢占制高点。

我们要创造出适应客户需求的高端产品，在中低端产品上硬件要达到德国、日本消费品那样永不维修的水平，软件版本要通过网络升级。高端产品达不到绝对的稳定，一定要用加强服务来弥补。这个时代进步得太快了，若自我满足，只要停留三个月，就注定会从历史上被抹掉，正因为我们长期坚持自我批判不动摇才活到了今天。

今年，董事会成员发表《炮轰华为》，中高层干部发表《我们眼中的管理问题》，厚厚一大摞心得，每一篇都是我亲自修改的。大家也可以在心声社区上发表意见，总会有部门把存在的问题解决，公司会不断优化自己的。

——2013年10月19日　任正非在2013年干部工作会上的讲话《用乌龟精神，追上龙飞船》

23　勇于打破既得优势，就有可能追上特斯拉

华为也就是一匹"宝马"（大公司代名词），在瞬息万变，不断涌现颠覆性创新的信息社会，能不能生存下来？不管你怎么想，这是一个摆在你面前的问题。我们用了二十五年的时间建立起一个优质的平台，拥有一定的资源，这些优质资源是多少高级干部及专家浪费了多少钱才积累起来的，是宝贵的财富。

过去所有失败的项目、淘汰的产品，其实就是浪费（当然浪费的钱也是大家挣来的），但没有浪费，就没有大家今天坐到这儿。我们珍惜这些失败积累起来的成功，若不故步自封，敢于打破既得的坛坛罐罐，敢于拥抱新事物，华为不一定会落后。当发现一个战略机会点时，我们可以千军万马压上去，后发式追赶。你们要敢于用投资的方式，而不仅仅是以人力的方式把资源堆上去，这就是和小公司创新不一样的地方。勇于打破既得优势，就有可能追上特斯拉。

——2013年10月19日　任正非在2013年干部工作会上的讲话《用乌龟精神，追上龙飞船》

24　数十名数学家帮助华为成为全球一流公司

未来我们在法国将新增三个研究所：第一个是美学研究所，关注色彩学，法国在色彩学上的积淀可以帮助华为的产品改变形象；第二个是数学研究所，未来数字世界的数据大得难以想象，我们不知道如何应对这样大的流量；第三个是芯片设计中心，现在美国的芯片技术最发达，我们在设计水平上已经达到了美国水平。我们想继续加大芯片投资，改变落后状况。

——2013年11月25日　任正非接受法国媒体联合采访《我一贯不是一个低调的人》

25　项目做完了，不输出案例就等于浪费

每个人每个季度都要写案例，不写案例就写心得，多个心得叠加起来就能写出案例了。项目做完了，不输出案例就等于浪费。当然，刚开始案例会越来越多，但是最终案例还是要越来越少。比如，你写了个案例，我写了个案例，他也写了个案例，实践以后，再综合一下，把三个案例归纳成一个，这就是案例的二次加工。就像书先是越读越厚，最后是越读越薄。这样不仅方便以后获取案例，服务的整体水平也随之提高了，人进步得更快了。

——2013 年 12 月 22 日　任正非在西研所业务汇报会上的讲话《聚焦商业成功，英雄不问出处》

26　让员工充分享受

你看我们的松山湖基地，房子漂亮，而且专门引进了一列瑞士火车，供员工穿梭园区使用；松山湖有三十多个食堂，让员工充分享受！

——2013 年 12 月 22 日　任正非在西研所业务汇报会上的讲话《聚焦商业成功，英雄不问出处》

27　产品的生命后周期，不是商业的生命后周期

生命后周期时代，是产品的生命后周期，不是商业的生命后周期，也不是我们的生命后周期。

——2013 年 12 月 22 日　任正非在西研所业务汇报会上的讲话《聚焦商业成功，英雄不问出处》

28　不要老是埋头苦干

不要老是埋头苦干。华为公司有很多项目，你光说你先进有啥用，要从商业模式上来看你所处的地位。

——2013 年 12 月 22 日　任正非在西研所业务汇报会上的讲话《聚焦商业成功，英雄不问出处》

29　要向日本人学习

我们不要老是认为收尾不赚钱，收尾才赚大价钱。我们要向日本人学习，日本人卖汽车就特有经验。日本有很多二手汽车都要淘汰，日本人就把它们卖到非洲去，2万块人民币一辆，便宜得不得了，但是配件卖得很贵，换个配件得几千块钱。这样就没有竞争性了，客户也不会引入竞争对手，你们来做的生命后周期管理，配件、维护的优化也挺有挑战性，维护也要能多赚钱。所以零部件贵一点，客户也能接受，因此我们要学会一些方法。

——2013年12月22日　任正非在西研所业务汇报会上的讲话《聚焦商业成功，英雄不问出处》

30　要激励儿女上战场

你们要激励儿女上战场，二十几岁为什么不能当将军？我要是跟你们一样年轻，我二十几岁保证能当将军。大学毕业就到最艰苦的地方去工作，我就去苏丹。我在电脑里面下载了所有的网络标准，而且把陈海燕搞的工程表格也全都下载下来。我去建一个基站，我刚大学刚毕业嘛，我只建一个基站，周末就请师傅吃饭，"师傅，今天中午我请你吃碗豆腐，这个基站是啥意思？"师傅说的我全部记下来，晚上我就写心得，写总结。半年后，就能管一站群，我再学、再总结。大站群我就用归纳法来处理，找出规律来，难道我还不能当将军吗？当军长和连长没有本质区别，只要当过连长的人一定能当军长，但是没有当过连长，直接从参谋下去当个团长的人，一辈子当不了军长。战场上枪一响，不死就是将军，死了就是英雄。怕死鬼就回家去好好过日子。

——2014年1月29日　任正非在企业业务座谈会上的讲话《握紧拳头才有力量》

31　谁要颠覆这个世界，他自己就得灭亡

合不合作都是利益问题，我个人是主张竞合。我们强调聚焦，聚焦后我们还是需要很多东西，就去和别人进行战略合作，而且是真心诚意的合作，我们就有帮手去抵抗国际上的压力。合作要找强者，比如我汽车没油

了，我就蹭他的车坐一坐，总比我走路好，总比我骑毛驴好。所以我们要敢于、善于搭上世界各种车，利益就多元化了，利益多元化，谁能消灭你？就像多少人在微软的 Windows 上开发了二次应用、三次应用，如果微软没有了，他所有的应用都要重新搞一遍，他怎么会希望微软垮掉呢？苹果短期也不会垮掉，因为苹果有很多伙伴，你看现在教学系统都是用苹果软件，上苹果 App Store，教材全下来了。我们也要向这些公司学习，也要走向这条路。合作伙伴是越多越好，但如果我们去集成，就树了一大堆敌人，就要去颠覆这个世界。谁要颠覆这个世界，那最后灭亡的就是他自己了。所以，我认为还是要利用盟军的力量，我只要搭着你的船，能挣点钱就够了，我为什么要独霸这个世界呢？我们走向被集成，那我们就要建立多种伙伴群，用伙伴群把产品卖给客户群。比如，SAP 最早就是我给你们谈的，我说我们要成为战略性伙伴，我们永远不进入它的领域，我们就开始合作了，我们就有了机会。

——2014 年 1 月 29 日　任正非在企业业务座谈会上的讲话《握紧拳头才有力量》

32　不要盲目铺开摊子作战

华为在这个世界上并不是什么了不起的公司，其实就是我们坚持活下来，别人死了，我们就强大了。所以现在我还是认为不要盲目做大，盲目铺开，要聚焦在少量有价值的客户、少量有竞争力的产品上，在这几个点上形成突破。好比战争中我这个师担任主攻任务，就是要炸开城墙，那么我打进城也就是前进四百米，这个师已经消耗得差不多了，接着后面还有两个师，然后就突进去了。从四百米突到一公里、两公里，接下来再进去三个师，攻城就是这么攻的。

所以我们在作战面上不需要展开那么宽，还是要聚焦，取得突破。当你们取得一个点的突破的时候，这个胜利产生的榜样作用和示范作用是巨大的。这个点在同一个行业复制，你可能会有数倍的利润。

——2014 年 1 月 29 日　任正非在企业业务座谈会上的讲话《握紧拳头才有力量》

33 分兵多路，必然死亡

我们要踏踏实实沿着有价值的点撕开口子，而不要刚撕开两个口子，就赶快把这些兵调去另外一个口子，你们分兵多路，最后就必然是死亡。我还是要强调，企业网目前取得了一些胜利，但不要盲目铺开摊子作战，还是要聚焦在一定的行业、一定的产品范围内，越是在胜利的时候，越别盲目行动。

——2014 年 1 月 29 日　任正非在企业业务座谈会上的讲话《握紧拳头才有力量》

34 为客户奋斗，去赚客户口袋里的钱

我们总结的方法来自中国五千年文明，也来自中国共产党。五千年文明讲"童叟无欺"，就是以客户为中心；中国共产党讲"为人民服务"，也是以客户为中心。我们为客户服务，我想赚你的钱，就要为你服务好。客户是送钱给你的，送你钱的人你为什么不对他好呢？其实我们就这点价值，没有其他东西。

时代变化太快，流程管理都是僵化的，要跟上时代变化，找到一种模式，普适是不可能的。华为实现流程化后就像一条蛇，蛇头不断随需求摆动，身子上的每个关节都用流程连接好了。蛇头转过来后，组织管理就要能跟得上变化；如果没有流程化，蛇头转过去，后面就断了，修复这个断节，成本会很高。流程化就是简化管理，简化服务与成本。我们为客户服务，为客户奋斗，去赚客户口袋里的钱。

——2014 年 6 月 16 日　任正非在"蓝血十杰"表彰会上的讲话《为什么我们今天还要向"蓝血十杰"学习》

35 高端手机若以技术为导向，赚不了钱，那你们的高端是没有价值的

你们说荣耀与华为其他产品有冲突，要平衡好电商和公开渠道的产品。我认为只要有利于发展，各自也可以考虑独立运作，目的是要能赚钱。你们看重过程，但我看重的是结果，从结果来选拔干部。另外，高端手机若以技

术为导向，赚不了钱，那你们的高端是没有价值的，过不了三个月，高端就成低端了。如果只是战略 MKTG 投入，试探着进行科研，我们不反对，但是你们若要做成一个产品，需要别的业务来补贴，我认为有必要在策略上好好分析。

——2014 年 3 月 11 日　任正非与消费者 BG 管理团队午餐会上的讲话《在大机会时代，千万不要机会主义》

36　现在垮掉的是小厂家

你们说现在中国做手机的小厂家有几百家，价格非常低，你们就想把最好的手机在一个比较适当的价格范围内做好。若按你们这个原则，爱马仕早就垮了，但现在垮掉的是小厂家。在座有谁愿意去磨豆腐？今年允许你在公司里搭个棚，只要质量好，我还可以动员员工买一点，二分五一斤，那能否支撑现在的人力资源架构？肯定不能。如果你做豆腐渣，整个公司会被拖垮。我们赚的超额利润怎么办？投入未来的科学研究，构建未来十年、二十年的理论基础，公司要从工程师创新走向科学家与工程师一同创新。我们已经浩浩荡荡地走在大路上了，全世界有哪家公司敢像我们这样涨工资，还有谁有我们这么潇洒？

——2014 年 3 月 11 日　任正非在消费者 BG 管理团队午餐会上的讲话《在大机会时代，千万不要机会主义》

37　把服务做好，客户怎么会抛弃我们呢？

服务要做到最好。我们赚了客户的钱，无论多辛苦，也要把客户的事情做好，客户是永远存在的，让客户满意我们才有明天。我们建立全生命周期管理，把服务做好，客户怎么会抛弃我们呢？有人说："哎呀，我干不动了。"19 级以上不是允许换休吗？ 16~18 级正值青春年少，还想当将军，不吃苦怎么能当将军？年轻人要吃大苦、耐大劳，不要因为工资涨了，整天优哉游哉，天天晒太阳，这种人应该被末位淘汰。华为保留的十几万人一定要能组成卓越的战斗队伍！

38　必须重视基础研究

十几年来，如果公司没有对基础科学和研究的重视，没有与世界前沿科学家的深入合作，没有对基础研究人员的重视，就不可能有今天这么雄厚的理论技术与工程积淀，那么面对美国的打压和封锁，存在的难题可能就无法化解。

——2021 年 8 月 2 日　任正非在台湾"中央研究院"创新先锋座谈会上与部分科学家、专家、实习生交流时的讲话《江山代有才人出》

39　从全球获取人才

海外研究院所要承担为公司招贤纳才的责任和使命，持续发现和吸引优秀人才，全球获取，全球使用。海外研究所应同国内研究所一样，与业务部门一起承担起为公司发现人才、吸引人才的责任和使命。

我们要把北美研究所转成一个人才招聘所，去看看论文，去找找人才，喝喝咖啡。一杯咖啡吸收宇宙能量。不仅是所长，各级专家都要参与进来，吸引科学家、专家、在校学生。去和人家喝咖啡，在交流的时候就会产生共鸣，分享挑战和愿景。不仅仅是北美，各海外研究所都一样，共同构建全球人才网络。

——任正非在 2022 年优秀人才 &"高鼻子"获取工作汇报会上的讲话《敞开胸怀，解放思想　敢于吸收全世界最优秀人才》

40　一起前进，战胜困难

无论如何，我认为还是要和大家勇敢地沟通，一起前进，战胜困难，我们要敢于走在时代前沿。

——2021 年 8 月 2 日　任正非在台湾"中央研究院"创新先锋座谈会上与部分科学家、专家、实习生交流时的讲话《江山代有才人出》

41　用合理的部件也造出了高质量的产品

80 年代，日本抓住了大型机、计算器的 DRAM 高质量高可靠需求（25

年保质期），基于戴明质量管理法做到 DRAM 质量远超美国，取得 50% 的市场份额。90 年代，PC 取代大型机成为 DRAM 主要市场，韩国抓住 PC 对 DRAM 低可靠性的要求（5 年保质期），用低成本创新实现了弯道超车，聚焦性价比创新，超越日本。

商业的本质是满足客户需求，为客户创造价值，任何不符合时代需求的过高精度，实质上也是内卷。所以，我们要在系统工程上真正理解客户的需求。这两年我们受美国的制裁，不再追求用最好的零部件造最好的产品，在科学合理的系统流量平衡的方法下，用合理的部件也造出了高质量的产品，大大地改善了盈利能力。

——2021 年 8 月 2 日　任正非在台湾"中央研究院"创新先锋座谈会上与部分科学家、专家、实习生交流时的讲话《江山代有才人出》

42　要知道自己是谁

我们现在要清楚："我是谁，从哪里来，准备到哪里去？"今天之所以跟大家沟通，就是担心你们去追求规模，把苹果、三星、小米作为目标，然后就不知道自己是谁了。我们当然要向苹果、三星、小米学习，但不要盲目对标他们。

——2014 年 3 月 11 日　任正非在消费者 BG 管理团队午餐会上的讲话《在大机会时代，千万不要机会主义》

43　手机的通信平台应该做到世界最好

手机有三大功能：通信、图像、操作系统。

通信功能：华为本来就是做通信技术出身的，通信平台也不涉及操作软件的问题，做不好是没有理由的。图像功能：图像是模糊数学，是目前谁都做得不太好的新事物，我们有希望突破。操作系统：我们不可能做到全球最好，因此坚决不做，就与微软、安卓等系统捆绑，他们积淀了几十年的经验，这样我们会省些力，集中力量在自己能突破的地方，取得机会窗的利益。

——2014 年 3 月 11 日　任正非在消费者 BG 管理团队午餐会上的讲话《在大机会时代，千万不要机会主义》

44 华为公司未来的胜利保障

华为公司未来的胜利保障主要是三点要素：第一，要形成一个坚强、有力的领导集团，但这个核心集团要听得进批评；第二，要有严格、有序的制度和规则，这个制度与规则是进取的。什么叫规则？就是确定性，以确定性应对不确定性，用规则约束发展的边界；第三，要拥有一个庞大的、勤劳勇敢的奋斗群体，这个群体的特征是善于学习。

——2014年11月6日　任正非在四季度区域总裁会议上的讲话《遍地英雄下夕烟，六亿神州尽舜尧》

45 生命不息、奋斗不止

先讲我的两个朋友的故事。一个朋友是AIG创始人柏林伯格，88岁，每天早上做50个俯卧撑，晚上做50个俯卧撑。他88岁到深圳，跟我谈到三年以后他就退休了，他把公司交给谁。其实，钱伯斯找接班人的时候，也征求过我的意见，虽然我们是竞争对手，但还是进行了有益的交流，当然，我不知道谁接班更好。另一个朋友是马世民，现在应该是78岁了。大前年9月7号，在他伦敦办公室请我吃饭，让我伸头出去看碎片大厦。那个碎片大厦有1680英尺高，老头子三天前沿着绳子，从顶上溜下来。我们出国经常遇到七八十岁的老头亲自开飞机来接，也许是为了证明他们不老。在国外，很多人是生命不息、奋斗不止的。

华为公司的接班机制已经在网上讲很多次了，徐直军（华为轮值CEO）已在媒体上说过了，华为接班人太多了，不是太少了。但有一点是明确的，我的所有家人永远不会接这个班。为避免外界的猜测、舆论的猜测、内部的猜测，搞乱了公司，我发文说明过了。

——2014年6月16日　任正非在"蓝血十杰"表彰会上的讲话《为什么我们今天还要向"蓝血十杰"学习》

46 我们要活下去

"我到哪里去？"我们要活下去。消费者BG要以利润为中心，严格控制库存风险。活不下去就没有未来！我们的价值评价体系要改变过去的技术导向，要以商业成功为导向。消费者BG已经进入公司主航道了，但主航道是要创造价值的，价值并不仅仅是技术领先。

未来还有很长的路要走。你们应该给主航道贡献能量，而不是拖后腿。主航道的能量一旦发散，就很难聚集起来达成目标。

——2014年3月11日　任正非在消费者BG管理团队午餐会上的讲话《在大机会时代，千万不要机会主义》

47　以商业成功为导向

公司未来的价值评价体系要以商业成功为导向。各个口长期亏损的行政干部一定要实行末位淘汰制，一定要降职降薪，给大家一个威慑。即使是优秀苗子，落下去一下有啥不可以，进入战略预备队当普通员工，有贡献你还可以上来。先降职降薪，你还可以冲锋，干好了还可以再上来。所以，效益做不上去的干部就要换掉，"将熊熊一窝"，不能产生战略贡献的干部不能提拔。

——2014年3月14日　任正非在LTC S2/S3项目演示汇报会上的讲话《三年，从士兵到将军》

48　华为前进中的对手是自己

我们的竞争对手就是自己。我们的董事长讲了，在华为公司前进的过程中，没有什么能阻挡我们的，除了内部腐败。华为最大的竞争者就是自己。

——2014年6月16日　任正非在"蓝血十杰"表彰会上的讲话《为什么我们今天还要向"蓝血十杰"学习》

49　最大的颠覆：石墨烯时代颠覆硅时代

我认为这个时代将来最大的颠覆，是石墨烯时代颠覆硅时代，但是颠覆需要有继承性发展，在硅时代成功的佼佼者最有希望成为石墨烯时代的佼佼者。因为现在芯片有极限宽度，硅的极限是7纳米，已经临近边界了，石墨烯已经是技术革命前沿了。但边沿机会还是属于硅时代的领先公司，不可能凭空出来一个小公司，然后就领导了时代脉搏，而且石墨烯这个新技术在世界上的发展也不是小公司能做到的。

诺基亚所犯的错误是还停留在工业时代，工业时代讲究的是成本和质量，世界上唯一还能用二十年的手机就是诺基亚手机。诺基亚忘了这个时代苹果所推动的移动互联网时代的进步，不等别人颠覆它，而是它自己颠覆了自己。关于数码相机的颠覆，数码相机是柯达发明的，但它在机会上重视不够，也不是别人颠覆了它，还是它自己颠覆了自己。

——2014年6月16日　任正非在"蓝血十杰"表彰会上的讲话《为什么我们今天还要向"蓝血十杰"学习》

50　诚惶诚恐不可能成功

外界都说华为公司是危机管理，就是我刚才所讲的，这是假设，不是危机意识。诚惶诚恐不可能成功。思想家的作用就是假设，只有有正确的假设，才有正确的思想；只有有正确的思想，才有正确的方向；只有有正确的方向，才有正确的理论；只有有正确的理论，才有正确的战略……

——2014年6月16日　任正非在"蓝血十杰"表彰会上的讲话《为什么我们今天还要向"蓝血十杰"学习》

51　不多元化就没有资金短缺的困难

我们已看到这句话。如果大量资本进入华为，结果是什么？一定是多元化，这就会摧毁华为二十多年来还没有全理顺的管理。我们今天这么聚焦管理，还做不到端到端打通。多元化管理我们更不适应。我们一定要在5~10年让自己无生命的管理体系赶上西方最优秀的公司，那就得聚焦，少点繁杂。否则，这廿多年引进的管理就被冲乱了。如果不多元化，我们就没有资金困难。未来的研发经费在80~100亿美元，我们有这个资金能力。如果变革的速度太快，就有可能失去自己所有的积累。所以我们决心不进资本市场，不多元化。如果我们的发展不需要太大规模，怎么会出现资金短缺的问题呢？

——2014年6月16日　任正非在"蓝血十杰"表彰会上的讲话《为什么我们今天还要向"蓝血十杰"学习》

52 慢慢跑，持续盈利

华为公司要坚持跑马拉松，要具有马拉松精神，慢慢跑，要持续盈利。

——2014年3月11日 任正非在消费者BG管理团队午餐会上的讲话《在大机会时代，千万不要机会主义》

53 看不见世界的样子，就把握不住世界的脉搏

IT和存储面临的问题与无线不一样。无线就是最后一公里，贴近客户，容易了解客户需求，并假设怎么搞清楚未来十年、二十年的价值需求。但IT和存储未来的情况如何，现在谁都不清楚，这就是为什么要求我们的科学家、高级干部要仰望星空。

不要认为美国、俄罗斯公司好像什么都不如我们，那为什么动不动就冒出个Apple、Facebook，又冒出个特斯拉呢？我们没有仰望星空，没有全球视野，看不见世界是什么样子，就把握不住世界的脉搏，容易被历史抛弃。IT和存储产业其实没有那么复杂，是很有希望的产业，要么突破了就是大市场，要么就是死亡，没有什么小市场给你。希望你们能成就巨大的产业！

——2014年6月19日 任正非在IT存储产品线业务汇报会上的讲话《洞庭湖装不下太平洋的水》

54 接班人是为理想接班

我们还有一种为社会贡献的理想支撑着这个情结，因此接班人不是为权力、金钱来接班，而是为理想接班。只要是为了理想接班的人，就一定能领导好，就不用担心他。如果他没有这种理想，当他捞钱的时候，他下面的人很快也会利用各种手段捞钱，这样公司很快就崩溃了。

——2015年9月6日 任正非接受福布斯中文网采访

55 华为文化是模糊的，不是数学公式

华为文化不是具体的东西，不是数学公式，也不是方程式，它没有边界。

不能说华为文化的定义是什么，它是模糊的。"以客户为中心"的提法，与东方的"童叟无欺"、西方的"解决方案"，不都是一回事吗？他们不是也以客户为中心吗？我们反复强调之后，大家都接受了这个价值观。这些价值观就落实到考核激励机制上、流程运作上，员工的行为就被牵引到正确的方向上了。

我们盯着的是为客户服务，也就忘了周边有哪个人。不同时期有不同的人冲上来，最后就看谁能完成这个目标，将来这重担就由谁来挑。

——2015年9月6日　任正非接受福布斯中文网采访

56　大家不要总认为爱马仕会灭亡，其实会灭亡的是地沟油

我们要充分理解世界的真正需求，西方公司在消费品销售中已经有几十年、几百年的经验，其中很多经验是值得我们学习的。现在世界是过剩经济，不是短缺经济。当年美国之所以高速发展，是因为它所在的时代是短缺经济时代，用经济杠杆一撬，放大了量，充分满足社会需求，从量中提取利润。现在到处都饱和了，杠杆一撬，撬大了，卖不动，然后就跌价了。没有利润就不能用密集投资法攻击、前进（范弗里特弹药量）。这个时代的人们已转向对质量的需求，所以大家不要总认为爱马仕会灭亡，其实会灭亡的是地沟油。

——2015年8月27日　任正非在消费者BG2015年中沟通大会上的讲话《脚踏实地，做挑战自我的长跑者》

57　在低端产品上要形成防火墙

对于你们提到的华为市场特征中的"高技术门槛"应该为"高门槛"，这里有两个理解。我刚才讲争夺"上甘岭"的高端，但是我们在低端产品上要标准化、简单化、免维护化，形成一道防火墙。如果我们在山脚下就构筑好了防线，那敌人怎么上到我的山顶呢？我们的网络产品要建立一个防火墙的门槛，但这个门槛不一定是技术；"高门槛"指综合能力，不仅仅是技术与高端产品。

——2015年1月9日　任正非在运营商BG营销装备建设思路汇报会上的讲话《打造运营商BG"三朵云"，将一线武装到牙齿》

58 华为不受资本市场的约束和绑架

华为不是上市公司，不受资本市场的约束和绑架。我们可以为理想和目标"傻投入"，所以我们可以拒绝短视和机会主义，我们只抓战略机遇，非战略机会或短期捞钱机会可以放弃，这是资本和股东做不到的，只有理想主义者可以做得到。为理想和远大目标敢于加大技术、人才、管理体系和客户服务的长期投入，看准了，舍得为未来的目标连续投、长期投，避免了短期行为，耐得住寂寞，忍受得了艰苦和磨难。华为就是一只大乌龟，二十多年来，只知爬呀爬，全然没看见路两旁的鲜花，不被所谓互联网"风口"左右，回归商业精神的本质，坚定信心走自己的路。

——2015 年 12 月 18 日　彭剑锋专访任正非记要

59 没有别的选择，只有聚焦

华为选择了通信行业，这个行业比较窄，市场规模没那么大，面对的又是世界级的竞争对手，我们没有别的选择，只有聚焦，只能集中配置资源，朝着一个方向前进，犹如部队攻城，选择薄弱环节。尖刀队在城墙上先撕开一个口子，两翼的部队蜂拥而上，把这个口子从两边快速拉开，然后千军万马压过去，不断扫除前进中的障碍，最终形成不可阻挡的潮流，将缺口冲成了大道，城就是你的了。这就是华为人的"傻干"！

——2015 年 12 月 18 日　彭剑锋专访任正非记要

60 永远记住公司的使命

我们要永远记住一句话：公司的使命是构建更美好的全连接世界，其他都不是我们的事。我们聚焦在管道战略上，不能把面走得太宽，只有聚焦到少数几个支撑体系上才能做大、做强。如果我们一看到处是机会，四处出击，就会把力量分散。对于华为公司来说，我们的战略机会点在管道的信息传送这里。

——2015 年 1 月 9 日　任正非在运营商 BG 营销装备建设思路汇报会上的讲话《打造运营商 BG "三朵云"，将一线武装到牙齿》

61　历史上都是快打慢

28年来，十几万人瞄准的是同一个城墙口，持续冲锋。历史上都是跑得快的人把跑得慢的人打败了，元朝把宋朝打败了就是靠骑马，因为马快；苏联把德国打败了，因为坦克跑得快；现在美国用直升机把坦克打败了，因为直升机比坦克快。我们的投资策略就是要快打慢，聚集在一个点上实际就是快打慢，所以会产生好的结果，如果我们拖着很多漩涡就会走不动。

——2015年10月31日　任正非在产品投资策略审视汇报会上的讲话《聚焦主航道，在战略机会点上抢占机会》

62　我们只对一个简单的目标浮躁

我们其实也很浮躁，但我们只对一个简单的目标浮躁，十几万人几十年只对着一个目标前进，就走到世界前列了。

——2015年10月10日　任正非在第四季度区域总裁会上的讲话《最终的竞争是质量的竞争》

63　突破是要有战略定力和耐性的

有些企业的经营关注规模和服务，因此市场需求前景是受限制的，发展空间是有极限的。同质化竞争也使别人可以挤进来分瓢羹，缩小你的空间。我们这个行业是高成长性行业，是拼实力的行业，如果今天你拿不出来先进的东西，没有前瞻性的策略，明天你就垮了。

像我们这样的企业垮了多少？中央电视台播了一部纪录片《神秘的刚果河》，在波涛汹涌的河面上，渔民九死一生去捕鱼。我们就相当于这些在非洲河上的孤胆英雄，坚持20年才到起跑线。但起跑线上的突破就是人类社会认知的突破，这有多难！所以说，要厚积才能薄发。我们是非上市公司，高层都着眼于未来五至十年的战略构建，不会只考虑现阶段，所以我们就走得比别人快，比他们有前瞻性。突破是要有战略定力和耐性的。十年、二十年没有突破，甚至一生都没有突破，那么一生都会是世界的备胎。

——2015年9月6日　任正非接受福布斯中文网采访

64 大公司使用密集型投资策略，缩短探索方向的时间

我们现在不是要赌哪一种技术、哪一种方向，"赌博"是小公司才会干的，因为他们的投资不够。大公司有足够的资金，在主航道里多路径、多梯次前进，使用密集型投资策略缩短探索方向的时间。在多重机会的作战过程中，可能某种机会会成为业界的主潮流，战线变粗，其他战线会慢慢变细，但也不必关闭别的机会。把有经验的干部调到主线作战，把一批新干部调到支线作战，继续进攻。前进的人有多元化视角，并不是只有一条路线。美国军队要打胜仗，不计弹药量，大家以为他是浪费，其实是靠密集投资来进攻。此外，我们有广泛吸纳人才的机制，而且十五万人"力出一孔，利出一孔"，我们除了胜利，已经无路可走了。

——2015 年 9 月 6 日　任正非接受福布斯中文网采访

65 要比他人付出更多汗水和泪水

华为在茫然中选择了通信领域是不幸的，这种不幸在于实业是最难做的，而所有实业中，电子信息产业是最艰险的；这种不幸还在于面对这样的挑战，华为既没有背景可以依靠，也不拥有任何资源。华为人尤其是领导者将注定为此操劳终生，要比他人付出更多汗水和泪水，经受更多煎熬和折磨。幸运的是，华为遇上了改革开放的大潮，遇上了中华民族千载难逢的发展机遇。

任正非《华为 2015 年关键词：芭蕾脚——苦难点亮未来》

66 每天都会死几万家公司，要沉住气

VR 的普及当然需要时间，但是 VR 带来的数据流量更大。因为它带有互动性，时延要求很高，所以在线 VR 的理论还没有解决。现在一哄而上，就会过早地泡沫化，会有许多公司洗盐碱地。做 VR 的公司有几千万个，每天都会死几万家。我们上不碰内容、下不碰数据是正确的。我们要沉住气，线性化缓慢投入，有足够的资金和底层研究的基础，就有在浅滩捡鱼的能力。但是，担负信息传送管道设备的公司也就两三个，在这两三个公司中，我们

处于领先位置，所以我们要思考：怎么能够使自己继续领先？

——2016年2月27日　任正非在巴展和乌克兰的谈话要点《多路径　多梯次　跨越"上甘岭"　攻进无人区》

67　越是前途不确定，越需要创造

我们一片迷茫。越是前途不确定，越需要创造，这也给千百万家企业提供了千载难逢的机会。我们公司如何努力前进，困难重重，机会和危险也重重，不进则退。如果不能扛起重大的社会责任，坚持创新，迟早会被颠覆。创新风险大，周期长，更需要具有造福人类社会的远大理想。

——2016年5月30日　任正非在全国科技创新大会上发言的内部撰写稿

68　跟随别人也是痛苦

我们走到前面一定是痛苦的，是孤独的，但是你跟随别人也是痛苦的，走到前面也是痛苦的。你领先的痛苦和跟随的痛苦都是痛苦，但是不一样。

——2016年10月31日　任正非在上研所听取无线网络产品线业务汇报纪要《聚焦主航道，仰望星空，朋友越多天下越大》

69　不要消耗

不在非战略机会点上消耗战略竞争力量。

——2016年10月31日　任正非在上研所听取无线网络产品线业务汇报纪要《聚焦主航道，仰望星空，朋友越多天下越大》

70　我们坚定不移地坚持

做多连接，撑大管道这个战略，通过无线提供连接，在行业市场上还有重大机会。

——2016年10月31日　任正非在上研所听取无线网络产品线业务汇报纪要《聚焦主航道，仰望星空，朋友越多天下越大》

71 杜绝机会主义

大机会时代，千万杜绝机会主义。一定要有战略耐性。

——2016 年 5 月 30 日　任正非在全国科技创新大会上发言的内部撰写稿

72 网络及数据中心出现了战略机会

当前 4K/2K/4G 和企业政府对云服务的需求，使网络及数据中心出现了战略机会，这是我们的重大机会窗。我们要敢于在这个战略机会窗开启的时期聚集力量，密集投资，进行饱和攻击。扑上去，撕开它，向纵深发展，横向扩张。我们的战略目的就是高水平地把管道平台做大做强。

——2016 年 1 月 13 日　任正非在市场工作大会上的讲话《决胜取决于坚如磐石的信念，信念来自专注》

73 智能社会，其深度和广度我们还想象不到

从科技的角度来看，未来二三十年人类社会会演变成智能社会，其深度和广度我们还想象不到。就如 IBM 主席沃森当年所说："我觉得全世界可能只需要五台计算机吧。"比尔·盖茨 1981 年预测"内存 640K 足够了"。我们也不能构想未来信息社会的结构、规模、形式。

——2016 年 5 月 28 日　任正非《为祖国百年科技振兴而努力奋斗》

74 为祖国奋斗

为祖国百年科技振兴而努力奋斗。

——2016 年 5 月 28 日　任正非在 2016 年 5 月 30 日全国科技创新大会上发言的内部撰写稿

75 不要轻易转移这个战略目标

华为的主航道是 ICT 基础设施，其实就是信息社会的一块"黑土地"，让千万家企业来种玉米、大豆、高粱……这个行业的空间足够大，够我们这辈子努力的，不要轻易转移这个战略目标，也不要在非战略机会点上消耗战略竞争力量。

——2017 年 10 月 4—6 日 任正非在加拿大四所高校校长座谈会以及公司员工座谈会上的讲话（在蒙特利尔、渥太华、多伦多与员工座谈）《一杯咖啡吸收宇宙能量，一桶浆糊粘接世界智慧》

76 能耗极低体现竞争力

能耗极低肯定是竞争力的体现。把能耗降下来不是电费问题，而是水平问题，我们一定不要把降能耗与省电费等同起来。带宽、时延等性能指标，5G 厂家都可能做到，就是早一点或晚一点的问题，但能耗极低很多厂家就不一定能做到了。

我们的热学研究所要加大投入，目标是降能耗，把能耗降下来。不仅要降芯片的能耗，还要把基站整机能耗也降下来，这样将来才会有很强的竞争力，甚至是比电子技术更强的竞争力。

——2018 年 10 月 17 日 任正非在上研所 5G 业务汇报会上的讲话

77 掌握主动权

领先和领导是不同的。领导是要建立规则，建立共同胜利的标准；领先则是在技术、商业模式、质量及服务成本、财经等方面占据最前面的位置。如果我们的产品做得好，就能服务世界上绝大多数运营商，这样就能掌握主动权。

——2018 年 10 月 17 日 任正非在上研所 5G 业务汇报会上的讲话

78 5G 就是争夺"上甘岭"

我再次强调，我们的 5G 业务就是争夺"上甘岭"，就是世界高地。5G 这一战关系着公司的生死存亡，所以我们一定要在这场"战争"中不惜代价赢得胜利。攻上"上甘岭"全要靠你们。

——2018年10月17日 任正非在上研所5G业务汇报会上的讲话

79 坚持向一切先进学习

坚持向一切先进学习，包括向自己不喜欢的人学习。坚定不移地拥抱全球化，加强拥抱英、美、欧、日、韩企业。美国是世界科技强国，许多公司都很优秀，你们要坚定大胆地与他们合作，同时要与国内合作伙伴合作，与他们一同成长。

——2020年11月25日 任正非在荣耀送别会上的讲话

80 用规则的确定对付结果的不确定

我们要清醒地认识到，面对未来的风险，只能用规则的确定对付结果的不确定。只有这样我们才能随心所欲不逾矩，才能在发展中获得自由。任何事物都有对立统一的两面，管理上的灰色是我们的生命之树。我们要深刻理解开放、妥协、灰度的含义；深刻理解深淘滩、低作堰。智慧的光辉将千秋万代永不熄灭。

——2009年4月24日 任正非在运作与交付体系奋斗表彰大会上的讲话《深淘滩，低作堰》

81 "大教堂思维"

做企业要有"大教堂思维"。什么是大教堂思维？欧洲许多国家建一座教堂的要求是能够挺立一千年以上，挺立八百年算合格，五百年内坏了，这个工程就算彻底失败。最典型的是德国科隆大教堂，始建于1248年，至1880年才由德皇威廉一世宣告完工，耗时超过600年。该教堂以轻盈、雅致著称于世，是世界上最完美的哥特式教堂建筑，与巴黎圣母院大教堂和罗马圣彼得大教堂并称为"欧洲三大宗教建筑"。

如果没有汶川特大地震，谁会想到这座深山里的教堂，谁还会记起一百多年前为这个教堂打基础的人们。

——2008年9月22日　任正非在中央平台研发部表彰大会上的讲话纪要《从汶川特大地震一片瓦砾中，一座百年前建的教堂不倒所想到的》

82　人生攒满回忆就是幸福

每个人都能甘于平淡，耐得住寂寞，默默奉献，是一件不容易的事，这是一种伟大的人格修炼。板凳要坐十年冷，我们的几万员工已经做到了，才有了华为的今天，才有了打造百年不倒的教堂的可能。我们已经走了一条成功的道路，为什么不走下去，为什么不一代一代地走下去？越走会越顺利，越走会越省力，越走会效率越高，越走会使你和家人获得越多的物质与精神上的报酬。一条一条砖缝铺满砂浆，让砖块受力均匀；摆平每一块砖，让它垂直于地心……

你终会享受到这种默默无闻的无私奉献的快乐。当你回首往事，不因虚度年华而悔恨，不因碌碌无为而羞愧。你可以自豪地对儿孙说："我参与建设的平台，数十年了还在全世界运转。"平凡中孕育着伟大，你就是一个伟大的人，不在乎哪条砖缝是你修的，也不需要别人给你评价，只要你自己认同就行，它能激励你与同事和睦相处，共同前进就行。只要家人向你祝贺，分享了你的幸福，人生就是伟大的，哪怕只填了几条砖缝。不要在乎别人说三道四，自己激励自己，才能实现伟大的人生。

什么叫幸福？人生攒满回忆就是幸福。

——2008年9月22日　任正非在中央平台研发部表彰大会上的讲话纪要《从汶川特大地震一片瓦砾中，一座百年前建的教堂不倒所想到的》

83　未来在AI大模型上风起云涌的不只微软一家

未来在AI大模型上风起云涌的不只微软一家。人工智能软件平台公司对人类社会的直接贡献可能不到2%，98%都是对工业社会、农业社会的贡献，AI服务普及需要5G的连接。德国之所以这么挺华为的5G，因为它希望人工智能对自己国家的工业发展发挥巨大作用，德国很多工厂的生产都实现了无人化；中国的湘潭钢铁厂从炼钢到轧钢，炉前也实现了无人化；天津港装卸货物同样实现了无人化，代码一输入，自动就把集装箱从船上搬运过来了，然后用汽车运走；山西煤矿在地下采用5G+人工智能后，人员减少了60%～70%，大多数人在地面的控制室里穿西装工作……这些都是AI大规模使用的例子，它们最终会对人类社会的发展作出巨大的贡献。

——任正非在"难题揭榜"火花奖公司内外的获奖者及出题专家座谈会上的讲话《擦亮火花、共创未来》

84 要感知变化，就要多读文献

计算机的迭代速度比通信的迭代速度快得多，不是两三年迭一个代，而是两三个月，要感受到世界的变化速度之快。如果你们访问不了外国网站，可以在"黄大年茶思屋"科技网站上感受一下。我们的员工在外面读论文，他们认为有用的内容就贴上来了；如果涉及版权问题，就会把索引摘下来，你自己可以想办法去看。世界变化的速度还会越来越快，未来的世界很恐怖。尤瓦尔·赫拉利在达沃斯论坛上说："将来人会是机器的奴隶。"大会对我提问，我不好回答，我对社会问题比较无知，就说人死了灵魂就没有了，讲的是模拟灵魂。实际上数字灵魂不会没有的，它是有继承性的，AI正在颠覆我们的认知。因此，人类社会的变化不可想象，你们要感知这个变化，就要多读文献。

——任正非在"难题揭榜"火花奖公司内外的获奖者及出题专家座谈会上的讲话《擦亮火花、共创未来》

85 要适应外部变化，唯有自我革新

过去一百年来，世界上许多成功的公司都因不能适应变化而倒下。要适应外部变化，唯有自我革新，我们必须保持开放和持续变革。董事会已决定，全面提升软件工程能力与实践将以变革的方式来开展，由轮值董事长徐直军总负责，公司初始投入20亿美元，计划用5年时间，在ICT基础设施领域实现为客户打造可信的高质量产品的目标，希望您支持并积极投入到这一伟大的变革中。唯有如此，我们才能实现未来的愿景和使命：把数字带入每个人、

每个家庭、每个组织，构建万物互联的智能世界。

——2019年 任正非致全体员工的一封信《全面提升软件工程能力与实践，打造可信的高质量产品》

86 没有理想的沸腾，就没有胜利的动力

万里长江水千万不要滞留洞庭湖，我讲过都江堰、秦淮河、洞庭水的温柔，我是担心由于内地环境的安宁，使我们内地的研究机构也平静，以为太平洋真太平。

没有理想的沸腾，就没有胜利的动力。

——2019年2月22日 任正非在武汉研究所的讲话《万里长江水奔腾向海洋》

87 我们要从同质化的竞争中挣脱出来

我们继续坚持在主航道上奋斗。我们相信每比特流量成本下降的摩尔定律；我们除了在电子学、工程学上加倍努力外，更将持续在数学、物理学、化学、脑科学、神经学等方面投入；研究解决大流量与低成本低时延的关系，高度重视研究人工智能、边缘计算能力，在连接、终端、云等方面构建技术制高点，打造突破封锁的铁拳；要从同质化的竞争中挣脱出来，探索合理的商业模式和商业规则，形成对产业的控制力及在产业链中的不可替代性；带领产业走向欣欣向荣的发展之途，推动人类社会向数字化智能化发展，为人类社会创造出更多的财富。

——2019年3月30日 任正非在第四届持股员工代表会上的讲话

88 未来的三大突破点

横向看，车联网、人工智能、边缘计算是未来的三大突破点。连接产业调整出来很多工程师，允许他们从这三项业务中挑人，他们具有实践经验，三四十岁还年轻力壮，关键要有老师、明白人带，这个老师也可能没有长胡子。

车联网可以成立商业组织，加大投入。面对智能汽车的连接、车载计算、自动驾驶等，都是车联网的重要方向，要作为战略坚决投入，激光雷达等要聚焦在ICT核心技术相关的方向上。坚决不准做电池，电池的生产方式很复杂，人工消耗大，还是要聚焦在算法和数学相关的方向上，化学、物理的东西还是要谨慎一些。

我们的人工智能还是落后于世界先进水平的，要多投入一些。可以分成两块来看：一块是为内部生产管理的改进服务，另一块是为产品服务，这两块可以互补。第一块可以划出去，以智能制造为中心，把供应链、财务的问题一起解决。不要认为做人工智能的全得是博士，也要调一些业务人员给他，博士懂数学，但是如果不懂业务，还是做不好人工智能。

在边缘计算方面，我们只做基础平台。应对不同的业务要有不同的边缘计算，未来会出现几十种边缘计算的东西。边缘计算应该是多种形态的，而这些形态下的软件算不上完整的操作系统，只是一个精简的"嵌入式软件"。尽管形态很多，但也要尽可能收敛，因为太多的软件版本会造成很大的管理成本。

——2019年4月17日 任正非在ICT产业投资组合管理工作汇报时的讲话《不懂战略退却的人，就不会战略进攻》

学习华为系列课程
让华为精神为企事业单位赋能，打造卓越团队

走进华为亲身体验、置身华为实地考察、权威专家深入剖析、学习华为管理真经

- **课程内容**

深度了解华为发展历程：30多年来，华为经历了多个阶段，面临了不同的挑战，逐步经历从小到大、从本土到国际化、从不规范到规范、从规范到科学的过程。

实地参观华为现场：参观华为松山湖基地，了解华为工作环境，体验华为工作餐，全方位深刻认识这家世界500强企业。

洞悉任正非商业哲学：任正非并非神，而是从一个普通人成长起来的，他卓越的管理思想是如何形成的，到底如何引导华为稳健成长？

- **授课形式**

通过线上线下的系列课程、走访华为等优秀企业，深入到企业辅导，引进华为前高管改组、提升原有团队等方式，提供切实可行的服务，让企业在观念上改变，在组织上改进，在执行上落地，在绩效上出彩，进而从优秀走向卓越，成为行业冠军。

- **课程特点**

精于实操：采用行动学习、场景化学习、启发式互动教学，突出实用技巧和方法，案例分析，分组讨论与练习，有针对性的实战训练。

激发学习主动性：结合受训企业实际实施教学，达到预期培训效果。

寓教于乐：授课幽默风趣，逻辑严谨，内容丰富，深入浅出，立足实战，深受学员欢迎。

- **学习对象**

企业创始人、企业高级经营决策者、华为研究爱好者等

- **行程安排**

时间	内容	备注
8：10-10：30	驱车前往华为松山湖基地	车上交流、巴士课堂
11：00-11：30	乘坐电瓶车参观华为东莞松山湖欧洲小镇	华为专业接待人员
11：30-11：50	乘坐园区小火车，体验华为人上班路	华为专业接待人员
12：00-14：00	华为内部餐厅用餐，体验华为人的生活	
14：00-16：00	华为课程，深入了解华为文化与任正非的商业哲学	华为前高管、华为研究专家

注：因华为接待工作繁重，以上行程可能因华为接待原因调整。

立即添加以下任意一个微信为好友进群，抽取免费参访华为名额：

24小时服务热线（微信）：15013869070　18122490069

图书策划出版服务

2003年，我们策划出版了第一本有关华为的图书《华为真相》，该书成为2004年度的畅销书，热销100万册。

此后，我们先后策划出版了《华为经营管理慧》《任正非谈国际化经营》《任正非管理日志》《只有一个华为》《华为三十年》等26种华为题材的书。今后，我们每年都会出版几种华为题材的图书。

我们受百度公司邀请，创作记录百度成长历程的图书，出版了《李彦宏的百度世界》《李彦宏管理日志》等。2022年，我们还受有中国广告第一股之称的广东省广告公司（省广股份）的邀请，创作出版了《共生飘红》。

我们有专业的内容策划、写作、出版、发行、推广团队，提供从图书策划、采访、写作、编辑、排版、设计、出版、发行、推广一条龙服务。我们已经服务近百家著名企业，得到客户的广泛好评，期待为您服务。

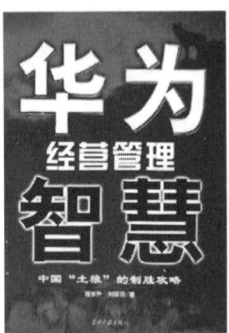

立即预约：

24小时服务热线（微信）：15013869070   18122490069